中国国际经济交流中心 | 智库丛书
China Center for International Economic Exchanges

CHINESE SOLUTIONS CHINESE WISDOM
THINK TANK SERIES

我国区域协调发展问题研究

韩永文　马庆斌　陈妍　等 著

·北京·

图书在版编目（CIP）数据

我国区域协调发展问题研究 / 韩永文，马庆斌，陈妍著. -- 北京：中国经济出版社，2021.1（2025.4 重印）

（中国国际经济交流中心智库丛书）

ISBN 978 - 7 - 5136 - 6156 - 0

Ⅰ. ①我… Ⅱ. ①韩… ②马… ③陈… Ⅲ. ①区域经济发展 - 协调发展 - 研究 - 中国 Ⅳ. ①F127

中国版本图书馆 CIP 数据核字（2020）第 073677 号

责任编辑　闫明明
责任印制　李　伟

出版发行　中国经济出版社
印 刷 者　三河市同力彩印有限公司
经 销 者　各地新华书店
开　　本　710mm × 1000mm　1/16
印　　张　21.5
字　　数　278 千字
版　　次　2021 年 1 月第 1 版
印　　次　2025 年 4 月第 3 次
定　　价　89.00 元
广告经营许可证　京西工商广字第 8179 号

中国经济出版社 **网址** http://epc.sinopec.com/epc/ **社址** 北京市东城区安定门外大街 58 号 **邮编** 100011
本版图书如存在印装质量问题，请与本社销售中心联系调换（联系电话：010 - 57512564）

课题组成员

课题负责人

韩永文　中国国际经济交流中心副理事长

课题组组长

马庆斌　中国国际经济交流中心产业规划部处长、研究员

课题副组长

陈　妍　中国国际经济交流中心信息部处长、副研究员

课题组成员

沈家文　中国国际经济交流中心创新发展研究所研究员

李　娣　中国国际经济交流中心经济研究部副处长、研究员

王　婧　中国国际经济交流中心战略研究部助理研究员

王冠群　中国国际经济交流中心产业规划部处长、研究员

李爱民　国家发展改革委国土地区所副研究员

杨白冰　国家信息中心副研究员

闫　旭　中央财经大学研究生、研究助理

前言

党的十九大报告提出我国经济已经由高速增长转向高质量发展阶段。高质量发展的一个重要内涵是要贯彻新发展理念，破解不平衡不充分问题。就不平衡问题而言，与城乡不平衡一样，区域不平衡也是我国现阶段特别突出的问题，构建区域协调发展体系对于推动经济高质量发展具有重大意义，促进区域协调发展也因此成为2018年中央经济工作会议部署的2019年七大重点任务之一。2019年初，中国国际经济交流中心设立重大课题“我国区域协调发展和城乡融合问题研究”，以期为推动落实国家区域发展战略提供研究支撑。

课题研究过程中，坚持问题导向，遵循应用牵引，综合运用文献研究、专家座谈、实地调研、案例剖析、数据分析、比较研究等研究方法，赴湖南、湖北、上海和江苏等地进行深入调研，结合对中央关于区域协调发展新论断的学习，系统分析区域协调发展中的新现象、新问题、新矛盾。课题组两次拜访国家发展改革委地区司主要领导和有关处室，请教区域政策主管部门对区域协调发展的政策导向，听取有关部门对研究切入点、重点、难点和政策的建议。其间，召开了一次专题讲座、两次专家座谈会，听取了十余位区域经济领域有影响力的领导、专家意见。课题组于2019年上半年赴湖南和湖北两省调研，先后走访了湖南省长沙、岳阳、郴州、怀化、湘潭、株洲六市，以及湖北省武汉、鄂州两市，就中部崛起战略实施情况、中部地区城市群发展、长江经济带建设等问题与政府各部门、研究机构代表等进行了座谈交流，并走访了有代表性的制造业企业，了解承接产业转移和创新发展情况。

考虑到东部地区在国家区域协调发展中作为重要的动力源和增长极的定位，其高质量协调发展的做法对于其他区域有示范效应，其面临的问题和障碍也是未来推动区域协调发展需要特别关注和解决的。2019 年下半年，课题组到上海和江苏就长三角一体化发展过程中面临的问题开展调研，实地走访了 G60 科创走廊、昆山开发区、苏州宿迁工业园区、南京江宁临空经济区，除了与两省市政府部门座谈交流，还特地邀请上海社会科学院组织了一场专家座谈会，听取了上海市多位专家对长三角一体化及区域协调发展问题的看法和建议。

通过调研课题组更加深刻地认识到，实施区域协调发展战略对推动经济高质量发展，构建现代化经济体系意义重大；加快落实中央关于区域协调发展战略部署，需要完善体制机制和创新政策体系。

本研究分析了我国推进区域协调发展的重大意义、机遇和挑战；梳理评估了新中国成立 70 多年来区域政策出台的背景、政策效果以及经验；总结了典型经济体的实践经验和政策启示；分析了区域协调发展的新特点、新矛盾和新趋势；重点分析了城市群和中心城市在区域经济发展中的现状、问题，并给出了体制机制方面的建议。考虑到城乡关系是区域协调中的一个重要因素，研究过程中，我们专门分析了区域协调背景下促进城乡融合发展等重要问题。区域协调需要发挥市场在资源配置中的决定性作用和政府的作用，显然财政金融等手段是比较好的区域协调治理工具；另外，新时代的区域协调格局的构建，需要符合国家国土空间治理的新要求。基于上述两点，本研究还专门就“区域协调和城乡融合中的财政金融手段”

及“主体功能区与区域协调”两个专题展开了研究。

需要指出的是，一方面，本研究的实地调研以中部省份为主，结合了东部省份调研，其他板块的研究和分析更多地结合了数据、文献、专家座谈和以往的调研认识，这也是下一步研究需要继续完善的。另一方面，本研究以区域协调为主要研究对象，并将城乡融合发展议题纳入区域协调的研究范围，由于土地要素的流动、土地指标的跨区域调节试点、非农业转移人口市民化等因素具有跨区域的特点，因此在城市群和都市圈视角下促进城乡融合发展等也是本研究在政策建议中考虑的问题。

目录
CONTENTS

总报告

主题报告

专题报告

调研报告

总报告

完善体制机制和创新政策体系
加快落实区域协调发展战略

区域是经济社会发展和生产力布局的空间载体，在国民经济发展体系中占据十分重要的地位。中央历来十分重视区域经济发展布局和区域经济发展。改革开放以来，我国相继实施了东部率先、西部开发、东北振兴和中部崛起战略，构筑起区域发展总体战略，对我国区域协调发展发挥了积极作用，奠定了良好的基础。党的十八大以来，党中央、国务院着眼于共享经济发展、逐步实现共同富裕发展大局，在原有区域发展战略基础上，又提出“一带一路”建设、京津冀协同发展、长江经济带发展、粤港澳大湾区建设、长三角一体化、黄河流域生态保护和高质量发展等国家重大战略，积极构建东西南北纵横联动的区域经济发展新格局，以形成优势互补、高质量发展的区域经济布局。开展区域协调发展研究，既有重要而深刻的历史背景，又有现实而深远的新时代意义。

2019 年，中国国际经济交流中心将“我国区域协调发展和城乡融合问题研究”确定为重大课题，组织开展研究，旨在为中央实施区域协调发展战略提供决策参考。一年来，课题组坚持问题导向，遵循应用牵引，综合运用文献研究、专家座谈、实地调研、案例与数据分析、比较研究等研究方法，赴湖南、湖北、上海和江苏等地进行深入实地调研，结合对中央关于区域协调发展新论断的学习，系统分析区域协调发展中的新现象、新问题、新矛盾。通过调研课题组更加深刻地认识到，实施区域协调发展战略对于推动经济高质量发展，构建现代化经济体系意义重大；加快落实中央关于区域协调发展战略部署，需要完善体制机制和创新政策体系。

一、完善中国特色区域协调发展治理体系的迫切性

（一）区域协调发展有自身规律，内涵也在不断丰富和发展

随着世情、国情、区情的变化，对于什么是区域协调发展和怎样推动区域协调发展，需要从理论、制度、体制和政策层面不断深化提升。理论上来说，区域是针对行政区而言的，是在自然条件、经济条件等综合考量的基础上，按照区域内最大相似性和区域间最大差异性的原则对国土空间进行的划分。在推动经济高速增长阶段，对区域协调发展的认识还停留在区域之间的 GDP、人均收入、财政收入、产业结构、入学率、人均病床等层面上，这个阶段对区域协调发展的认识，反映在地方政府行为上就是“唯 GDP 论英雄”，大家强调的是自己“一亩三分地”的区位、交通、自然资源等绝对优势，而不是在市场竞争条件下的比较优势，尤其体现在发展规划、产业选择方面的高度相似性，招商引资过程中进行“追逐底线竞赛”以形成“政策洼地”优势，中央政策也是以破解这些指标差距为主要目标。客观上讲，在经济体量比较小，各种经济要素主要在行政区内流动配置阶段，这种对区域协调发展的认识和政策推动了改革开放以来中国区域经济的快速增长。但随着经济的快速发展，市场要素的流动和配置开始超越行政边界，原有的体制机制和政策体系就难以有效推动区域主体之间的良性竞争合作，大量恶性竞争导致产业趋同、土地浪费、环境污染等问题。因此，推动区域协调发展过程中如何适应社会主要矛盾的变化，满足人民对美好生活的需要，破解发展不平衡不充分问题，也就成为迫切需要解答的问题。

（二）传统区域协调发展理论和政策要适应新发展理念

随着中国经济从高速增长转向高质量发展阶段，传统的区域经济发展理论和政策难以适应中国经济社会发展的新要求。一是与高质量发展的要求不适应。新时代的区域协调发展战略需更符合生态优先绿色发展的理念，符合主体功能区战略的要求。二是与四大区域板块内部逐步出现分化的现实不适应。2008 年以前，区域经济不协调更多体现在“四大板块”间的发展差距上，最近几年尽管“四大板块”差距仍在，但南北分化更为明显，东部的南北省份、中部的南北省份以及西部的南北省份的分化均开始凸显，这对区域政策精准性的要求更高了。三是与社会主义市场经济体制的要求不适应。中央提出要充分发挥市场在资源配置中的决定性作用和更好发挥政府作用，要求各区域主体能够按照市场的原则发挥比较优势，按照区域产业链、供应链和价值链规律分工布局推进发展，要求政府的功能更多体现在维护公平竞争的市场环境和提供公共物品上。

在实践层面上，如何发挥政策引导作用，让土地、劳动力、资本、技术等生产力要素和交通设施、重大项目等更加合理布局，引导每一个区域内部行政主体能够在符合区域最优化发展前提下实现自身的最优发展，并服务于我国经济“量的合理增长和质的稳定提升”新要求，成为迫切需要解答的问题，同时对推进区域协调发展，深化体制改革，建立新的协调机制也提出了新要求。

（三）新时代区域协调发展的新内涵和新目标

第一，新时代推动区域协调发展要更注重辩证法。习近平总书记在《推动形成优势互补高质量发展的区域经济布局》一文中提出区域协调发展的辩证法，“不能简单要求各地区在经济发展上达到同一水平，而是要根据各地区的条件，走合理分工、优化发展的路子。要形成几个能够带动全国高质量发展的新动力源，特别是京津冀、长三角、珠三角三大地区，以及一些重要城市群。不平衡是普遍的，要在发展中促进相对平衡。”

第二，区域协调发展新内涵必须体现“创新、协调、绿色、开放、共享”。2018 年 11 月，中共中央、国务院发布的《关于建立更加有效的区域协调发展新机制的意见》提出，构建“统筹有力、竞争有序、绿色协调、共享共赢”区域协调发展新机制，将“基本公共服务均等化，基础设施通达程度比较均衡，人民生活水平大体相当”作为区域协调三大目标。建立健全具有中国特色的区域协调发展治理体系，对于建设现代化经济体系，实现高质量发展具有重大意义。

第三，着力于“量的合理区间和质的稳定提升”发展。2019 年中央经济工作会议提出，加快落实区域发展战略，完善区域政策和空间布局，发挥各地比较优势，构建全国高质量发展的新动力源。区域协调发展要着力于三个方面：一是发挥各地比较优势，构建全国高质量发展的新动力源，推进京津冀协同发展、长三角一体化发展、粤港澳大湾区建设，打造世界级创新平台和增长极。二是推动“一新区两流域”高质量发展，扎实推进雄安新区建设，落实长江经济带共抓大保护措施，推动黄河流域生态保护和高质量发展。三是提高中心城市和城市群综合承载能力，形成中心城市带动都市圈、都市圈带动城市群、城市群带动区域发展的良好态势。

（四）研究的基本思路框架

基于上述分析，本研究的重点是探讨新时代推动区域经济协调发展如何更好地贯彻新发展理念，坚持发挥市场决定性作用和更好发挥政府作用，提高要素自由流动、合理配置和高效使用，提出构建高质量区域协调发展的体制机制和政策体系的思路。一是对我国区域发展战略演变和区域政策实施效果进行分析和评估；二是对东部和中部地区部分省市协调发展的实践进行探索剖析；三是结合国际上的区域协调发展经验，分析我国区域协调发展面临的新要素、新态势、新矛盾；四是专门研究了城市群和中心城市的地位和作用，以及在区域协调背景下促进城乡融合发展等重要问题；五是研究新时代如何将政府的统筹规划能力与市场高效配置资源能力有机结合起来，提出破除阻碍区域协调发展目标实现的改革建议。

二、新时代区域协调发展的新特点、新矛盾、新趋势与新突破

（一）区域协调发展战略需坚持将“发展好”和“保护好”有机结合起来

2019 年，中央经济工作会议提出，要确保经济实现量的合理增长和质的稳步提升，其中一项重点任务就是着力推动高质量发展，要求加快落实区域发展战略，完善区域政策和空间布局，发挥各地比较优势，构建全国高质量发展的新动力源。未来一个时期，尤其是“十四五”期间，“四大板块”总体发展战略会更加突出公平性，而京津冀协同发展、长三角一体化建设和粤港澳大湾区建设等三大重大区域发展战略则会更加注重培育形成发展动力，长江和黄河两大流域更加强调生态保护，为全国可持续发展提供保障。如何处理好“发展好”与“保护好”的关系，将是未来区域协调发展的一条重要主线。

（二）我国区域协调发展的新特点和新趋势

第一，数字经济和速度经济等新因素打破了区域协调发展的固有格局。在以高铁、高速公路、互联网、人工智能等新型基础设施为代表的速度经济和数字经济背景下，新技术、新产业、新模式等因素开始超越空间距离、资源禀赋等传统要素对区域经济协调发展产生影响。通过对湖南、湖北的实地调研发现，在高铁、高速、航空等高速高舒适性交通设施建设以及长江黄金水道建设的带动下，东部产业向中西部地区转移的速度加快，规模增大；产业转移过程伴随着产业升级，中西部工业化进程和质量明显提升。人口流动趋势也与这一趋势相吻合，在全国农业

转移人口总量增速大幅度下降的同时伴随着空间结构的变化，人口转移增速从2010年的5.4%逐步下降至2018年的0.6%。同时，2018年的数据显示，就地就近（所属乡镇内）工作的农民工人数上升0.9%，而外出（所属乡镇外）农民工数量则下降1.5%；在东部、东北地区就业的农民工人数减少，在中西部地区就业的农民工人数持续增加。

第二，东西部差距缩小的同时，南北分化凸显。近年来，全国经济重心进一步南移，南北区域发展态势分化，南北差距持续扩大。从2013年起，南方地区经济增速超过北方，两者增速差距越来越大；经过计算可以看出，2018年北方地区经济总量占全国的比重为38.5%，比2012年下降4.3个百分点。尤其是东北地区，人口流出、企业竞争力不足、经济增长乏力等问题突出。2012—2018年，东北地区经济总量占全国的比重从8.7%下降到6.2%，常住人口减少137万人。还要看到，南北差距和东西差距的内涵不完全一样，东西差距总体上是生产力布局的差距，南北差距则主要是开放、创新和经济活力的差距。

第三，中部、西南、东南地区形成了中国经济增长的三角稳定增长带。产业转移伴随产业升级，人口转移趋势的改变伴随中西部城市的规模扩大，中西部的工业化、城镇化质量不断提高，经济呈现稳定的中高速增长态势。西南地区的重庆、四川、云南和贵州四省市GDP增速多年位居全国前列。中部的湖北、湖南、河南、安徽等省份经济增速持续保持在比全国平均高1~2个百分点的水平上。东部长三角和珠三角各省市经济总量保持在全国前列的同时，增速普遍高于全国平均水平。未来中部、西南和东南地区将是中国经济的稳定增长带，被称为“新黄金三角”。

第四，开放与创新成为实现区域协调发展的重要动能。全国已有18个自贸区等开放型经济平台，“一带一路”建设、长江经济带建设、西部陆海新通道建设等战略的实施，使重庆、四川、广西等西南省市实现了区位再造，由内陆或沿边的边缘区位劣势转变为以开放推动的新辐射中心或新开放前沿优势。另外，创新驱动影响区域经济发展格局。以研发强度来判定未来我国区域发展分化趋势，有学者参照OECD国家的平均研发强度，将中国各省市划分为三个板块：第一个板块是研发强度超过2.4%的省市，该区域发展动能已经开始步入创新驱动阶段，从2018年的数据来看，北京（6.17%）、上海（4.16%）、广东（2.78%）、江苏（2.70%）、天津（2.62%）和浙江（2.57%）6个省市处于第一梯队。第二个板块是中部和西部的13个省市区，研发强度在1.2%~2.39%，发展仍主要靠投资驱动，但呈现出加快增长态势。第三个板块是研发强度低于1.2%的12个省市区，分布在西部和东北地区，增长动能主要是资源。

第五，城市群和都市圈成为区域发展的核心平台。随着新型城镇化加快推进，我国区域发展中的人口和经济要素越来越多地聚集到城市群。《国家新型城镇化规划（2014—2020年）》明确指出城市群是推进新型城镇化的主体形态，并规划了19个城市群。从目前情况看，发展比较成熟的京津冀、长三角、粤港澳大湾区等3个城市群集聚了全国38.6%的城市常住人口，创造了46%左右的GDP，而且处于人口持续流入以及GDP占比持续提高的态势（这也是2019年12月召开的中央经济工作会议提出打造三大世界级创新平台和增长极的重要原因）。以中心大城市为核心，以“一小时通勤圈为范围”的都市圈，正成为城市群的一个重要形态。研究显示，北京、上海、广佛肇、深莞惠等10个人口在2000万人以上的大都市圈，重庆、青岛等14个人口在1000万~2000万人的大都市圈，以全国6.7%的土地聚集了33%左右的人口，创造了54%的GDP。中心城市带动都市圈，都市圈带动城市群，城市群带动区域发展的态势正在形成。

（三）完善体制机制和政策体系，既是区域协调发展的难点，也是突破点

调研发现，制约区域协调发展的问题有很多，最突出的是体制性障碍和机制性矛盾。

第一，处于不同发展阶段的区域主体，对推进协调发展所关注的问题不同。东部区域主体更加关注制度性障碍、开放和创新能力的协同以及基本公共服务的便利化等关系发展质量的问题。处于发展追赶阶段的中部区域主体更加关注产业协同、连接东部地区的基础设施、创新投入等增长问题。西部地区作为经济发展的后发地区，更加关注如何融入“一带一路”，充分利用国内国际市场，发展特色产业，拓展经济发展空间。东北地区处于转型阵痛期，关注的是改变产业单一状况，完善营商环境，加大改革力度，在国家高质量发展进程中找准自身定位。

第二，不同空间尺度的区域主体在推进协调发展时面对的问题不同。一是四大区域板块间的协调发展问题。现阶段区域发展中比较突出的现象是，中西部与东部发展差距逐步缩小的同时，南北发展差距凸显，南北方在开放和创新发展方面差距不断扩大。二是区域板块内部次区域之间的协调发展问题，尤其是江河流域、城市群和都市圈的协调发展问题。比如，长三角区域一体化涉及4个省域及其城市群之间协调发展的问题，如按照“一小时都市圈”的概念，南京都市圈则涵盖了江苏和安徽的城市，需要建立跨省协调机制；珠三角城市群涉及广东省内不同城市之间协调发展的问题，如果上升到粤港澳大湾区建设，则涉及“一个国家，两种制度，三个海关”之间协调发展和市场一体化问题。其他区域以及区域内城市群同样存在如何推动差异化、互补性、融合式发展，避免同质化、排他性、离散式发展等问题。在完善体制机制和创新政策体系时，需要考虑这些空间尺度问题。

（四）区域协调发展的共性问题是协调机制不完善

第一，传统的以行政边界为单元的政绩考核体系、绩效评价体系不适应区域协调发展需要。在以GDP为主要考核指标的情况下，各地区在发展产业、GDP核算、税收分成等方面存在竞争关系，突出反映在各地发展规划内容雷同、招商引资的恶性竞争等方面，表现为跨区域深层次产业联动发展机制不畅通，产业关联度不高，区域合理分工、优势互补的产业格局难以形成。

第二，市场一体化建设问题。区域市场壁垒、地方封锁保护等现象仍然存在。一些地方提出“首台（套）”重大技术装备在跨地区销售中不能享受相应的资金、政策、保险等支持。此外，还存在区域市场监管标准、处罚标准不统一，自由裁量权不一致，跨省市执法联动难等问题。

第三，跨区域利益共享共担机制问题。“飞地经济”、共建园区在经济与社会统计特别是经济总量核算分享、农用地占补平衡以及税收分成等利益分享方面缺乏有效的制度安排；跨区域重大项目建设的投融资机制不完备，尤其是公共性、基础性、通用性的跨区域重大项目建设，缺乏有效的投融资机制保障，建设和运营机制也急需创新完善，导致跨区域的基础设施建设特别是“断头路”“瓶颈路”建设协商难、衔接难、建设难。

第四，流域上下游生态保护和污染治理问题。上游省市承担着水源地保护的职责，虽然其产业发展受限，经济发展和就业深受影响，但对水源地保护的贡献将极大降低下游省市的污染治理成本，为产业发展创造了良好条件。如何形成对上游的合理补偿、共享绿色保护与发展成果，实现上下游公平发展，需考虑完善纵向和横向生态补偿制度，从以往简单的协商性经济补偿转向建立规范的制度化补偿机制，建立综合性的资金、产业等多元的生态补偿机制等。

第五，协同推进创新开放问题。跨行政区划创新治理体系亟须加快探索建立。总体上看，区域创新生态体系尚缺乏行之有效的机制，聚焦关键核心技术合力攻关机制有待强化。区域内的自贸区、港口、航空等重大开放平台和基础设施的协同机制也需要加快构建。

第六，城市群发展的突出问题。一是城市群内部城市发展水平整体比较低，县域经济发展滞后，城乡差距明显。二是中心城市多呈内敛式发展，辐射带动能力有限。多数城市群内部结构不协调，缺少次级中心城市，一体化程度低，中小城市发展活力普遍不足。三是城市群内部没有形成良好的分工协作格局。多数城市产业定位缺乏全局高度的协调。对于跨省域的城市群，政府之间的协调能力不足。

第七，城乡融合发展问题。城乡融合的进程，尤其是土地、人口等要素在城乡间自由流动的程度将极大影响区域协调发展成效。目前存在的障碍在于：一是土地指标跨省交易的全国推行需要政策突破。《乡村振兴战略规划（2018—2022年）》提出改进耕地占补平衡管理办法，建立高标准农田建设等新增耕地指标和城乡建设用地增减挂钩节余指标跨省域调剂机制，将所得收益通过支出预算全部用于巩固脱贫攻坚成果和支持实施乡村振兴战略。但目前土地跨省交易仅限于深度贫困地区以及东北与东部对口合作地区，因此全国推开还有较大的政策突破空间。二是农业转移人口市民化仍存在较大障碍。尽管户籍制度改革、城市就业制度改革等使农民流入城市的环境有所改善，但农业转移人口市民化仍然存在较大障碍，进城农民无法同等分享城市公共服务和社会保障，特别是城市住房和子女教育等制度让农业转移人口无法实现在城市定居的目标，也因此导致不少东部农民工集聚地区出现大量用工荒。

上述问题集中反映出，区域之间和区域内城市之间尚缺乏充分的纵向和横向联系；区域之间尚未构建起有利于推动区域协调发展的体制机制；区域发展战略格局逐渐细化，各发展战略区域之间缺少衔接、协调，区域发展规划碎片化问题凸显，地区间整体规划的衔接问题还没有纳入专项研究。未来区域协调发展的突破点在于建立健全更加有效的体制机制和政策体系。

专栏

表1 中部、东部片区区域协调问题对比

中部：对湖南、湖北的调研	东部：对上海、江苏的调研
增长依然是重要命题，发展中求协同 ①湖南、湖北支柱产业已经形成，但产业协同机制有待构建。从两省制造业发展情况来看，主要突出“重”型制造。过去10年，两省尤其是湖南制造业多把传统产业与大数据、互联网相结合，从替代进口到占领国内市场，再到出口海外，逐渐在国内外市场形成强大竞争力。两省在本省范围内都形成了相对完整的产业配套体系，但从全产业链角度看，尤其是在承接产业转移方面，基本上是单打独斗，在发展方向对接、产业协同等方面总体表现为各自为政。因此，对于如何在发挥好两省产业比较优势的基础上，推进相互协调、科学合理对接，需要进行机制探索，尽快构建更科学的考核评价机制，取代原有以GDP为主的考核机制 ②区域内协同发展机制尚不健全。一是政策力度不够。从国家层面看，中部崛起战略只在地区司设置了两个处负责推动。二是跨流域生态补偿机制不健全。在推动长江经济带发展过程中，由于上中下游发展阶段、发展要求和标准不一致，区域协调发展面临很多困难。湖南、湖北两省都面临繁重的水环境治理任务，跨区域、跨流域的四口水系等水利工程整治，亟待两省加强协商。同时，在立法、生态补偿、湖区多规合一等方面，两省面临同样的难题，需要共同攻关，共同推进。湖北多地和湖南岳阳在长江流域水环境治理方面做出了很大牺牲，产业发展受到约束，在生态补偿方面需要中央层面协调省际补偿。三是区域内缺乏领头城市。长江中游城市群经过多年发展，武汉、长沙、南昌等中心城市的跨省外溢和带动作用开始显现，合作大于竞争的趋势明显，但中心大城市	高质量发展引领区，协同中求更高质量发展 ①市场一体化建设方面。对照统一开放、竞争有序的现代市场体系要求，长三角区域市场一体化建设还存在一些瓶颈和短板。一是区域市场壁垒、地方封锁保护等现象仍然存在，如“首台（套）”重大技术装备在跨地区销售中，不能享受相应的资金、政策、保险等支持。二是区域市场监管共治有待进一步加强。主要表现在：区域市场监管标准、处罚标准不统一，各地自由裁量权不一，在一定程度上会影响市场监管部门执法的公信力；跨省市执法联动力度不足，尤其是保健市场整治、传销监管等重点问题联合执法合作有待加强，以有效处置跨区域违法事件；存在信息不对称问题，如在服务中小微企业过程中，银企信息不对称问题突出，是中小微企业融资难的症结所在，同时也不利于防范金融风险 ②产业分工合作方面。一是跨区域的高效协同机制有待完善。跨区域深层次的产业联动机制还需进一步深化，产业关联度不高，区域合理分工、优势互补的产业格局尚未充分形成，产业创新力和全球竞争力有待提升。二是跨区域利益共享机制有待探索。“飞地经济”、共建园区在经济指标统计、农用地占补平衡以及税收分成等利益关系方面尚缺乏一套行之有效的制度性安排，地方政府之间自行研究探索难度大、周期长，推进速度和效果不尽如人意。三是跨区域重大项目的投融资机制有待创新。公共性、基础性、通用性的跨区域产业项目尚缺乏有效投融资机制保障，建设运营机制有待创新完善 ③长三角协同创新方面。一是跨行政区划的创新治理体系有待健全。三省一市科技部门工作联动较为紧密，但受地区行政区划壁垒影响，三省一市各单位、各部门希望分头推进、单点支持长三角一体化工作，信息分散、资源分散，在跨区域创新战略联动、创新规划协同、创新资源配置等方面缺乏有效的统筹协调机制，有利于更高质在

续表

中部：对湖南、湖北的调研	东部：对上海、江苏的调研
GDP规模、人口集聚能力等方面差异不大，缺乏起龙头带动作用以及能发挥协调主导作用的“主心骨”中心大城市。长江中游城市群规划发布后，湘赣鄂三省签订了多个合作协议，但由于协议没有约束力，缺乏法律法规支撑，在执行时很难落地，所以区域内合理分工、共赢发展的格局一直停留在纸上 ③支撑中部地区承东启西的基础设施能力不足。中部地区是全国的交通枢纽，但高速公路网和高速铁路以及主干道密集度亟待进一步完善。省与省之间的“断头路”多，互联互通有待加强。长江经济带海关的区域通关一体化仅停留在长三角地区，中部与成渝地区的通关一体化尚未推进。机场、内陆港口的密度远低于东部地区，长江水道等对外通道依然不够畅通 ④自主创新潜能亟待激发。湖南、湖北有4所985大学和10所211大学，与西部地区相比，虽然教育资源总量充裕，但人均和质量落后于东部地区。同时，两省之间科技创新合作、产业协同创新非常有限。“2018中国企业500强”湖南7家、湖北9家，全国占比低。2017年，湖南、湖北研发经费投入强度分别为1.64%和1.92%，远低于全国2.13%的平均水平。其中，湖南规模以上工业企业研发强度仅为1.18%，湖北规模以上工业企业研发经费增速仅为5.2%，与科教大省及全国重要先进制造业中心地位不匹配。同时，一些企业的核心技术主要依赖于引进，“卡脖子”问题突出	量一体化发展的政策体系尚未建立。二是区域创新生态体系功能框架尚待健全。上海张江、安徽合肥综合性国家科学中心的前沿引领能力尚待提升，重大科学设施、张江实验室、之江实验室、江苏产研院、上海功能型平台等区域内重大创新平台、功能单元和研发组织尚未形成从科学研究、技术研发到产业转化等梯次衔接的共建共享机制。此外，由于缺乏长三角科技资源创新地图、综合性的科学数据中心以及与此相配套的服务标准和利益分配机制，平台的服务能力和运营效率有待提高，平台服务能级有待提升。三是聚焦关键核心技术合力攻关机制有待强化。对于被“卡脖子”的重大科研任务和关键性技术，缺乏长期、稳定的联合攻关组织形式，在新一代信息技术、高端装备制造、生物医药等战略性产业领域，缺乏系统性布局和战略性谋划 ④长三角公共服务一体化方面。一是信息共享程度低。养老资格认证涉及三省一市公安部门的户籍信息、民政部门的殡葬火化信息、法院的判刑宣告死亡人员信息、医疗卫生部门的医院死亡信息等多个方面，但目前这些信息共享手段还比较落后，部分省份未完成本省份内各类数据归集，省份之间交换平台尚未建立。二是检验结果互认难度大，如卫生健康领域，目前长三角地区医疗机构间尚缺乏医学影像检查、医学检验结果互认机制，导致患者就医体验差 ⑤长三角生态环境协同治理方面。一是水源地的风险防控问题。长三角区域饮用水水源地与沿江重化工布局、排污口设置以及水运航道犬牙交错，协同用水存在困难。二是流域水质同步改善问题。相对大气联防联控工作，流域和重点跨界水体上下游协同治理有待深化。三是区域立法仍存在制度障碍。根据《立法法》有关规定，省级立法权限仅限于本行政区域。一体化示范区地跨三个行政区，任何一地作为立法主体均无法覆盖一体化示范区范围，而多地联合立法从立法、发布到执行都还存在法律障碍

三、发达经济体推动区域协调发展的做法及借鉴

全球发达国家高度重视区域均衡发展及消除差距的问题。欧盟国家、美国、日本、韩国、加拿大等探索了很多区域协调发展的政策措施，积累了一些可借鉴的实践经验。

第一，促进区域间经济政策协同，逐步构建区域市场一体化、共同发展基金等区域协调发展的政策工具体系。一是以实施区域一体化战略促进协调发展。欧盟通过制定实施以缩小地区差距为目标的区域协调发展政策，促进发展差距总体呈现缩小趋势，2015 年欧盟的人均收入基尼系数已降至 0. 29。二是设立区域共同发展基金。欧盟曾设立区域发展基金，实施财政拨款，由结构基金和团结基金组成，用于资助、干预和协调落后地区的开发。三是以共商共建共管推进流域绿色协调发展。莱茵河是欧洲河域治理的典范，主要经验有：确定沿岸国家的主体功能，形成科学合理的空间布局；提升整体公共服务水平，高度重视公共基础设施建设；共同实施绿色生态治理。

第二，加大公共投资和财政转移支付是促进落后地区发展的核心政策工具。一是引导公共投资投向有潜力的落后地区并着力培育增长极。1965—1992 年，美国实施阿巴拉契亚发展计划，按照地区潜力选择 125 个增长点，重点培育落后地区的增长极，持续强化增长极对落后地区的辐射作用。二是对欠发达区域进行财政转移支付。美国联邦政府从经济发达的东北部、中北部征集巨额税收，通过财政支出将相当一部分资金用于西部和南部的经济发展，制定了《地区再开发法案》《公共工程与经济开发法案》《受援区与受援社区法案》，形成了联邦政府直接补贴落后地区的法律体系。

第三，产业转移与技术创新相结合是促进区域均衡发展的关键政策工具。一是产业转移促进区域均衡发展。二战后，美国南部、西部地区大力发展宇航、计算机、生物工程等高新技术，形成若干高新产业集

群，如加州“硅谷”、北卡罗来纳州“三角研究区”等，带动了落后地区发展。二是产业技术创新与区域发展相结合。2015 年 11 月，美国设立了 4 个区域协同大数据创新中心，创新中心根据美国地理区域进行划分，建立东北部中心、南部中心、中西部中心和西部中心，覆盖美国 50 个州，推动来自学界、产业界、政府和非营利组织等 281 个成员协同创新。每个中心根据本地区优势与发展挑战确定了大数据研究重点领域与项目，以此推动大数据研究与应用，从而支持与推动区域数据导向的经济发展。

第四，交通基础设施、城乡基本建设和公共服务均等化是缩小区域发展差距的三大政策目标。一是以交通基础设施建设推进区域一体化。兴建大型公共工程是美国区域协调的重要手段，从 19 世纪中期至 20 世纪中后期，先后掀起的运河网络建设高潮、铁路建设高潮、高速公路建设高潮、机场体系建设高潮，促进了美国区域经济一体化的形成和发展。二是以城乡基本建设缩小城乡二元经济差距。美国通过构建以“大都市区”为特征的高度城镇化的城镇体系和大力发展交通基础设施推进城乡一体化。三是统筹城乡公共服务均等化，缩小城乡差距。加拿大通过财政均等化逐步实现公共服务均等化的目标，主要包含居民福祉机会平等、通过经济发展减少机会差别、所有居民享有质量适度的基本公共服务。

第五，构建“大都市区”城镇体系、网络化空间发展模式是促进区域协调发展的空间政策工具。一是构建“大都市区”城镇体系促进城乡一体化发展。美国 20 世纪 50 年代前后实行的在郊区建设小城市和鼓励中高收入者在郊区贷款建房的政策，20 世纪六七十年代推行《新城开发法》《住房和城市发展法》和“示范城市”试验计划，促进了美国中小城镇发展、公共服务均等化。通过构建以“都市化区”为特征的城镇体系加快城乡一体化，是美国城乡融合发展的重要特点。二是都市圈在区域协调发展中发挥着重要的枢纽作用。二战后，日本政府提出

"大都市圈"，强调一日之内通勤可达的范围以及人口流动的可及区域，通过国土规划全面促进经济发展。巴黎、东京、纽约等国际大都市圈以经济、科技、人才的高度集聚和影响力，在区域经济发展中发挥了重要枢纽与协调作用。《美国2050》规划了11个大都市圈，集中了美国3/4的人口，这些大都市圈包括美国东部传统工业发达的"锈带"，也包括西部后起的"阳光地带"，以及最近新兴的"竹带"。三是网络化空间发展模式促进区域经济一体化发展。21世纪以来，美国东北部的波士华交通带沿线区域城市化率超过90%，分布着200多个卫星城，被称为美国东北城市群，具有美国的经济中心、金融中心、贸易中心、政治中心、文化中心、工业中心等功能。

四、落实国家区域协调发展战略的主要思路和举措

落实中央区域协调发展战略的布局部署，需要完善体制机制和创新政策，聚焦破解区域协调发展和合作中的运行症结及体制机制弊端。探索新时代条件下发挥市场的决定性作用和更好地发挥政府作用，进一步提高要素自由流动、合理配置和高效组合，形成有利于区域间开展合作、利益共享、实现市场一体化的体制机制。

（一）坚持"四大板块"区域发展总体战略，保障区域发展的协同性

基于新时代区域协调发展的新要求，应在"四大板块"战略基础上，坚持不同板块采取不同策略，促进区域政策朝着差异化、精准化方向发展，不断完善"四大板块"的内涵。

1. 东部：发挥"龙头"创新引领作用，成为率先实现高质量发展新高地

发挥东部地区创新带动作用，重点加强原始性科技创新，抢占前沿科技制高点，真正提升被"卡脖子"的关键核心技术自主化水平；推动核心产业融入国际产业链、价值链中高端，成为国家竞争力的重要保

障；引领全国创新发展，加强与中西部地区创新合作，形成差异化分工的国家创新链，逐步建设成为全国乃至世界科技创新的引领区，成为稳固我国经济发展大局，率先实现高质量发展的高地。

2. 中部：发挥制造业优势，形成实体经济发展新高地

中部地区是下一个经济周期最具增长潜力的区域，具备相对坚实的制造业基础，要继续实施好中部崛起战略，进一步提升中部崛起战略定位。以国家制造业水平的整体提升为目标，推动东部地区制造业与中部地区互动发展，高效配置不同比较优势区域的发展空间资源。从财税、金融、产业等方面，出台突破性重大政策组合，夯实中部地区作为国家制造业中心地位，重点培育特色优势产业集群，形成具有竞争优势的制造业产业体系；形成以制造业为中心的实体经济发展新高地。

3. 西部：融入“一带一路”合作发展，形成向西开放的前沿高地

西部地区是推进“一带一路”建设的核心区域和关键节点，在“一带一路”向西推进过程中，西部地区作为重要的交通、物流枢纽及商贸集聚和交易中心，将成为未来中国全面开放和经济发展重要的支撑区域。应发挥西部陆海新通道连接“一带一路”、衔接长江经济带的功能作用，建设铁海联运，实现铁路和港口无缝对接，全面提升西部对外开放层级。在中西部地区建设一批特殊经济区、国家承接产业转移示范区、沿边重点开发开放试验区、自主创新试验区、重点边境口岸，打造向西开放的桥头堡。同时，西部地区承担着重要的生态服务功能，应发挥比较优势，发展特色产业，探索生态价值实现机制，探索将“绿水青山”转化为“金山银山”的有效路径。

4. 东北：推进产业多元化发展，打造对外开放新前沿和新增长点

东北振兴要针对体制性和结构性矛盾加大改革力度。通过产业多样化，培育产业集群，解决产业结构单一问题，提升内生增长动力，提升

经济整体竞争力，重新确立综合制造业基地地位。发挥东北地区面向东北亚开放合作的区位优势，在东北地区谋划新的开放战略，基于中日韩自贸区谈判的进程，探索在东北地区建设自由贸易港，带动整个东北地区开放发展。加强东三省、内蒙古和山东的合作，将其共同打造成我国面向东北亚的全面开放平台。

（二）培育区域增长带，构建高质量发展的新动力源

我国区域经济已进入“多极并存”时代，新的区域发展战略需要更加重视培育新动力源，坚持积极培育壮大连贯东西、带动全国的若干经济支撑带，全面推进实施陆海统筹发展，构建行政区与功能区并重、“四大板块”与“多极支撑带”协同的区域发展空间布局。

1. 落实重大区域战略，打造世界级创新平台和增长极

京津冀协同、粤港澳大湾区和长三角一体化是我国区域发展战略中推动形成高质量发展的动力引擎。京津冀协同发展，以疏解首都非核心功能为抓手，探索人口经济密集地区优化发展的新模式；粤港澳大湾区立足发挥粤港澳综合优势，深化内地与港澳合作，建成国际一流湾区和世界级城市群；长三角一体化为全国区域一体化发展提供示范。三大区域战略承担的功能和职责各不相同，但作为我国区域经济发展的第一梯队，是支撑构建全国高质量发展的新动力源。未来，京津冀、粤港澳、长三角需对标全球一流区域，将其培育成国家实施更大范围、更宽领域和更深层次的全面开放的桥头堡，建成全球最优质要素资源、最高端产业的集聚地，建立一流的创新体系，提升我国在全球价值链和创新链中的地位，打造世界级创新平台和增长极。2020 年 1 月 3 日，在中央财经委员会召开的第六次会议上，提出推动成渝双城经济圈建设正式上升为国家战略，强化重庆和成都的中心城市带动作用，使成渝地区成为具有全国影响力的重要经济中心、科技创新中心、改革开放新高地，将是我国区域经济布局中又一增长极。

2. 积极推进流域带区域发展战略，实现区域发展梯度协调

流域在我国区域协调发展中的地位日益重要，从长江经济带到黄河流域生态保护和高质量发展，两大战略基于我国最重要的两大流域，这两大流域对发扬与传承中华文明发挥了重要作用。流域在经济上是指由相对发达的区域与相对不发达的区域构成的带状经济区，区域内部发展关联性强，共同面临发展权与保护责任的矛盾。这两大经济带强调先发地区带动后发地区发展，有着促进不同梯度区域协调联动发展的重要考量和战略布局；推动流域经济带发展，可为高质量发展过程中如何处理发展与保护的关系，建立生态资源价值实现机制，探索可复制、可推广的有效经验。

3. 服务“一带一路”建设，重构区域开放新格局

充分利用“一带一路”建设的带动作用，以六大国际经济走廊互联互通为突破口，拓展国际合作新空间，助推沿海、内陆、沿边地区协同开放，构建统筹国内国际、协调国内东中西和南北方的区域发展新格局。发挥“一带一路”纽带作用，集中更多政策资源和优质要素资源，提高产业集中度，开拓经济发展空间，引导支持中西部欠发达地区融入全球价值链分工体系，以全面开放加快内陆和沿边地区发展。借助国际经济走廊，把长江经济带与中国—中南半岛经济走廊连接起来，把云南建成向东盟开放的重要辐射中心，把新疆建成向西开放的重要基地，打造内陆开放经济高地。

4. 关注南北分化，谋划南北连通协调发展经济带

我国现有的区域发展战略，特别是带状经济区基本上以连通东西为主要目标，目的是解决东中西发展差距问题。但当前南北分化问题已经出现且异常明显，必须高度重视并加快研究解决。当前，东部沿海经济带及中原城市群、长江中游城市群南北相连，构成了至少两条纵向轴带，可考虑以此为基础建设几个南北向经济带，应对南北分化态势，优

化区域协调发展格局。同时，需在认清南北分化产生根源的基础上，谋划相应的次区域战略和政策。从区域发展历程看，东西差距和南北差距的内涵不完全一样，东西差距从根本上说是生产力布局的差距，而南北差距主要是开放和创新的差距，对此应系统考量，增强政策的针对性和精准性。

（三）提高中心城市和城市群综合承载能力，打造区域增长极

中心城市和城市群是区域经济发展的重要支撑。城市群是实现区域经济“量的合理增长和质的稳步提升”的创新平台和增长极，中心城市在其中发挥辐射带动、引领示范、组织协调功能。区域差距的实质是中心城市和城市群发育程度的差距，未来协调城市群和中心城市的发展将是区域协调发展的重要抓手。

1. 推动城市群内形成优势产业集群

城市群内应形成若干产业集群，各类型城市基于现实条件优势互补，形成合理定位和分工，推动城市群产生强大的产业竞争力。城市群内的中心城市和大城市有能力吸引优质生产要素向其集中，不断产生创新成果，形成主导产业，而这些创新成果的应用和生产制造，以及大量与主导产业配套的零部件企业、生产性服务业等均在周边的中小城市内布局，如果没有人为的行政隔离，在市场机制作用下城市群内部就可以形成合理分工，城市群内所有城市可以共享产业集群带来的红利。这种以产业集群为基础形成的大中小城市合理分工的城市群，是未来我国经济发展重要的动力源和增长极。

2. 提高中心城市和城市群的综合承载能力

综合承载能力的内涵包括：与人口更加密集相适应的教育、医疗、交通、就业等公共服务供给能力和优质度不断提高的服务水平；在经济要素有效聚集的同时，不断增强发展动力和创新活力；在产业集群更加多元的同时，产业链、价值链、供应链的协同功能更加凸显；在国际交

往活动日趋频繁的同时，全球或区域影响力、竞争力更强大。要提高中心城市和城市群的综合承载能力，一要增强城市群发展的协同性，提高都市圈辐射能力，构建更加科学的城市群治理体系，既要实现轨道、地铁、高速等基础设施的硬连通，也要实现市场、服务等发展环境的软连通。二要强调创新和开放双轮驱动，建设更多具有国际影响力的科创中心、孵化中心、基础科学和原始技术创新平台等，打造世界一流的营商环境，成为区域和全国技术创新策源地和创新思想汇集区。三要构建更加包容的“新老市民”融合服务体系，畅通城市群内部人口自由流动渠道。

3. 优先在城市群开展区域一体化试点

当前因行政区划分割阻碍，我国中心城市发展产生的是虹吸效应而非辐射效应，这也是我国区域经济协调发展亟须解决的体制机制问题。要实现区域经济一体化目标，可以先从城市群这一较小的区域单元一体化开展探索，创新体制机制，促进生产要素自由流动，形成统一的市场。在这个空间范围内可以开展一系列制度创新试点，比如区域财政共享机制，土地资源统一配置机制，海关口岸、港口等一体化机制等，形成成功经验后再在更大的区域内推行和实践。

（四）以城乡融合为抓手，实现农村和城市协调发展

城乡关系是我国区域协调发展中最基础的单元。城乡融合发展是区域协调发展目标实现的重要保障。要下好乡村振兴这盘大棋，让农村和城市协调发展，比翼双飞。

1. 以城乡统一规划为抓手，将城市群地区作为城乡融合发展的主战场

城市群地区总体上实现了城乡间基础设施互联互通，公共服务初步实现均等化，处于向高水平城乡融合迈进阶段，城乡比较优势双向促进，具备城乡高度融合发展的基础条件，要突出以城乡统一规划为抓手，推动城市群地区成为城乡融合发展的主战场。

2. 以产业融合创新为纽带，提高区域性中心城市对乡村地区的辐射带动力

大城市周边地区可以利用较好的区位优势和交通连接，以产业融合创新发展为纽带，推动与城市融合发展。以都市圈发展思路协调推进城镇化和农业现代化进程，合理定位周边农业发展特色，发展都市型农业，满足城市多样化需求，推动农业生产经营与城市产业互相渗透。

3. 以县域经济发展为重点，提升中小城市周边城乡整体发展能力

大力推进城镇化发展战略，完善农业转移人口市民化的相关政策，推动人口向城镇集中。加强园区建设，推动产业向园区集中，实现集约化发展，提升工业发展效益。大力发展农产品加工业，实现农业产业化与农产品加工业的联动发展，把发展农产品加工业作为农村剩余劳动力转移及拓宽农民增收渠道的重要举措。

4. 以农村土地制度改革为突破口，释放农村地区发展活力

完善土地产权制度，允许农村地区特别是贫困地区建设用地指标与沿海等发达地区城市建设用地指标能够置换，实现跨省交易，建立土地资源合理定价机制。推动宅基地土地“三权分置”改革，适度放活宅基地和农民房屋使用权，鼓励发达地区城市资本、技术等要素有序下乡，为助推农村产业发展创造更大空间。平等保护土地经营权，鼓励多形式推进农村土地有序流转，积极发展适度规模经营。盘活存量土地，利用通过村庄整治、农村空闲零散建设用地整理等方式节约出来的建设用地，重点支持乡村振兴。

5. 推进城乡人口双向流动，实现城乡人力资本平等交换

促进农业转移人口市民化，取缔针对农村转移人口就业歧视性规定和限制，将农村转移劳动力纳入城镇最低生活保障、社会救助等覆盖范围。积极引导人才向农村流动，扶持农民以智力、技术、管理等多种方

式返乡创业，以返乡务农的农民工、基层创业的大学生、农村内部带头人等“新农人”为重点，培育新型农业经营主体和新型职业农民队伍。

6. 加快推进城乡基本公共服务均等化

建立和完善城乡基本公共服务供给制度，完善农村基础设施、教育、医疗、养老等公共服务体系，鼓励和引导城镇公共服务资源向农村延伸、辐射，推动城乡服务内容和标准统一衔接，推进城乡公共服务均等化。

五、完善实现高质量区域协调发展的体制机制和政策体系

（一）完善区域发展的组织机制和法律法规

未来区域协调发展需要有权威的协调机制和相应的法律保障，强化区域政策的法律效力，保障区域协调发展战略的长期稳定实施，确保“一张蓝图绘到底”。要形成促进区域合作的政府间协调机制。长三角一体化积累了很好的经验，形成了决策层、协调层和执行层区域合作“三级运作”机制。在国家推动长三角一体化发展领导小组的统一领导下，形成了“上下联动、三级运作、统分结合、各负其责”的区域合作机制，强化分工合作。三省一市也分别成立了本省市推动长三角一体化发展领导小组及办公室，并签署了人大工作协作机制、地方立法工作协同等协议，围绕促进大型科学仪器共享、长三角生态绿色示范区建设法治保障等问题开展立法研究等，这些都是值得研究和推广的好做法。

（二）增强区域政策的针对性和精准性

我国区域经济分化进一步加剧的态势越发明显，未来以互联网和智能制造为特征的新经济业态，具有更强的积聚效应，先发地区的优势会继续被强化，区域分化态势很有可能持续下去。由于区域经济发展形势、区域间关系日趋复杂，对区域政策差异性和精准性的要求越来越

高，所以制定更小尺度、更有针对性的区域政策成为应对区域分化态势的有力工具。

（三）构建有效的跨区域产业合作方式

区域间或区域内产业一体化发展，会对基础设施、社会保障、市场体系一体化形成带动。长期以来，我国的产业布局受制于行政区划的约束，产业布局缺乏统筹规划，各自为政、自成体系，同质化现象和无序竞争日益严重。因此在区域范围内，应突破行政边界，根据各地产业基础，优化产业布局，构建科学合理的分工体系，实现良性互动。区域间或区域内城市共建飞地产业园是实现产业协同发展的有效方式，应鼓励先发地区在产业转移过程中根据现实条件选择与后发地区共建飞地产业园，通过建立多方认可的利益共享机制，实现优势互补、互利共赢。

（四）形成全国统一开放、竞争有序的商品和要素市场

促进区域协调发展最终需要发挥市场机制的作用，通过深化改革，打破影响区域间要素自由流动的壁垒，建设全国统一大市场。全国统一大市场的建设，应加快清理废除妨碍统一市场和公平竞争的各种规定和做法，营造规则统一开放、标准互认、要素自由流动的市场环境。在信用、金融、信息、产品质量、公共服务、食品安全等领域均需加强法律法规和标准规范的协同。全面实施全国统一的市场准入负面清单制度，消除歧视性、隐蔽性的区域市场准入限制，建立市场准入负面清单动态调整机制和信息公开机制。支持联合建设科技资源共享服务平台，鼓励共建科技研发和转化基地。探索建立企业需求联合发布机制和财政支持科技成果共享机制。清理城市间因技术标准不统一形成的各种障碍。

（五）推动实现养老保险全国统筹

以省为单位的养老保险统筹造成各地费率不一致，导致不同地区企业人力成本出现差异，严重影响了企业间公平竞争，影响了全国统一市场的建立和劳动力的流动。解决这一问题的方法已经有广泛共识，也是

世界上大多数国家的做法，就是实施基本养老保险全国统筹，由国家统收统支，统一费率和费基。目前来看，应尽快开始全国统筹的准备，下定决心建立全国统一的养老保险信息系统，在此基础上统一收入、支出标准和政策，统一征收队伍。时机成熟时，一步到位实施统收统支的基本养老保险全国统筹，确保养老保险制度的区际公平。

（六）建立更加精准、富有弹性的财政转移支付制度

主体功能定位不同必然会导致不同地区经济发展水平和财政收入的差距。通过加强科学有效的财政转移支付，增强欠发达地区经济发展造血功能，享受人的公平发展，保障区域基本公共服务均等，是区域协调发展需要更好坚持的方针。要通过深化财税体制改革，进一步调整和完善财政转移支付结构，通过法律等手段规范完善财政转移支付资金、项目资金安排。加大一般性转移支付比例，规范专项转移支付的使用，提高资金使用的规范性、安全性、有效性。对重点生态功能区、农产品主产区、困难地区的转移支付要形成有效的机制，确定合理水平。探索建立地区间横向转移支付制度，更加公平地体现不同功能区产生的价值，更有效地推动基本公共服务均等化。发挥地方的创新精神和积极性，探索构建更加科学合理的多元化体系，形成中央政府与地方政府、各级地方政府之间权责利清晰的体系。

（七）全面建立健全生态补偿制度

生态补偿是调整区域利益失衡，保障生态脆弱地区发展权的重要手段。应更好地发挥生态补偿作用，落实主体功能区规划。一是构建多元化补偿机制，特别是市场化补偿机制。鼓励社会资金和市场主体主动参与生态活动，逐步摆脱目前政府资金内循环状况，形成自然资源资产交易市场。二是建立自然资源价值核算机制。支持更多地区根据自身生态系统的特色寻求符合各自实际的自然资源价值核算方式，并与生态补偿机制有效结合，推动生态系统的价值实现，探索从“绿水青山”到

"金山银山"的多元化实现路径。

（八）增强土地管理制度的弹性

为了使优势地区有更大的发展空间，在土地资源集约节约利用的原则下，应适当增强土地管理制度的弹性。完善建设用地指标供应，探索建立全国统一的建设用地调节市场，形成市场发现价格机制。建立以粮食平均亩产为标准当量的土地交易单位，高于平均亩产的土地市场折价高，低于平均亩产的土地市场折价低，避免土地占优补劣，有利于保证耕地和粮食安全。支持优势地区优先开展基本农田规划调整试点和耕地占补平衡指标跨省市交易试点。

（九）完善能源消费总量和强度"双控"制度

坚持对能源消费强度的执行力度，但对总量指标分配的科学性要加大研究。对经济发展较快地区在能耗强度达标的基础上，对总量目标给予弹性空间。但要对经济发达地区高质量发展提出更高要求，发达地区需保持战略定力，坚定地走创新驱动道路，加快推进产业转型升级，推动传统高耗能产业向外转移，抢占全球产业链高端。

（十）加快形成推动落实区域协调发展战略的区域间行政协作、协同的体制机制

探索建立跨行政区域重大发展战略、重大生产力布局、重大政策联动的党政主要领导会商制度；建立区域协同发展中重要政策协调、重大项目建设协调、具体产业分工布局建设协调落实机制；探索建立协同解决跨行政区域的经济矛盾纠纷，以及合资共建、要素合作配置实现产出的利益分享机制；探索建立跨地域的经济核算、税收分配分成等财税、会计、统计核算制度。

（指导：韩永文；执笔：马庆斌、陈妍）

我国区域协调发展问题研究

主题报告

第一章
区域协调发展的新时代背景和重大意义

一、区域协调发展的新时代背景

推动区域协调发展，促进城乡融合，既有重要而深远的历史意义，又有现实而深刻的新时代背景。

（一）区域协调发展的基本内涵

区域协调发展战略是习近平新时代中国特色社会主义经济思想指导下区域经济研究的最新成果，有着坚实的理论基础和明确的实践标准。区域协调发展的概念在国民经济“九五”计划中正式提出以来，其内涵已经从传统的经济视角拓展到经济、社会、环境等多维视角，包括区域差距、区域一体化、城乡协调、社会协调、资源环境协调等全面协调发展。

区域协调发展概念的提出主要是为了解决区域经济发展差异问题。区域协调发展描述的是一种区域之间经济关系的状态，区域之间是开放的、联系的，发展上是关联的、互动的；相关区域的经济发展能够持续或共同发展，相互之间的经济差异趋于缩小。区域经济协调发展是区域之间经济交往日益密切、相互开放、区域分工趋于合理，区域整体能保持高效增长，有机联系加深，相互促进体制机制基本形成，良性互动格局基本形成，区域经济差距得到合理适度有效控制且逐渐缩小，区域之间经济发展呈现正向促进、良性互动的状态。区域经济协调发展能够加快欠发达区域的经济发展，减缓区域经济差异扩大，逐步缩小区域经济差异，为发达区域发展提供可靠支撑；同时能够更好地发挥发达区域在整体经济发展中的带动作用，增强总体经济实力，通过区域合作为欠发达区域发展创造更好的条件。区域经济协调发展的主要指标包括：地区间人均生产总值差距保持在适度范围内，并逐步缩小；各地区人民能享受到均等化的基本公共服务；各地区比较优势的发挥能够促进区域间优势互补、互利互惠；各地区人与自然的关系处于协调和谐状态。通过促进区域经济协调发展，可以有效地协调区域之间的经济利益关系，处理好我国经济社会发展中的全局利益与局部利益、近期利益与远期利益之间的关系，保证经济社会的持续、稳定发展。

国家发展和改革委员会《关于贯彻落实区域发展战略促进区域协调发展的指导意见》（发改地区〔2016〕1771 号）指出，区域协调发展的内涵包括：要素有序自由流动、主体功能约束有效、基本公共服务均等、资源环境可承载。习近平总书记在 2017 年底的中央经济工作会议中指出，区域协调发展要实现三大目标：基本公共服务均等化、基础设施通达程度比较均衡和人民生活水平大体相当。

区域协调发展面临新形势，要求采取新的战略举措解决发展不平衡不充分的问题，通过重大国家发展战略布局，将不同区域板块与横跨东中西、连接南北方、连通国内外的轴带相结合，推动区域发展格局优化，不断增强区域发展协同性。要在“创新、协调、绿色、开放、共享”的新发展理念指引下，加快培育区域增长新动能，增强区域发展的协调性和协同性。

（二）我国区域经济 70 多年来的演进历程

新中国成立 70 多年来，我国区域经济经历了区域均衡发展、区域非均衡发展、区域协调发展的不同阶段的历史演进。一是改革开放前的均衡发展阶段。新中国成立初期，根据当时的政治经济情况，提出了优先发展内地、平衡生产力布局的均衡发展政策，20 世纪六七十年代的“三线建设”为内陆地区奠定了工业化基础。二是改革开放后的非均衡发展阶段。根据邓小平同志提出的让一部分地区先富起来，然后带动后发地区的设计，以提升效率为目标，强调发挥东部沿海地区的区位优势，通过设立经济特区、开放沿海城市，吸引国外资金和技术，加快东部地区的对外开放、经济改革和发展步伐。三是 21 世纪开始的区域协调发展阶段。为统筹区域发展，从 20 世纪末开始，国家相继提出西部大开发、振兴东北老工业基地、促进中部地区崛起等战略，与之前的东部率先发展战略一起构成了我国“四大板块”区域总体发展战略。党的十八大以来，中央着眼全国“一盘棋”，相继提出共建“一带一路”、京津冀协同发展和长江经济带三大战略。进入新时代，区域协调发展进一步深化，东西南北纵横联动新格局逐步呈现；粤港澳大湾区、长三角一体化蓄势发力，多增长极齐头并进，区域协调发展的规模效应日益凸显。我国逐步探索出中国特色的区域协调发展路径，对区域发展道路进行顶层设计；实行多层次的区域发展战略，从不同层面共同推进区域经济协调发展；针对不同的经济功能区、主体功能区和特殊类型区，实行分类管理的差别化区域政策。

（三）我国区域协调和城乡融合发展的新谋划、新部署

区域协调和城乡融合发展是新形势下党中央作出的新部署。中国特色社会主义进入新时代，新发展理念统领下的区域协调发展更注重质量和协同性。为推动协调发展，习近平总书记多次深入全国各地进行调研。2014 年，他在北京考察工作时强调京津冀协同发展要“自觉打破自家‘一亩三分地’的思维定式”；2015 年，他在浙江调研时要求“提高城乡发展一体化水平”；2016 年，他在推进“一带一路”建设工作座谈会上强调“树立全国一盘棋思想，加强协调，形成合力”；2017 年，他在党的十九大报告中提出实施乡村振兴战略和区域协调发展战略；2018 年，他在深入推动长江经济带发展座谈会上要求“做好区域

协调发展‘一盘棋’这篇大文章”；2019年，他在京津冀协同发展座谈会上强调“构建促进协同发展、高质量发展的制度保障”。目前，“全国一盘棋”的经济社会发展新蓝图已清晰呈现，西部开发、东北振兴、中部崛起、东部率先，“四大板块”协调发展战略进一步推进，长江经济带发展、京津冀协同、粤港澳大湾区发展步入快车道，乡村振兴战略深入实施，我国协调发展正全面推进，朝着更加平衡、更加协调的方向迈进。

区域协调发展战略是新时代党中央作出的重大决策。党的十九大报告提出，实施区域协调发展战略，加大力度支持革命老区、民族地区、边疆地区、贫困地区加快发展，强化举措推进西部大开发形成新格局，深化改革加快东北等老工业基地振兴，发挥优势推动中部地区崛起，创新引领率先实现东部地区优化发展，建立更加有效的区域协调发展新机制。以城市群为主体构建大中小城市和小城镇协调发展的城镇格局，加快农业转移人口市民化。以疏解北京非首都功能推动京津冀协同发展，高起点规划、高标准建设雄安新区。以共抓大保护、不搞大开发为导向，推动长江经济带发展。支持资源型地区经济转型发展。加快边疆发展，确保边疆巩固、边境安全。坚持陆海统筹，加快建设海洋强国。2018年11月，中共中央、国务院发布《关于建立更加有效的区域协调发展新机制的意见》，明确了新时代我国区域协调发展的三大目标，即“基本公共服务均等化、基础设施通达程度比较均衡、人民基本生活保障水平大体相当”；明确了区域协调发展新机制的核心内容是“统筹有力、竞争有序、绿色协调、共享共赢”。2018年，中央经济工作会议将促进区域协调发展作为我国经济建设七大重点任务之一，提出统筹区域发展，推动京津冀、粤港澳等一些区域成为引领高质量发展的重要动力源，增强中心城市辐射带动力，形成高质量发展的重要助推力；同时，提出扎实推进乡村振兴战略，坚持农业农村优先发展。2019年5月，中共中央、国务院发布的《关于建立健全城乡融合发展体制机制和政策体系的意见》指出，将重塑新型城乡关系，走城乡融合发展之路，促进乡村振兴和农业农村现代化。党中央、国务院发布的一系列重要文件和指示精神，为推进我国高质量区域协调发展提供了行动指南。

2019 年召开的中央经济工作会议提出，要确保经济实现量的合理增长和质的稳步提升，其中一项重点任务就是着力推动高质量发展，要求加快落实区域发展战略，完善区域政策和空间布局，发挥各地比较优势，构建全国高质量发展的新动力源。提出“要把京津冀协同发展、长三角一体化发展、粤港澳大湾区建设，打造成世界级创新平台和增长极。要扎实推进雄安新区建设，落实长江经济带共抓大保护措施，推动黄河流域生态保护和高质量发展。要提高中心城市和城市群综合承载能力”。

二、区域协调发展的重要意义

实施区域协调发展战略是在中国特色社会主义进入新时代，党中央紧扣我国社会主要矛盾变化，按照高质量发展的要求提出的重要战略举措，突出了区域协调发展在贯彻落实新发展理念和建设现代化经济体系中的战略地位和作用，对提升我国区域战略的联动性和全局性、增强区域发展的协同性和整体性、开创我国区域协调发展新局面提出了更高要求，对促进我国经济社会持续健康发展具有重要而深远的意义。

（一）区域协调发展是贯彻新发展理念的必然要求

中国特色社会主义进入新时代，区域协调发展已经成为决胜全面建成小康社会，打赢脱贫攻坚战，建设现代化经济体系，实现我国经济高质量发展和共同富裕的重要抓手。区域协调发展是国民经济发展、社会稳定、可持续发展、国家竞争力的重要影响因素，世界各国对区域发展战略和区域政策给予高度重视。改革开放以来，我国相继实施东部率先、西部开发、东北振兴和中部崛起战略，其构成了我国区域发展总体战略，并逐步提出主体功能区战略、城乡统筹战略等，不断优化国土开发格局，为我国区域协调发展和城乡融合发展奠定了良好基础，发挥了积极作用。以习近平同志为核心的党中央着眼于国内外发展大局，提出“一带一路”建设、京津冀协同发展、长江经济带发展、粤港澳大湾区建设等国家重大战略，积极构建东西南北纵横联动、陆海统筹、东西互济的开发开放新格局。在新发展理念的指引下，构建以新时代国家战略为引领，以四大区域板块为基础的区域协调发展体系。

新形势下，区域协调发展必须具有新的特点。协调是持续健康发展的内在要求，其根本目的是要增强我国发展的整体性、协调性。我们党在带领人民建设社会主义的长期实践中，形成了许多关于协调发展的理念和战略。协调既是发展手段又是发展目标，还是评价发展的标准和尺度。协调是发展两点论和重点论的统一，在发展思路上既要着力破解难题、补齐短板，又要考虑巩固和厚植原有优势，两方面相辅相成、相得益彰，才能实现高水平发展。协调发展更注重发展机会公平、更注重资源配置均衡。协调是发展短板和潜力的统一，我国正处于由中等收入国家向高收入国家迈进的阶段，国际经验表明，这个阶段是各种矛盾集中爆发的时期，发展不协调、诸多发展短板是客观存在的。协调发展，要找出短板，在补齐短板上多用力，通过补齐短板挖掘发展潜力、增强发展后劲。协调发展要增强发展的整体性、协调性，处理好局部和全局、当前和长远、重点和非重点的关系，在权衡利弊中趋利避害。从不平衡、不协调、不可持续的突出问题出发，着力推动区域协调发展、城乡协调发展、物质文明和精神文明协调发展，推动经济建设和国防建设融合发展，这是协调发展的重点。党的十九大报告将实施区域协调发展战略作为贯彻新发展理念、建设现代化经济体系的一项重点任务。当前，把握新时代促进区域协调发展的新要求，落实新发展理念，要着眼于高质量发展，主动适应新时代经济发展需求；要大力推动要素自由流动、支持优势地区加快发展，着眼于更加公平的发展；要缩小区域发展差距，促进基本公共服务均等化；着眼于更可持续的发展，坚持人与自然和谐共生。要以协同协调和共赢共享为原则，以市场为基础、政府为支持，以创新培育比较优势为重点，推动区域经济协调发展。

（二）区域协调发展是高质量发展的重要推动力

区域协调发展对我国增强区域发展协同性、拓展区域发展新空间，具有重大战略意义。从国内外实践看，缩小区域发展差距，实现区域平衡发展，会提升经济发展的整体质量。21世纪以来，我国逐步形成西部开发、东北振兴、中部崛起、东部率先的区域发展总体战略；党的十八大以来，“一带一路”建设、京津冀协同发展、长江经济带发展战略，推动形成东西南北纵横联动发展新格局。党的十九大提出实施区域协调发展战略。2018年，中央经济工作会议突出了区域协调对于经济高质量发展的重要推动作用，提出京津冀、粤港澳大湾区、长三角等创新要素集聚区域要成为引领高质量发展的重要动力源，具有强大的辐射带动力的中心城市要成为高质量发展的重要助推力。与东部地区已经形成的中心城市带动城市群、城市群带动区域发展相比，我国西部地区城市的体量较小；如果把西部的重点城市培育得更大一些，将带动产业和各类资源聚焦，产生规模效应，拉动中西部广大区域的发展，成为实现我国经济高质量发展的重要支撑，为经济持续健康发展提供澎湃的内生动力，助推我国跨越“中等收入陷阱”。

区域协调发展是建设现代化经济体系的内在要求。区域经济是国民经济体系的重要组成部分。我国经济已由高速增长阶段转向高质量发展阶段，区域经济发展必须加快转变发展方式、优化经济结构和转换增长动力。推动各区域充分发挥比较优势，深化区际分工；促进要素有序自由流动，提高资源空间配置效率；缩小基本公共服务差距，使各地区群众享有均等化的基本公共服务；推动各地区依据主体功能定位发展，促进人口、经济和资源、环境的空间均衡，进而实现各区域更高质量、更有效率、更加公平、更可持续的发展，提高我国经济发展质量，这是贯彻十九大报告精神、建设现代化经济体系内在的必然要求。

（三）区域协调发展是实现全体人民共同富裕的内在要求

通过实施区域协调发展战略，健全地区间帮扶机制，加大促进贫困地区脱贫力度，保证这些地区与全国人民一道实现全面小康。我国幅员辽阔，国情复杂，地区间经济社会发展不平衡不协调的问题较为突出，特别是革命老区、民族地区、边疆地区、贫困地区等基础设施和公共服务设施依然较为薄弱，老少边穷等地区脱贫压力较大。全面建成小康社会，最艰难最繁重的任务在农村，特别是在贫困地区，我国贫困问题的区域性特征，必须与区域协调发展战略结合起来。区域协调发展为我国如期取得脱贫攻坚胜利、全面建成小康社会，推进国民经济持久、协调、健康发展提供了智力服务和政策支持。我国社会主要矛盾已经转化为人民日益增长的美好生活需要和不平衡不充分的发展之间的矛盾，而解决由发展不平衡不充分导致的区域差距大问题，实现区域公平发展，正是区域协调的核心要义。只有区域协调发展，才能实现区域空间内要素自由流动、资源最优配置，推动区域一体化均衡发展，有效缩小区域间基本公共服务差距和提高人民生活水平，为打好脱贫攻坚战、全面建成小康社会提供重要支撑，使各区域人民共享改革开放成果，实现共同富裕。

城乡是典型的区域类型，既体现着特殊的空间存在，又代表着不同的资源要素和经济社会活动的集聚与运转类型，区域协调发展可促进生产资源要素和经济社会活动在城乡区域空间上均衡分布，有利于缩小城乡区域发展差距，助力实现城乡融合。基于中国经济所处的特定阶段、城乡土地管理制度以及户籍管理制度等状况，推动城乡融合需要创新区域发展机制，通过区域协调发展促进城乡融合目标的实现。

（四）区域协调发展事关经济发展和社会稳定大局

区域协调发展不仅影响国民经济总量，也影响国民经济结构；不仅影响国民经济整体效率，也影响社会发展公平性；不仅影响经济社会发展，也影响人与自然关系。推动区域协调发展，促进城乡融合，不仅是全面建成小康社会的内在要求，更是增强发展动力的基础条件，对于实现新常态下的更好发展具有重大意义。城乡融合发展是以人民为中心的内在要求。从农业转移人口的角度来看，一部分农村劳动力在城镇和农村流动，是我国现阶段乃至更长历史时期都会存在的现象。现在有2亿多农民工和其他人员在城镇常住，应该使其尽量稳定下来。如果长期处于不稳定状态，不仅使潜在消费需求难以释放、城乡双重占地问题很难解决，还会带来大量社会矛盾风险。对于已经在城镇就业但就业不稳定、难以适应城镇要求或不愿落户的人口，要逐步提高基本公共服务水平，使他们在经济周期扩张、城镇对简单劳动力的需求扩大时可以在城市就业，而在经济周期收缩、城镇对劳动力的需求缩小时可以有序回流农村。从农村人口的视角来看，不管城镇化发展到什么程度，农村人口规模都是相当大的，即使城镇化率达到70%，仍有4亿左右的人口生活在农村。我们党自成立以来一直把依靠农民、为亿万农民谋幸福作为重要使命，坚持把乡村建设好，让亿万农民有更多获得感，同全国人民一道迈入小康社会。

三、我国区域协调发展的机遇、挑战和难点问题

（一）我国区域协调发展面临的机遇与挑战

1. 我国区域协调发展的机遇

近年来，我国区域政策体系不断完善，区域发展总体战略深入推进，区域协调发展不断取得显著成绩。2018年中国城镇化率达到59.58%，我国区域协调发展已形成了“四大板块+三大战略”“新型城镇化+城市群”的战略格局。我国区域协调与城乡融合发展面临新机遇。

在高质量发展要求和对外开放新格局下，面对区域经济发展的新趋势和新特征，我国传统的区域发展政策和手段已难以满足新时代推进区域协调发展战略和实现相关战略目标的需要。探索新时代区域协调发展

的新路径和新机制，打破区域之间和区域内城市之间的“一亩三分地”症结，发挥各区域比较优势，形成优势互补、合作共赢，实现各区域更高质量、更有效率、更加公平、更可持续发展，既是区域协调发展的应有之义，又是我国经济高质量发展的内涵所在。

2. 我国区域协调发展的挑战

我国区域间的经济发展总体水平、基础设施通达程度、基本公共服务等差距逐步缩小。以乡村振兴战略为抓手，推进城乡融合发展取得了显著成效，城乡居民人均收入比从历史上的3.00以上逐步下降到2018年的2.69。但我国城乡区域发展不平衡不充分的问题并未得到有效解决，而且出现许多新的特征和矛盾。如区域发展的主要矛盾正从东西差距转变为南北差距，“南强北弱”的不平衡发展态势已颇为显著；区域内部城市之间一体化程度低，各自为政、无序竞争和“城市病”等问题成为城市群培育和创新发展的主要障碍；集中连片的特困地区、部分老工业基地和“乡村病”较为严重的地区是统筹协调发展的难点。

新时代条件下，如何发挥各地区比较优势促进生产力布局优化？在重点实施“一带一路”建设、京津冀协同发展、长江经济带发展三大战略和支持革命老区、民族地区、边疆地区、贫困地区加快发展的同时，如何构建连接东中西、贯通南北方的多中心、网络化、开放式的区域开发格局以不断缩小地区发展差距？在坚持工业反哺农业、城市支持农村和多予少取放活方针，促进城乡公共资源均衡配置的同时，如何加快形成以工促农、以城带乡、工农互惠、城乡一体的工农城乡关系以不断缩小城乡发展差距？这些问题是我国区域协调与城乡融合发展面临的挑战。

（二）我国区域协调发展亟待解决的难点问题

1. 东西部区域经济发展不平衡问题

改革开放40多年来，随着经济快速增长，我国的发展不均衡问题逐渐凸显，区域发展不平衡、城乡发展不平衡等问题更加突出。我国居民收入总体上呈现逐年上升的发展趋势，但不同区域之间的人均可支配收入存在很大差距，东部地区人均可支配收入超过了全国人均可支配收入的标准，东北地区的数额与全国平均数相近，而中部、西部地区的人均可支配收入与全国平均数相差较大。2017 年，东部地区的上海、北京、浙江的居民人均可支配收入位居前三名，分别达到 58987.96 元、57229.83 元、42045.69 元；但是，西部地区的贵州、甘肃、西藏的居民人均可支配收入只有 16703.65 元、16011.00 元、15457.30 元。我国经济结构不合理突出表现在区域发展不平衡上。东部沿海地区地理位置优越，原材料丰富，人口密度大，为经济发展提供了生产资料与大量劳动力。西部地区由于禀赋优势不足，生产力水平相对落后，无论是城市基础设施建设还是农村基础设施建设都明显滞后，严重制约了西部地区经济发展。国家实施西部大开发战略 20 多年来，西部 12 个省份经济总量持续增长，特别是 2012 年以来，西部地区生产总值年均增速达 8.9%，高出全国 1.8 个百分点。西部地区 2018 年经济总量在全国经济总量中的占比已上升到 20.5%，是增速最快的区域。

东、中、西部区域间产业经济发展存在较大差异，区域间产业发展不均衡问题逐渐凸显。东部地区已经建立了能够嵌入全球价值链的外向型产业集群，并且在未来的持续扩大开放过程中，能够适应全球化生产和竞争模式，整合劳动力、能源、地理区位等比较优势，继续开发面向全球市场的出口导向型产业；而中、西部地区产业变迁模式仍然以内向型产业发展为主。东部地区产业集群主要以高新技术、加工工业和服务业为主，市场结构具有较高的市场化水平；而中、西部地区主要以农业、能源、原材料和机械制造业为主，市场结构具有较强的垄断性。区域间产业发展不均衡给区域经济协调发展带来较大的负面影响，区域间形成了产业发展路径依赖。中西部地区丰富的资源和劳动力易转化为东部地区发展的优势，使其发展空间受到挤压，加剧了区域发展不平衡的趋势；在产业链上，中西部地区成为东部地区的要素供给者，能源生产和资源开采产业的发展更具有优势，亟待加快产业升级。

2. 南北区域发展分化问题

全国四大区域经济板块中，东部地区经济最为发达，西部经济增长最快，中部地区稳步增长，东北地区经济滞后。近年来，南北区域分化态势明显，呈现出产业转型“南快北慢”、科技创新“南高北低”、营商环境“南优北平”、资源配置“南进北出”的特点。南北经济发展不平衡现象凸显，尤其是东北地区，人口流出、企业竞争力不足、经济增长乏力等问题突出。经济增速“南快北慢”，经济总量占比“南升北降”的特点逐渐显现。2013—2018 年，中国南方地区 GDP 占全国 GDP 的比重从 55% 左右上升到了 65% 左右；而北方地区 GDP 比重则从 45% 左右下降到 35% 左右，目前这种南北差距还在持续扩大。2018 年经济增速排名前 10 位的省（区、市）中，南方 9 个，北方 1 个；排名后 5 位的省份均在北方。南北方 GDP 增速的差距从 2013 年的 0.3% 扩大至 2017 年的 1.9%；从 2018 年统计数据看，增速排名前 10 的省（区、市）中，只有陕西位于北方；增速排名垫底的 5 个省（区、市），分别是天津、吉林、黑龙江、内蒙古和辽宁，全部位于北方。在经济总量、人均 GDP 方面，北方 GDP 总量在全国的占比从 2012 年的 29.0% 下降至 2017 年的 25.2%；北方人均 GDP 在 2013 年被南方赶超，此后差距逐步扩大。南方与北方的居民收入差距趋于扩大，2014—2017 年北方居民人均可支配收入年均名义增长 8.6%，南方增长 9.3%，北方比南方低 0.7 个百分点。在城镇居民人均可支配收入方面，2018 年全国仅有黑龙江和甘肃低于 3 万元，二者均位于北方。在内需方面，2013—2016 年北方资本形成总额年均增长 6.2%，增速比南方慢 3.2 个百分点；2018 年已公布固定资产投资增速的 30 个省（自治区、直辖市）中，有 7 个增速下滑，其中 6 个位于北方，增速排名前 5 位均在南方。在消费方面，2018 年增速排名前 5 位均为南方省（区、市），后 5 位均为北方省（区、市）。营商环境与经济发展密切相关，四大区域之间的差距较大，尤其是东北地区的营商环境亟须改善。南北经济不平衡发展，是新时代制定区域发展战略和政策必须考虑的国情。因此，在继续推进东、中、西部协调发展，缩小东西差距的同时，也要关注南北经济发展的统筹。

3. 城乡发展不平衡问题

城乡二元结构、城乡发展差距直接影响区域协调发展的水平。我国城乡区域之间的发展相对差距已出现缩小态势，但总体水平差距依然较大，因此要处理好城乡发展不平衡不全面的问题。从历年城乡居民可支配收入的差距来看，1978 年为209.8 元，到2017 年已经攀升至22964.0 元。2011—2017 年，我国城镇和农村居民可支配收入的差距从 3.13 倍、3.10 倍、3.03 倍、2.97 倍逐年减少至2017 年的2.7 倍，收入差距仍然较大，造成城乡之间社会发展程度、民生建设、社会保障等方面的不平衡问题突出。目前，我国城乡发展不平衡，农村普遍存在农业发展基础单一、教育水平相对落后、公共服务体系欠缺等亟待解决的关乎民生建设的重大问题，这些问题是导致发展不平衡的根源，城乡差距仍然很大。1978 年我国的城市化水平为17.9%，2018 年提高至59.58%，年均增长1 个百分点。目前，我国距离发达国家75%的城市化水平，大约还有15 个百分点的差距，未来20 年将有2 亿多的农业人口进入城市。农村生产力发展水平长期低于城镇；受限于农业本身的特点，农产品附加值低于工业与服务业产品，农民增收相对缓慢。2016 年，我国农村居民消费水平仅为城镇居民的36.8%，农村地区不仅居民收入和消费水平低，而且基础设施和公共服务薄弱，尤其在西部贫困地区，农民生产生活条件仍相当艰苦，二元经济结构问题依然严重。城乡发展差距不仅是贫富差距的根源，同时也阻碍了区域协调发展。

4. 区域发展规划碎片化问题

随着我国区域发展战略格局的逐渐细化，各发展战略区之间缺少衔接、协调，区域发展规划碎片化问题凸显。我国现存的全国性整体规划，如主体功能区规划、土地利用规划、城镇体系规划、“十三五”规划等，还没有将全国各地区间整体性衔接问题纳入专项研究。全国主体功能区规划，根据不同区域的资源环境承载能力、现有开发密度和发展潜力，统筹谋划未来人口分布、经济布局、国土利用和城镇化格局，将国土空间划分为优化开发、重点开发、限制开发和禁止开发四类，确定主体功能定位，明确开发方向，控制开发强度，规范开发秩序，完善开发政策，逐步形成人口、经济、资源环境相协调的空间开发格局，但是对于区域间合作的有关内容有待进一步深化。土地利用规划是在一定区域内，根据国家社会经济可持续发展的要求和当地自然、经济、社会条件对土地开发、利用、治理、保护在空间上、时间上所做的总体的战略性布局和统筹安排。城镇体系规划是针对城镇发展战略的研究，是在一个特定范围内合理进行城镇布局，优化区域环境，配置区域基础设施，明确不同层次的城镇地位、性质和作用，综合协调相互关系，以实现区域经济、社会、空间的可持续发展。土地利用规划和城镇体系规划分别是针对国家土地资源和城镇化布局的专项规划，各区域间、各专项规划之间的协调还需要完善。

当前，亟须体制机制创新，破除长期阻碍区域协调发展的体制障碍，提高区域政策的精准度和有效性，适应区域发展的新形势和新趋势。在适应区域协调发展新要素、新态势、新结构的基础上，完善区域政策和改革体制机制，促进高质量区域协调发展，服务于全国经济高质量发展的大局。

（执笔：沈家文）

参考文献

[1]习近平.深入理解新发展理念[J].实践(思想理论版),2019(6).

[2]习近平.决胜全面建成小康社会 夺取新时代中国特色社会主义伟大胜利——在中国共产党第十九次全国代表大会上的报告[N].中国社会报,2017-10-30.

[3]《求是》编辑部. 发展理念的一场深刻革命[J]. 求是,2019(1).

[4]任海平,沈家文,等. 全面建成小康社会综合评估研究[M]. 北京:经济管理出版社,2019.

[5]张秀生,黄鲜华. 实施区域协调发展战略的重大意义[N]. 光明日报,2018-04-02.

[6]李程骅. 建立更加有效的区域协调发展新机制[N]. 光明日报,2018-02-23.

[7]兰文飞. 实施好区域协调发展战略[N]. 学习时报,2018-01-31.

[8]范恒山. 新形势下推进城乡统筹发展的再思考[J]. 全球化,2017(9).

[9]张军扩. 区域协调发展的根本在改革[J]. 新经济导刊,2016(11).

[10]魏后凯. 走中国特色区域协调发展道路[N]. 经济日报,2018-10-11.

[11]孙久文. 论新时代区域协调发展战略的发展与创新[J]. 国家行政学院学报,2018(7).

[12]辛鸣. 中国改革开放做到了什么——40 年改革开放的实践自信与战略自觉[J]. 科学社会主义,2019(1).

[13]陈耀. 新时代我国区域协调发展战略若干思考[J]. 企业经济,2018(2).

[14]魏后凯. 区域协调发展之路凸显了中国智慧[J]. 国际经济评论,2019(1).

[15]干春晖. 改革开放以来中国产业结构变迁:回顾与展望[J]. 经济与管理研究,2018(5).

[16]蔡继明. 城乡融合发展的现状与对策[J]. 中国国情国力,2019(3).

[17]孙斌栋. 我国区域发展战略的回顾、评价与启示[J]. 人文地理,2014(1).

[18]王博雅. 建立健全城乡融合发展体制机制的意义重大而深远[J]. 中国经贸导刊,2019(5).

[19]袁惊柱. 区域协调发展的研究现状及国外经验启示[J]. 区域经济

评论,2018(1).

[20]刘耀彬,彭峰.中国特色社会主义区域协调发展战略的形成逻辑与时代特征[J].安徽大学学报(哲学社会科学版),2019(3).

[21]杨荫凯.我国区域发展战略演进与下一步选择[J].改革,2015(1).

第二章
我国区域发展战略回顾与效果简评

发展战略是一个由理念到实务的系统规划体系，一般内含价值理性和工具理性两个层面的选择。通常来讲，价值理性层面的选择是一种发展方向的定位，受国际环境、历史文化背景和政治体制的影响；而工具理性层面则是在经济发展现状、自然资源禀赋以及地理条件的约束下，对发展路径及相关政策体系做出规划，进行资源的合理配置。相应地，区域发展战略要解决的核心问题是，面对资源非匀质分布所造成的空间差异，如何进行合理有效的资源配置，同时构建实现目前发展目标的路径政策体系。

我国政府历来高度重视区域发展战略的制定。战略一旦形成，即通过制定国民经济和社会区域发展规划形成顶层设计并加以部署。总体来看，在国家发展战略和区域发展战略的指导下，区域经济发展取得了重大成就，但每个阶段的区域政策在实施过程中又出现一些新矛盾和新问题，需要制定相应的政策，从而形成了既富有成效又极具中国特色的区域发展战略政策演进史。本章重点是提炼总结新中国成立 70 多年来区域发展战略的理论和实践历程。

一、区域均衡发展阶段（1949—1978）

（一）国情世情

新中国成立初期，我国经济基础十分薄弱，地区发展极不平衡。具体来看，全国仍以个体经济和手工业经济为主，这些经济都是“十分落后的，是和古代没有多大区别的”，只有极少数的现代工业经济。并且这些现代工业经济绝大多数都集中在东部沿海地区，广大的西南、西北和内蒙古地区几乎没有任何现代工业。

当时我国面临的国际环境也非常紧张。1950 年爆发了朝鲜战争，美国纠集其他一些国家对我国实行封闭、禁运。因此，当时我国的工业项目布局和厂址选择更多考虑的是安全需要。1964 年，美国出兵侵略越南，中苏关系也变得非常紧张。在这种情况下，中央提出了“加快三线战略后方建设、积极备战、准备打仗”的思想。1965 年 4 月，中央又发出《关于加强备战工作的指示》，因此，我国第三个五年计划和第四个五年计划都是以备战为中心、以建设“三线”地区为重点的。

（二）理论基础

为了拉动内地工业发展，改变区域经济发展严重不平衡的历史旧貌，我国从 1950 年至 1978 年有步骤、有重点地增加了内地建设资金，减少沿海投资，以缩小地区差距，实现区域平衡发展目标。这一阶段的区域发展政策实践契合了发展经济学中的平衡发展理论。

平衡发展理论广泛应用于欠发达国家或地区急于实现工业化及改变地区间发展严重不均衡的阶段。该理论有三个前提假设：完全自由的市场机制，生产要素可以完全自由流动，区域规模报酬和技术进步条件不变。因此，尽管各区域存在要素禀赋和发展程度的差异，但是，在此条件下，资本终将由边际收益率低的地区流向边际收益率高的地区，同样，劳动力终将由低工资区域流向高工资区域，各区域各要素的边际报酬将趋向于均衡，从而各个地区的经济将实现均衡增长。显然，该理论成立的前提过于苛刻，所以实际应用价值很有限。

（三）政策实施过程

1. 集中力量进行工业化建设

在我国“一五”计划中，明确提出要有计划地、适当地在全国各地区布置工业，使工业接近原料、燃料产区和消费地区，并利于巩固国防建设。在这一思想的指导下，国家把中西部落后地区的开发提上了重要日程，并通过规划建设付诸实施。

此外，新政权亟须重工业的支持。“一五”计划选择了与苏联类似的工业化道路，即高积累、优先发展重工业的发展模式。当时苏联援建的156个项目，在1950—1952年开工的有17项，其中13项安排在东北地区。同时，这五年内动工兴建的694个限额以上工业建设项目中，有472个分布在内地，占总额的68%；有222个分布在沿海地区，占总额的32%。在全国基本建设投资总额中，沿海与内地基本上呈现均衡分布的态势。

2. “大跃进”时期

基于人民迫切要求改变落后的经济文化状况的现实，以及国际上美国的军事威胁，中国的领导人产生了一种发展的紧迫感，感到中国必须要快速发展，才能抵御世界头号资本主义强国的侵略。1958年开始，党和国家提出“赶英超美”的口号，最重要的做法则是提高钢的产量，中国展开了轰轰烈烈的“大跃进”运动。这一时期，我国生产力布局主要集中在两个方面：一是加快推动实现工业在全国的均衡分布。国家投资的重点进一步向内地推进，沿海与内地基建投资之比由1957年的0.75:1下降到1960年的0.66:1。二是在各大协作区和各省份建立比较独立和相对完整的经济体系。从1958年上半年开始，为了加快地方工业的发展，各地掀起了一场大办工业的群众运动。各地区不管资源禀赋和实际条件，都追求本地区工业自成体系，造成了全国各地大、中、小项目遍地开花，没有形成统筹协调的系统。

对于由“大跃进”运动引起的各方面紧张和带来的诸多问题，党中央在1957年10月就有所察觉，从1958年11月初开始，党中央先后召开了一系列会议，努力使狂热的运动有所降温，并开始初步纠正已经觉察到的“左”倾错误。由于庐山会议后的“反右倾”运动，纠“左”的进程被迫中断，新一轮“大跃进”随之展开，但从1960年下半年开始，党中央又开始有意识地降低各种指标，总结建设社会主义的经验，开启了新的纠“左”阶段。

3. “三线建设”时期

19世纪60年代，由于中苏交恶以及美国在中国东南沿海的攻势，为加强战备，我国生产力布局经历了一次由东向西转移的战略大调整，将建设的重点放在西南、西北地区。在“三线建设”的过程中，国家不仅修筑了连接西南的川黔、贵昆、成昆、襄渝、湘黔等几条重要的铁路干线，还建设了酒泉、包头、武汉、太原、攀枝花等五大钢铁基地，新建和续建了一大批电力、石油、煤炭、化学、机械和国防的工业项目。同时，国家有计划地把一大批沿海地区的老企业逐步搬迁到“三线地区”，这对后来经济建设产生了重要的影响。

“四五”时期，“三线建设”的重点转向“三西”（豫西、鄂西、湘西）地区，同时积极进行大西南的建设。这期间，根据经济发展状况和战备的要求，将全国划分为西南、西北、中原、华南、华东、华北、东北、山东、闽赣和新疆10个经济协作区，要求在每个协作区内逐步建立不同水平、各有特点、各自为战、大力协作的工业体系和国民经济体系（山东、闽赣和新疆要建立“小而全”的经济体系）；要求各省市区的成套机械设备和轻工产品尽快做到自给，建立为农业服务的地方工业体系，建立各自的“小三线”，内地的工业建设要大分散、小集中，不搞大城市，工厂布点要“靠山、分散、隐蔽”。

（四）实效简评

平衡区域发展战略，是对当时国际政治环境和国内区域经济发展情况的应对，虽然各大区域的经济发展差距的确有所缩小，但是经济成效难以达到初始设想。在优先发展重工业战略的影响下，产业结构背离资源比较优势，再加上国际局势紧张，国内天灾人祸并至，使当时中国经济的增长成本高、效益低，发展基础好的地区长期得不到应有的发展，如沿海地区在改革开放前的30年里，经济结构的现代化进程非常缓慢；而广大的内地在发展基础条件改善不力的情况下，资源配置的效率也不高，从而造成了国民经济整体发展的效率不高。

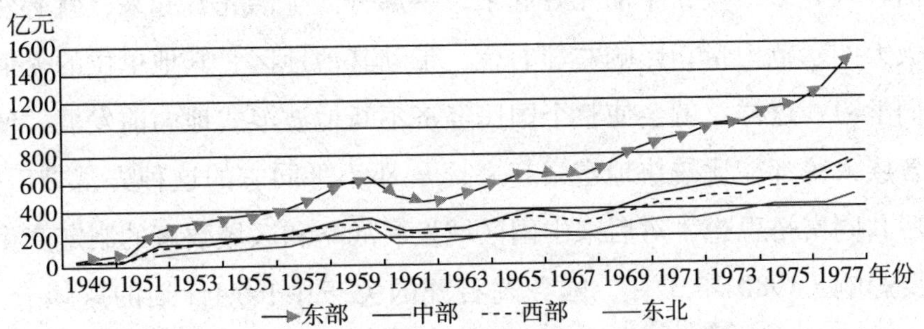

图2－1　东、中、西部及东北地区GDP产值（1949—1977）

注：东部地区包括：北京、天津、河北、上海、江苏、浙江、福建、山东、广东；中部地区包括：山西、安徽、江西、河南、湖北和湖南；西部地区包括：内蒙古、广西、重庆、四川、贵州、云南、西藏、陕西、甘肃、青海、宁夏和新疆；东北地区包括：辽宁、吉林和黑龙江。下同

从图2－1可以看出，由于“一五”时期采取了向内地倾斜的经济建设战略，东部地区和中部地区的生产总值占全国GDP的比重有所下降，东北以及西部地区的生产总值占全国GDP的比重明显上升。但是东部沿海具有工业基础和优势的地区（如上海、北京、天津、广东等）仍然保持了较快的经济发展速度和重要的经济发展地位。“一五”时期区域平衡战略的实施也有一定的正面价值和意义。如在一定程度上取得了经济发展效果，地区经济差距略有缩小，为今后改革开放的顺利进行奠定了经济基础等。

二、区域非均衡发展阶段（1979—1990）

1978 年底，中国开始改革开放，1979—1990 年，既是我国区域发展战略格局大变革的时期，也是为形成当前区域格局奠定基础的时期。

（一）国情世情

党的十一届三中全会做出了把工作重点转移到社会主义现代化建设上来的重大战略决策。1978 年底，邓小平同志指出，“在经济政策上，要允许一部分地区、一部分企业、一部分工人农民，由于辛勤劳动成绩大而收入先多一些，生活先好起来。一部分人生活先好起来，就必然产生极大的示范力量，影响左邻右舍，带动其他地区、其他单位的人们向他们学习。这样，就会使整个国民经济不断地波浪式地向前发展，使全国各族人民都能比较快地富裕起来。”① 邓小平同志的这种先富带后富、最后共同富裕思想，对后来中国区域发展战略和区域政策的制定产生了重要影响。1980 年 3 月，国务院召开的关于中长期计划的座谈会上，邓小平同志在会上进一步提出“发挥比较优势，扬长避短，要承认不平衡”。这一指导方针贯穿在以后国家制定的五年计划和区域发展规划之中。

进入“七五”时期以来，内地资源开发投资不足、有效供给短缺的问题日趋加剧，沿海与内地争夺资源、市场的矛盾也进一步加剧。为解决这些矛盾，1988 年初，我国提出了以沿海乡镇企业为主力，以“两头在外，大进大出”为主要内容的沿海地区经济发展战略。主张沿海地区要大力发展外向型经济，有领导、有计划地走向国际市场，积极参与国际交换和国际竞争，然后带动内地经济振兴，缓解内地经济发展过程中的矛盾。

---

① 摘自邓小平 1978 年 12 月 13 日的讲话稿《解放思想，实事求是，团结一致向前看》。

（二）理论基础

针对平衡发展理论在指导社会实践中存在的缺陷和我国新的区域生产力布局，理论界适时提出非平衡发展的理论来指导我国的区域发展实践。

增长极理论是非平衡发展理论的代表性理论之一。该理论的主要内容是，增长在不同的地区其强度会不同，因此增长速度快的地区就会形成一些增长点或增长极，然后再由增长极向外扩散；但是极化效应总是会先于或大于扩散效应，因此，才会造成经济空间上所谓的“二元结构”。如果要克服增长极效应的负面作用，单纯依靠市场的自发作用是不行的，只能依靠政府行政力量的调节。

增长极理论对许多国家或地区的发展都产生了较深远的影响，先利用政策性的资源配置形成一些诱导型的增长极，从而带动国民经济快速发展，几乎成为发展中国家或地区面对资源短缺约束时推动工业化和城市进程的不二选择。

（三）政策实施过程

改革开放以来，我国区域发展的非均衡趋势更加明显。国家在东部沿海地区先后设立 4 个特区、14 个沿海开放城市，并在外资项目审批、财税、外汇留成、信贷等方面给予特殊优惠政策。1987 年 12 月，中共中央提出沿海地区经济发展战略，主要有以下三方面的战略重点：一是沿海地区要加速发展外向型经济，积极参与国际竞争，努力扩大产品出口；二是大力发展“三资”企业，积极实行原材料和销售市场“两头在外”；三是加强沿海与内地的经济联系，沿海地区经济实现高速发展以后，要带动内地经济的发展。同时，中央决定进一步扩大沿海对外开放的地域范围，批准海南升格为省建制并设立特区，紧接着批准上海市浦东新区为改革开放新的试验区，这意味着我国沿海非均衡发展水平进入一个相当高的阶段。

整个“七五”（1986—1990）计划期间，中央政府按照经济技术水平和地理位置相结合的原则，将全国划分为东部、中部、西部三大经济地带，强调“七五”及以后几年全国生产力布局不再搞“一刀切”式的战略展开，而是将区域政策的目标按东、中、西三个地带的基本格局分别设定，对于东部地区要加速发展，中部地区则是建设的重点，同时还要积极推进西部大开发战略，正确处理好三个地带的发展关系。

（四）实效简评

改革开放的前10年，我国支持沿海地带非均衡发展的区域政策，充分发挥了沿海地区的比较优势，使其取得先行发展的优势，也使国民经济整体水平有了较大提高。但是，也要看到同时出现了一些发展中的问题，如区域差距不断扩大、区域间利益的矛盾和冲突升级、地区保护主义依然存在、环境污染问题严重等，这些问题已经逐渐成为困扰我国经济继续向前发展的隐患。

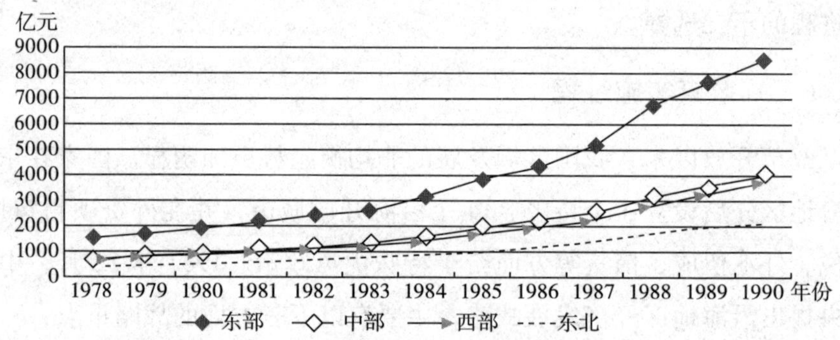

图2-2　东、中、西部及东北地区GDP产值（1978—1990）

从图2-2可看出，1978—1990年，东部地区与中西部地区的总产值差距越拉越大，1978年，东部地区与中、西部地区总产值的绝对差距为764.5亿元和788.5亿元；1985年，绝对差距增至1922.9亿元和2162.3亿元；1990年，绝对差距增至4486.5亿元和4736.0亿元，约是1978年差距值的6倍。

三、区域协调发展形成阶段（1991—2012）

从区域的非均衡发展到区域协调发展，其间经历了较为漫长的酝酿过程。中国区域经济专家、著名学者陈栋生教授很早就提出了东、中、西部地区合理分工、协调发展的思路，他提出，国家和东部地区要有意识地支持中、西部地区，使之成为东部沿海地区实施外向型经济发展战略的原材料基地，并在资金、技术、人才、政策等方面给予多方面的支持。通过东部地区外向经济的循环带动中西部地区内向经济的循环，这反过来将进一步促进东部地区外向经济的循环，从而实现中国区域经济发展的协调和共同繁荣。

（一）国情世情

20 世纪 80 年代末 90 年代初，伴随着改革开放的不断深入和中国国力的迅速增强，我国地区发展差距特别是东西差距不断扩大，出现不少社会矛盾，发展差距不断扩大的问题也未得到解决。1988 年，邓小平同志正式提出“两个大局”的发展思想，1992 年初的南方谈话继续对这一思想做了阐释，这一思想成为当时指导我国区域经济发展政策制定的重要思想。

1991 年 3 月，把“促进地区经济的合理分工和协调发展”，“生产力的合理布局和地区经济的协调发展，是我国经济建设和社会发展中一个极为重要的问题”写入《关于国民经济和社会发展十年规划和第八个五年计划纲要的报告》。同时进一步明确指出，“要正确处理发挥地区优势与全国统筹规划沿海与内地经济发达地区与较不发达地区之间的关系，促进地区经济朝着合理分工、各展其长、优势互补、协调发展的方向前进”。1995 年 9 月，中共十四届五中全会通过《中共中央关于制定国民经济和社会发展“九五”计划和 2010 年远景目标的建议》，明确把“坚持区域经济协调发展，逐步缩小地区发展差距”作为今后 15

年经济和社会发展必须贯彻的重要方针之一。1997 年 9 月，党的十五大报告中也特别强调，要“从多方面努力，逐步缩小地区发展差距”“促进地区经济合理布局和协调发展”。东部地区“有条件的地方要率先基本实现现代化”。2001 年 3 月，在第九届人大四次会议批准的《中华人民共和国国民经济和社会发展第十个五年计划纲要》中，党中央提出了实施西部大开发战略的重大决策，并将合理调整地区经济布局、促进地区经济协调发展作为指导方针，对各地区的发展进行了总体安排。

（二）理论基础

随着我国国民经济的高速发展和国家产业体系日趋完善，我国区域政策逐步按东、中、西部梯度推进的思路展开。这些政策实践契合了区域发展理论中的梯度转移理论。

该理论有两个层面的内涵，一是经济发展存在一种“梯度”状态，即由于自然条件、历史文化、社会经济等方面的差异，地区之间发展是不平衡的。这种不平衡的状况就构成由低至高的不等梯度，高梯度的地区就是那些发展条件较好的地区，而一个地区所处梯度的高低取决于产业结构的优劣，产业结构优劣又取决于主导产业所处的产业生命周期阶段。二是一个新兴产业或一项新技术的产生是从创新开始的，在这个阶段需要高质量的要素资源的投入，因而这一阶段大多发生在梯度较高的地区或国家。当技术稳定和产品定型后进入成熟阶段，这一阶段的主要特点是产品市场规模急剧扩大，企业竞争加剧，为保持竞争优势，产业或技术逐渐由高梯度向中、低梯度地区转移，产业利润下降并走向衰退，然后孕育下一个新兴产业或技术。梯度转移理论在指导我国 20 世纪 90 年代区域发展政策的制定方面发挥了重要作用。

（三）政策实施过程

为促进地区经济协调发展，优化区域资源配置，“八五”计划以来，中央主要采取了以下几方面的政策措施。

1. 实行全方位的对外开放政策

1991年，国办发〔1991〕25号文件确定了边境贸易的方针和优惠政策。1992年，邓小平同志南方谈话以后，逐步加快中西部地区对外开放的步伐，相继开放了一批沿边城市、长江沿岸城市和内陆省会城市，设立三峡经济开放区，由此形成了沿海、沿边、沿江和内陆省会（首府）城市相结合的，多层次、多渠道、全方位的对外开放格局。

（1）在沿海地区设立保税区。保税区是经国务院批准设立，由海关实施特殊监管的经济区域，是目前中国开放度和自由度最大的经济区域，其主要功能是转口贸易、保税仓库和出口加工。1991年，国务院批准建立了天津港、深圳福田和沙头角保税区，随后又相继设立了深圳盐田港、大连、广州、张家港、海口、厦门象屿、福州、宁波、青岛、汕头、珠海等11个保税区。目前，中国已建成和在建的保税区共有15个，全部分布在沿海地区，其中仅广东省就有6个保税区。

（2）扩大经济开放区的范围。1992年9月，国务院批准广东省的韶关、河源、梅州三市列入沿海经济开放区。1993年2月和3月，又分别批准福建省的三明、南平、龙岩、福安、福鼎5市、县，以及辽宁省的营口市和山东省的东营市（不包括所辖县）列入沿海经济开放区。

此外，我国还通过对外开放沿边口岸城市，开放沿江和内陆省会城市，增设国家级经济技术开发区，鼓励外商到中西部地区投资等政策，进一步扩大对外开放的范围。

2. 实施西部大开发战略

我国区域经济发展的实践数据以及许多学者的实证研究成果表明，我国东西部经济差距明显拉大是从20世纪80年代后期开始的，这正是我国市场化改革加快的时期。

我国的改革开放以市场化为取向，其基本趋向是要素根据市场信号自由流动，以效率为目标，允许一部分地区先富起来。在市场利益的驱动下，西部地区的人才、劳动力、资本等生产要素向效益好、投资回报高的发达地区流动。虽然发达地区对落后地区短期内也有扩展效应，但由于落后地区短期内不具备必要的经济技术基础和相当素质的劳动力，因此这种扩散难以实现。于是，西部地区发展遇到要素严重流失、技术资金严重不足等困难，这就需要政府协调。因此，中央确定西部大开发的战略，就是针对西部生产要素在市场调节下向东部流动的情况，政府要进行反向调节。

按照国家规划，实施西部大开发的目标是，力争用5~10年时间，使西部地区基础设施和生态环境建设取得突破性进展。到21世纪中叶，将西部地区建设成为一个经济繁荣、社会进步、生活安定、民族团结、山川秀美的新西部。西部大开发战略的重点包括：一是加快基础设施建设；二是切实加强生态环境保护建设；三是积极调整产业结构，发展有市场前景的特色经济和优势产业，培育和形成新的经济增长点；四是发展科技教育事业，加快人才培养；五是加大改革开放力度。具体内容见表2-1。

此外，在财政和金融方面，国家对西部地区也给予了极大的支持。包括：固定资产投资上安排70%的国债资金、财政拨款和国际组织优惠贷款主要用于中西部地区；加大对西部地区特别是民族地区一般性转移支付的力度；对西部地区实行税收优惠政策；加大对西部地区基础设施、农业、生态建设的信贷投入等。

表2-1　西部大开发战略的主要政策内容

<table>
<tr><th>政策目的</th><th>政策手段</th><th>政策支持</th></tr>
<tr><td rowspan="2">加快基础设施建设</td><td rowspan="2">优先安排建设项目：水利、交通、能源等基础设施，优势资源开发与利用，有特色的高新技术及军转民技术产业化项目，优先在西部地区布局
土地优惠政策：建设项目用地，如何使用国有未利用土地，可以免缴土地补偿费。以上优惠是国家对西部地区的专项扶持政策
金融信贷支持：银行根据商业信贷的自主原则，加大对西部地区基础产业建设的信贷投入</td><td>2000年启动十大标志工程
2007年国务院西部开发办发布西部大开发新开工10项重点工程</td></tr>
<tr><td>财政部印发关于《中西部等地区国家级经济技术开发区基础设施项目贷款财政贴息资金管理办法》的通知</td></tr>
</table>

续表

政策目的	政策手段	政策支持
加强生态建设和保护	财税政策：逐步加大对西部地区尤其是民族地区的一般性转移支付的规模。在促进西部地区生态环境的改善和保护，积极支持退耕还林（草）过程中，中央财政将按照标准给予补助；对因实施天然林保护工程，退耕还林（草）工程而影响财政收入的西部地区，中央财政还在一定时期内给予适当的补助，并实行优惠的税收政策 土地和矿产资源优惠政策：对西部地区荒山、荒地造林种草及耕地退耕还林还草，实行谁退耕、谁造林种草、谁经营、谁拥有土地使用权和林草所有权的政策	《关于进一步做好退耕还林还草试点工作的若干意见》（2000 年） 《关于进一步完善退耕还林政策措施的若干意见》，2002 年 12 月颁布了《退耕还林条例》（2000 年） 《西部地区天然草原退牧还草工程项目验收细则》（2004 年） 《关于进一步加强退牧还草工程实施管理的意见》等措施（2005 年）
调整产业结构，发展特色产业	改善投资的软环境：深化西部地区国有企业改革，加快建立现代企业制度，搞好国有经济的战略性调整和国有企业的资产重组 财政手段：加大建设资金投入和转移支付力度	财政部、国家税务总局颁布《关于退耕还林还草试点地区农业税政策的通知》（2000 年 10 月） 《关于促进农民增加收入若干政策的意见》（2004 年 1 月）
发展科技教育事业，加快人才培养	财政政策：中央财政将逐步增加科技“基金”“计划”等专项经费用于西部地区的数额。中央财政“十五”期间继续实施“国家贫困地区义务教育工程”，将西部民族地区、山区、牧区和边境地区列为重点地区，予以重点支持。中央对地方专项资金补助也将向西部地区倾斜 金融信贷支持：更多地安排国际金融组织和外国政府优惠贷款投向西部地区的项目，力争国际金融组织在西部地区教育、卫生、扶贫、生态环境保护等领域实行更优惠的贷款政策；此外，还将发行特种国债用于支持西部开发。在西部地区积极发放助学贷款及学生公寓贷款等	教育部、国务院办公厅颁布《关于推动东西部地区学校对口支援工作的若干意见》（2000 年 4 月） 科技部颁布《关于加强西部大开发科技工作的若干意见》（2000 年 8 月） 教育部与中央办公厅、国务院办公厅联合颁布《西部地区人才开发十年规划》（2002 年 3 月） 教育部、国务院办公厅颁布《2004—2010 年西部地区教育事业发展规划》（2004 年 9 月）

续表

政策目的	政策手段	政策支持
加大对外开放力度，提高利用外资水平	税收优惠政策：对设在西部地区国家鼓励类产业的内资企业和外商投资企业，在一定期限内，减按15%的税率征收企业所得税。民族自治地方的企业经省级人民政府批准，可以定期减征或免征企业所得税 放宽外资条件方面优惠政策：对外商投资西部地区商业项目，经营年限可放宽至40年；比东部地区延长10年，注册资本放宽至3000万元，比东部地区降低2000万元。对外商投资西部地区基础设施和优势产业项目，适当放宽国内银行提供固定资产投资人民币贷款的比例	国务院决定，对中西部外资企业实施税收新优惠（1999年） 财政部、国家税务总局联合颁布《中西部地区外商投资优势产业目录》（2000年6月） 财政部、国税局、海关总署联合颁布《关于西部大开发税收优惠政策问题的通知》（2001年）

资料来源：张军扩，侯永志．中国区域政策与区域发展［M］．北京：中国发展出版社，2010：54－55.

3. 实施东北振兴战略

2003年10月，中共中央、国务院发布《关于实施东北地区等老工业基地振兴战略的若干意见》，对振兴东北老工业基地作出重大战略部署（见表2－2）。振兴东北地区等老工业基地，不仅要使这些地区在经济发展方面跟上全国的步伐，而且要解决影响发展的体制性、结构性问题，增强其内在活力，改善其发展环境，最终实现振兴。

表2－2　东北振兴战略的主要政策内容

政策目的	具体措施	说明
加快体制创新和机制创新	国务院国有资产监督管理委员会提出《关于加快东北地区中央企业调整改造的指导意见》（2004年2月4日）	提出加快推进东北地区中央企业调整改造，促进东北老工业基地振兴
	《国务院关于鼓励支持和引导个体私营等非公有制经济发展的若干意见》（2005年2月）	提出放宽市场准入，对参与改制的民营企业提出相关政策
	国务院批复了由财政部、国资委和劳动保障部联合上报的《东北地区厂办大集体改革试点工作指导意见》（2005年11月6日）	明确了改革目的和改革方式，提出处理厂办大集体的资产和债权债务问题的办法，并且对妥善安置职工和处理劳动关系等做出了详细规定

续表

政策目的	具体措施	说明
全面推进工业结构优化升级	国务院国有资产监督管理委员会提出《关于加快东北地区中央企业调整改造的指导意见》（2004 年 2 月 4 日）	提出进一步加大技术改造力度，将企业建设改造的进程分为四个层次
	财政部、税务总局颁布《东北地区扩大增值税抵扣范围若干问题的规定》（2004 年）	在财政税收政策方面对老工业基地予以适当支持，对部分企业历史形成、确实难以归还的历史欠税，按照规定条件经国务院批准后给予豁免，在东北三省试行增值税转型试点和企业所得税优惠政策
	财政部、税务总局颁布《关于落实振兴东北老工业基地企业所得税优惠政策的通知》（2005 年）	
	《财政部、国家税务总局关于豁免东北老工业基地企业历史欠税有关问题的通知》（2006 年）	
	国家发展改革委下达《2005 年老工业基地调整改造和重点行业结构调整国债投资计划》（2005 年）	深化投资体制改革，简化老工业基地调整改造项目审批程序，加大国债或专项基金对老工业基地调整改造的支持力度
大力发展现代农业	《中共中央国务院关于促进农民增加收入若干政策的意见》（2004 年）	提出按照“多予、少取、放活”的方针，采取一系列措施，尽快扭转城乡居民收入差距不断扩大的趋势，对农业进行粮食直补、良种补贴和农机具购置补贴
	财政部、农业部、国家税务总局联合下发了《关于 2004 年降低农业税税率和在部分粮食主产区进行免征农业税改革试点有关问题的通知》，制定了《黑龙江省全部免征农业税改革试点工作实施方案》（2004 年）	在黑龙江、吉林两省实行全面免征农业税政策，扩大东北地区粮食生产补贴范围和规模
推进资源型城市经济转型	国土资源部、国务院振兴东北办下发《关于东北地区老工业基地土地和矿产资源若干政策措施》的通知（2005 年）	提出东北地区土地和矿产资源利用的一系列优惠政策，为东北地区老工业基地合理、高效利用土地和矿产资源指明方向

续表

政策目的		具体措施	说明
加强基础设施建设	电力	国家发展改革委办公厅组织编制了《东北地区电力工业中长期发展规划(2004—2020)》(2005 年)	分析了当前国民经济发展和能源资源状况、电力工业发展现状以及“十五”前三年有关电力的计划执行情况，对电力供需形势进行了分析及预测，提出发展原则及方针
	交通	由交通部编制的《振兴东北老工业基地公路水路交通发展规划纲要》出台(2005 年)	是指导东北各省制定公路、水路交通建设规划及其相关专项规划的指导性文件
	水利	2000 年以来，国务院批准《关于加强嫩江松花江近期防洪建设的若干意见》《关于加强辽河流域近期防洪建设的若干意见》，水利部通过《松花江流域防洪规划》《辽河流域防洪规划》《振兴东北老工业基地水利规划》《东北地区国境界河整治规划》《松辽流域水资源综合规划》《霍林河流域水资源开发利用规划》《扎龙湿地水资源规划》《胖头炮、月亮泡蓄滞洪区安全建设规划》《辽河口整治规划》等一批规划相继出台	进入 21 世纪以来，流域水资源开发利用与流域经济、社会、环境的协调发展受到高度重视
进一步扩大对外对内开放		国务院办公厅下发《关于促进东北老工业基地进一步扩大开放的实施意见》(2005 年)	在吸引外资环境、企业、重点项目和行业方面提供税收等优惠政策、完善国家鼓励边境贸易的税收优惠政策，扩大与周边国家的经贸合作
创造有利于扩大就业的环境，完善城镇社会保障体系		国务院下发《关于完善城镇社会保障体系试点方案的通知》(2000 年)	决定 2001 年在辽宁省及其他省确定的部分地区进行试点。从完善社会保障体系的角度出发，内容涉及城镇职工基本养老、基本医疗、失业等社会保险制度和城市居民最低生活保障制度
		《国务院关于同意辽宁省完善城镇社会保障体系试点实施方案的批复》(2001 年)	当前确保国有企业下岗职工基本生活和企业离退休人员养老金按时足额发放，仍然是社会保障工作中的重要内容
		《国务院关于同意吉林省人民政府关于完善城镇社会保障体系试点实施方案的批复》(国函〔2004〕35 号)和《国务院关于同意黑龙江省人民政府关于完善城镇社会保障体系试点实施方案的批复》(国函〔2004〕36 号)	要求认真借鉴辽宁省试点经验，积极探索建立可持续发展的城镇企业职工基本养老保险制度；要进一步提高就业和社会保障工作的管理服务水平；要充分考虑社会各方面的承受水平，积极稳妥地推进试点工作，及时研究解决试点工作中出现的问题，确保企业和社会稳定

续表

政策目的	具体措施	说明
加快发展科技教育文化事业	中国科学院发布《关于印发〈"东北之春"人才培养计划管理办法〉的通知》（2004 年）	通过支持中国东北老工业基地科研立项、培养企业在职研究生以及为地方组织培训等主要形式，为东北地区培养学术带头人、技术骨干以及新兴产业人才
	中共中央办公厅、国务院办公厅印发《贯彻落实中央关于振兴东北地区人才队伍建设的实施意见》的通知（2004 年）	多渠道、多形式地培养、引进各类专业技术人才
	科技部下发《振兴东北老工业基地科技行动方案》（2004 年）	提出立项启动"振兴东北地区发展战略"研究工作，推进国家高新区"二次创业"
	《国家发展改革委关于振兴东北老工业基地高科技产业发展专项第一批高技术产业化项目的通知》（2004 年）	批复了 18 项高技术产业化项目
	国家发展改革委、国务院振兴东北办联合发布《关于发展高技术产业促进东北地区等老工业基地振兴指导意见的通知》（2005 年）	提出有效解决老工业基地发展面临的突出问题、保证经济可持续发展的战略性措施和重要途径，强调发展高技术、促进老工业基地振兴的原则、重点和着力点

资料来源：张军扩，侯永志．中国区域政策与区域发展［M］．北京：中国发展出版社，2010：76－78.

4. 实施中部崛起战略

在国家先后实施东部沿海开放、西部大开发、振兴东北老工业基地等分区域推进的发展战略后，中部地区成为"政策洼地"，从 1985 年开始，中部地区的经济增长进入相对缓慢阶段，并出现增速落后于西部地区的状况，中部地区的学者将其形容为"中部塌陷"。2004 年 9 月，"促进中部地区崛起"写进了党的十六届四中全会的决定。2005 年 10 月，党的十六届五中全会通过的《中共中央关于制定国民经济和社会发展第十一个五年规划的建议》对中部地区的发展提出了明确要求。2006 年 4 月，中共中央、国务院出台的《关于促进中部地区崛起的若干意见》提出了促进中部地区崛起的多项政策意见，中共中央的战略决策与一系列政策安排对中部地区的崛起发挥了强大的推动作用（见表2－3）。

表2－3　中部崛起战略的主要政策内容

政策目的	政策支持
加快建设全国重要粮食生产基地，扎实稳步推进社会主义新农村建设	加大对粮食生产的支持力度。完善扶持粮食生产的各项政策 把严格保护耕地放在突出地位，稳定粮食种植面积，提高粮食单产水平和商品率 逐步解决中部地区粮食主产区粮食流通领域的历史遗留问题
加强能源原材料基地和现代装备制造及高技术产业基地建设，推进工业结构优化升级	加强能源基地建设 加强原材料基地建设
提升交通运输枢纽地位，促进商贸流通旅游业发展	加快综合交通运输体系规划实施 加快铁路客运专线和开发性新线建设 加强公路建设 扩建、增加机场
增强中心城市辐射功能，促进城市群和县域发展	构建布局完善、大中小城市和小城镇协调发展的城镇体系（发展改革委、建设部、国土资源部、民政部等部门负责） 大力发展县域经济（发展改革委牵头） 扩大国家"科技富民强县专项行动计划"在中部地区的试点范围，对特色产业项目给予专项支持（科技部牵头）
扩大对内对外开放，加快体制创新	支持一类口岸建设，建好出口加工区，引导加工贸易向中部地区转移（海关总署、商务部、发展改革委等部门负责） 加强进出口协调和服务，加大中央外贸发展基金政策支持力度，转变贸易增长方式，优化贸易结构，开拓国际市场（商务部牵头）
加快社会事业发展，提高公共服务水平	加快教育事业发展，提高公共服务水平（财政部、教育部、发展改革委等部门负责） 加强公共卫生服务体系建设（卫生部、发展改革委、财政部等部门负责） 积极稳妥推进文化体制改革（发展改革委、财政部、文化部、广电总局、新闻出版总署等部门负责）
加强资源节约、生态建设和环境保护，实现可持续发展	继续支持水污染防治项目建设及重点城市的污水与垃圾处理设施建设 加强流域、区域水资源开发利用和水环境保护的统一管理，提高水资源利用综合效益 继续实施长江中游天然林资源保护、长江流域防护林二期等重点防护林体系建设

资料来源：张军扩，侯永志．中国区域政策与区域发展［M］．北京：中国发展出版社，2010：100－101.

5. 进一步完善国家扶贫政策体系

为了使所有人民共享改革开放发展的成果，缩小地区发展差距，特别是改变老、少、边、穷地区的经济文化落后状况，成为党中央、国务院制定区域发展政策的主要出发点。1994 年 2 月 28 日，国务院召开全国扶贫开发工作会议，确定从 1994 年起国家实施“八七”扶贫攻坚计划，即从 1994 年到 2000 年，集中人力、物力、财力，动员社会各界力量，力争用 7 年左右的时间，基本解决全国农村 8000 万贫困人口的温饱问题。为确保“八七”扶贫攻坚计划目标的实现，国家对经济不发达地区的发展资金援助和扶贫资金援助大幅度增加，1999 年仅中央预算内安排的扶贫资金总规模就达 100 亿元。为提高扶贫资金的使用效果，国家列出计划重点扶持的贫困县有 592 个，其中东部有 105 个，中部有 182 个，西部有 307 个。同时，为加强东西部地区互助合作，帮助贫困地区尽快解决群众温饱，国务院还批准扶贫开发领导小组发布《关于组织经济发达地区与经济欠发达地区开展扶贫协作的报告》。为动员东部地区和西部大中城市的各方面力量，大力支援西部贫困地区的教育事业，2000 年 4 月国务院又启动实施“东部地区学校对口支援西部贫困地区学校工程”和“西部大中城市学校对口支援本省贫困地区学校工程”。

“十五”计划期间，我国实施整村推进与“两轮驱动”的扶贫战略。在确定的 592 个国家扶贫开发重点县的基础上，把贫困瞄准重心下移到村，全国范围内确定了 15 万个贫困村，全面推进以整村推进、产业发展、劳动力转移等为重点的扶贫开发措施。

（四）实效简评

20 世纪 90 年代初期，我国政府提出促进区域经济协调发展的总方针。然而，从实践情况看，整个 20 世纪 90 年代，国家投资布局和政策支持的重点仍主要集中在沿海地区，地区间发展差距一直在扩大。区域间协调发展的态势并没有形成。1999 年，中央提出实施西部大开发战略，国家投资布局和政策优惠的重点开始逐步向中西部地区转移，使中西部地区投资增速明显加快。同时农村贫困地区开发也取得了较大成就，2000 年，中国从整体上摘掉了“世界低收入国家”的帽子。

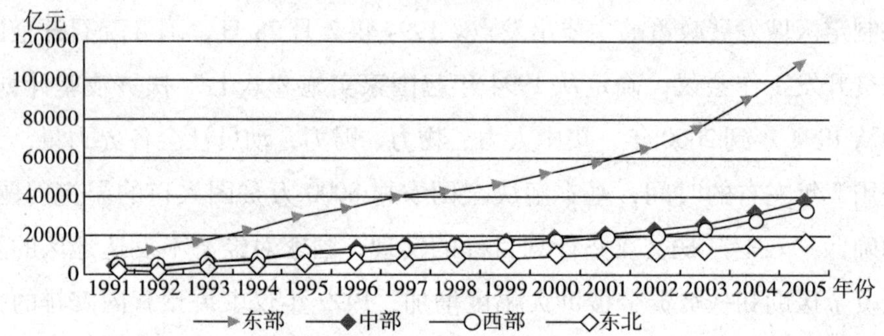

图 2－3　东、中、西部及东北地区 GDP 产值（1991—2005）

从图 2－3 可看出，1991—2005 年，东部地区与中、西部和东北地区的 GDP 差距进一步拉大，并逐年递增，尤其是 2000 年后，东部地区与中、西部地区 GDP 差距达到 3 万亿元以上，每年差距递增 1 万亿元左右。而中、西部地区的 GDP 值在 1991—2005 年间差距也在逐年递增，中部地区 GDP 值一直高于西部地区，但是远没有东部地区和中、西部地区的差距大。中部地区的 GDP 于 1996 年突破 1 万亿元大关，2005 年达到 3 万亿元以上。东北地区 GDP 也一直处于增长趋势，但是增长率不及其他地区。

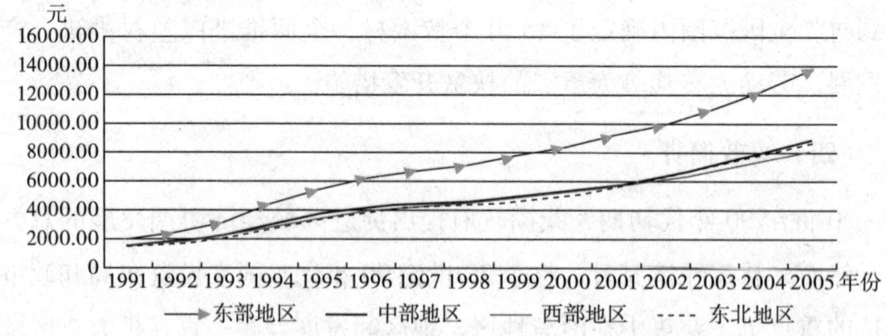

图 2－4　东、中、西部及东北地区城镇家庭人均可支配收入（1991—2005）

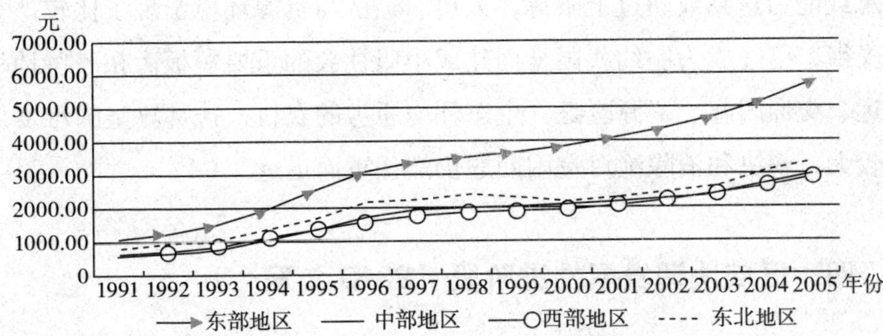

图 2－5　东、中、西部及东北地区农村居民家庭人均纯收入（1991—2005）

从图 2－4、图 2－5 可以看出，东、中、西部及东北地区城镇家庭人均可支配收入均比同年本地区农村居民家庭人均纯收入高，1991—2005 年，全国城乡差距逐年增大。中、西部地区的城乡差距绝对水平高于东部和东北地区，如东部地区 1991 年城镇家庭人均可支配收入是农村居民家庭人均纯收入的近 2 倍，到 2005 年增至 2 倍有余；中、西部地区 1991 年城镇家庭人均可支配收入是农村居民家庭人均纯收入的 2 倍有余，到 2005 年已增至近 3 倍，东北地区在 1991—2005 年始终保持着城镇家庭人均可支配收入是农村居民家庭人均纯收入的近 2 倍的差距，没有较大变化。

总体而言，我国实现地区经济协调发展的形势依然比较严峻。

在西部大开发战略基础上，为了加快东北地区、中部地区的发展，中央于 2003 年、2006 年分别决定实施振兴东北等老工业基地、促进中部地区崛起的战略。随后“十一五”规划进一步对促进区域协调发展做了全面阐述，明确了区域协调发展的内涵，提出主体功能定位清晰、东中西良性互动、公共服务和人民生活水平差距趋向缩小的区域协调发展的格局。自此，我国区域发展的总体格局基本形成。

另外，也应该看到“十一五”以来，在经济快速增长、国家实力大幅提升的同时，经济增长与社会建设、生态环境之间的矛盾日益突出，表现为城乡区域发展差距扩大，民生改善和社会建设滞后，资源环境承载能力达到或超过上限等，人口、经济与资源环境出现了比较严重的失衡，已经成为制约我国全面建成小康社会的重要短板。在一些地域偏远、交通闭塞、资源匮乏、生态环境恶劣的农村，扶贫攻坚的难度依然较大，解决和消除绝对贫困问题仍然任重而道远。

四、区域协调发展推进阶段（2013 年至今）

（一）国情世情

党的十八大以来，以习近平同志为核心的党中央紧紧抓住经济社会发展的主要矛盾和矛盾的主要方面，从经济发展的长周期和全球政治经济的大背景出发，做出了经济发展进入新常态的重大判断，在区域协调发展方面推出了一系列新战略理念、新战略重点、新体制机制等，形成了以区域发展总体战略为基础，以“一带一路”建设、京津冀协同发展、长江经济带建设等三大战略为引领，以新区、自贸区等特殊类型区域功能平台为补充的全面促进区域协调发展的战略格局。

《中华人民共和国国民经济和社会发展第十三个五年规划纲要》明确提出，要以区域发展总体战略为基础，深入推进西部大开发，大力推动东北地区等老工业基地振兴，促进中部地区崛起，支持东部地区率先发展，健全区域协调发展机制；以“一带一路”建设、京津冀协同发展、长江经济带发展为引领，塑造要素自由流动、主体功能约束有效、基本公共服务均等、资源环境可承载的区域协调发展新格局。

“一带一路”建设作为推动形成开放型经济新格局的重要抓手，而“丝绸之路经济带”覆盖国内省份特别是以中、西部地区为主，“21 世纪海上丝绸之路”覆盖国内东部沿海长三角、海峡西岸、珠三角、北部湾等重点城市群。长江经济带贯通“三大两小”城市群，横跨我国东、中、西三大区域，建设产业转移示范区。京津冀协同发展要求加强北京非首都功能疏解，以协同创新为先导，重点推进交通运输、生态环保、产业转移三大领域，构建京津冀区域分工的新格局。

2017年，党的十九大报告中首次将“实施区域协调发展战略”上升为国家战略，作为“贯彻新发展理念，建设现代化经济体系”的重要任务。同时，明确提出“强化举措推进西部大开发形成新格局，深化改革加快东北等老工业基地振兴，发挥优势推动中部地区崛起，创新引领率先实现东部地区优化发展，建立更加有效的区域协调发展新机制”。在区域协调发展战略的引领下，区域发展内涵日趋丰富，重点更加明确。继续深入推进实施区域发展总体战略，以“一带一路”建设为重点提升区域开放型经济水平，加快推进京津冀、长江经济带、粤港澳大湾区三大国家重点区域发展，为实现全面建成小康社会目标、开启新时代中国特色现代化建设征程提供了有力支撑。

（二）理论基础

党的十八大以来，我国区域经济研究的理论界以区域协调发展理论为基础，围绕建立精细化、差别化的长效区域治理机制，使区域协调发展的理论不断得以充实完善。

1. 以“非均衡+均衡”的混合型协调发展理论为基础

党的十八大以来，在对城乡区域发展差距扩大、社会建设滞后、资源环境承载能力达到或者超过上限等问题进行反思的基础上，我国充分借鉴区域均衡和非均衡理论，以及人口、资源与环境经济学等重要理论，开创性提出符合新时代的中国特色社会主义区域协调发展的理论。这个理论的基本脉络是用辩证方法看待区域协调发展，一方面，吸收区域非均衡理论的优点，在谋篇布局上依然侧重于鼓励并支持地区优先发展，打造培育国家的地区经济增长极，带动其他地区的发展；另一方面，吸收区域均衡发展的优点，有效借鉴人口、资源与环境经济等理论，站在全局高度，运用均衡的思维方法处理区域经济发展中出现的各方面矛盾和问题。该理论在促进缩小地区差距、协调推动区域发展方面发挥了积极的作用。

“非均衡+均衡”的混合型区域协调发展理论的创新主要体现在两个方面。一是自党的十八大以来，党中央先后提出以探索人口经济密集地区优化开发新模式为导向的京津冀协同发展战略，以生态环境保护优先、共抓大保护、不搞大开发为新理念的长江经济带建设等；以深化改革创新的试验田、带动区域经济发展的重要增长极、扩大对外开放的新高地为战略导向的国家级新区等特殊功能平台建设等，充分反映了区域协调发展战略的“非均衡性”，即以重点地区优先重点发展带动其他地区的发展。二是以实现国内外均衡发展的“一带一路”建设，以实现地区间均衡发展的“四大板块”战略，以实现人口分布、经济布局与资源环境承载能力之间均衡发展的主体功能区战略等，都充分反映了区域协调发展战略的“均衡性”，深刻揭示了实现区域内外的开发与保护、促进区域经济协调发展的基本途径，这也是正确处理区域协调发展中重大关系的方针和原则。

2. 区域规划理论不断丰富

从区域规划编制上看，决策者、实际工作者和学者进一步探讨了区域规划的基本内涵，包括背景、目的、意义、任务、内容和框架体系、存在的问题及发展建议等。主要集中体现在以下三个方面：一是强调区域规划的公共属性。从公共政策、公共利益、公共理性等方面对区域规划的公共属性进行专门论述，认为漠视或规避多元主体利益间的冲突是传统区域规划失败的根本原因，维护并实现公共利益是区域规划的本质要求。二是强调区域规划的实施。区域规划的实施效果关系到其在规划体系中的地位。针对区域规划实施效果一直不甚理想的情况，学者们从实施机制和手段、实施影响评价、实施评估体系的建立等方面对区域规划的实施进行了研究。三是“多规融合”成为关注的热点。“多规融合”理论和方法主要集中在探索从编制主体、技术标准、编制方法、编制目标等方面实现“多规”更好地融合，从空间层次、规划内容和行政管理等方面理顺“多规”关系，创新搭建“多规融合”的工作平台等方面。

从区域规划体系上看，针对目前区域规划体系不够完善的问题，学者们提出了建立国家—省（市）—县三级区域规划体系，从全国范围、跨省区范围、省域范围、跨市域范围、县域范围、村镇域范围6个层面构建了新时期区域规划体系等观点。

3. 区域规划各领域理论多元化

从区域规划领域上看，在单纯的发展问题基础上，决策者、实际工作者和学者进一步从交通、生态、治理等方面提出了新的思路。一是交通、通信技术的发展，全球化的深入推进，技术、人才等要素在区域中的发展作用越来越重要，使传统的区域规划理论有了新的发展，包括新国际劳动分工理论、新增长理论、新经济地理学理论、新贸易理论等；二是区域治理理论和新区域主义理论的引进，使多元参与、协商协调、跨区域合作成为新的区域规划编制的重要手段，使区域空间协调和空间管制与引导成为新的区域规划的重要组成部分，为人们提供了认识区域的新视角和进行区域规划的新理论导向；三是区域可持续发展理论深入人心，要求经济、社会、环境协调发展，将生态文明建设提上日程，要求将循环经济、景观生态学的思想嵌入区域格局发展中，实现良好的社会效益和生态效益；四是运用改革理论对国家出台一系列的区域规划的驱动因素如改革社会体制、提升经济绩效、平衡发展权利、防范国际风险等进行分析。

（三）政策实施过程

近年来，国家特别重视区域规划工作与国家区域发展总体战略相衔接，并逐步规范规划的科学性和可持续性，强调“一张蓝图管到底”。2015年国家发展改革委出台《国家级区域规划管理暂行办法》（国发〔2015〕1521号），对国家级区域规划的编制原则、立项管理、规划编制、审批实施、评估修订等方面做了进一步的细化说明。2018 年，党中央、国务院颁布《关于统一规划体系更好发挥国家发展规划战略导向作用的意见》（下称中发〔2018〕44 号文件），对国家级区域规划范围以及与国家发展规划之间的关系做出了阐释（见表 2－4）。

表 2－4　主要区域发展规划文件一览

文件名	定义	范围
《国务院关于加强国民经济和社会发展规划编制工作的若干意见》（国发〔2005〕33 号）	区域规划是以跨行政区的特定区域国民经济和社会发展为对象编制的规划，是总体规划在特定区域的细化和落实。跨省（自治区、直辖市）的区域规划是编制区域内省（自治区、直辖市）级总体规划、专项规划的依据	国家对经济社会发展联系紧密的地区、以有较强辐射能力和带动作用的特大城市为依托的城市群地区、国家总体规划确定的重点开发或保护区等，编制跨省（自治区、直辖市）的区域规划
《国家级区域规划管理暂行办法》（国发〔2015〕1521 号）	以特定区域经济社会发展为对象编制的规划，是国家总体规划、重大国家战略在特定区域的细化落实，是国家指导特定区域发展、制定相关政策以及编制区内省（自治区、直辖市）总体规划、专项规划的重要依据	跨省（自治区、直辖市）级行政区的特定区域； 国家总体规划和主体功能区规划等国家层面规划确定的重点地区； 承担国家重大改革发展战略任务的特定区域
《关于统一规划体系更好发挥国家发展规划战略导向作用的意见》（中发〔2018〕44 号）	指导特定区域发展和制定相关政策的重要依据	以国家发展规划确定的重点地区、跨行政区且经济社会活动联系紧密的连片区域以及承担重大战略任务的特定区域为对象

中发〔2018〕44 号文件明确指出，“建立以国家发展规划为统领，以空间规划为基础，以专项规划、区域规划为支撑，由国家、省、市县各级规划共同组成，定位准确、边界清晰、功能互补、统一衔接的国家规划体系；国家级区域规划要细化落实国家发展规划对特定区域提出的战略任务，由国务院有关部门编制，报国务院审批；国家级区域规划主要以国家发展规划确定的重点地区、跨行政区且经济社会活动联系紧密的连片区域以及承担重大战略任务的特定区域为对象，以贯彻实施重大区域战略、协调解决跨行政区重大问题为重点，突出区域特色，指导特

定区域协调协同发展”。中发〔2018〕44号文件作为国家规划体系的基础性文件，对区域规划的内涵、编制，以及与国家发展规划的关系进行了科学界定，成为编制区域发展规划的重要指导性文件。

（四）实效简评

1. 区域规划对国家发展战略的支撑力度不断加大

“十三五”规划明确提出构建人类命运共同体的伟大实践——“一带一路”建设，推动探索以人口经济密集地区优化开发新模式为导向的京津冀协同发展，推进以生态优先、绿色发展为导向的长江经济带发展，大大增强了空间发展协同性，拓展了区域发展新空间。

在“扶持特殊类型地区”方面：“十一五”规划提出了加大财政转移支付力度和财政性投资力度，通过保护自然生态、改善基础设施条件、发展教育、支持民族特色产业发展等措施，支持革命老区、民族地区和边疆地区发展；“十二五”规划提出在南疆地区、青藏高原东缘地区、武陵山区、乌蒙山区、滇西边境山区、秦巴山—六盘山区以及中、西部其他集中连片特殊困难地区，实施扶贫开发攻坚工程，加大以工代赈和易地扶贫搬迁的力度；“十三五”规划更加强调特殊类型区域的可持续发展，提出加大对革命老区、民族地区、边疆地区和困难地区的支持力度，实施边远贫困地区、边疆民族地区和革命老区人才支持计划，实现经济加快发展、人民生活明显改善。

从区域规划领域看，这一时期区域规划工作与国家发展规划衔接更加紧密，全国上下密集出台了104个国家级区域规划，且所涉及的领域也不断拓展。在“四大板块”基础上，先后出台长江中游城市群、成渝城市群、长江三角洲城市群等8个城市群发展规划，大别山片区、罗霄山片区等10个区域发展与扶贫攻坚计划，黄河三角洲高效生态经济区发展规划、鄱阳湖生态经济区规划等7个生态经济区发展规划，进一步强化了对国家发展规划的支撑作用（见表2-5）。

表2-5　“十一五”至“十三五”期间按照领域与区域划分的区域规划

领域	东部地区	中部地区	西部地区	东北地区	跨区域
发展	①《珠江三角洲地区改革发展规划纲要》（2008—2020年） ②《横琴总体发展规划》 ③《河北沿海地区发展规划》 ④《平潭综合试验区总体发展规划》 ⑤《苏南现代化建设示范区规划》 ⑥《粤港澳大湾区发展规划纲要》 ⑦《长三角地区区域规划》 ⑧《前海深港现代服务业合作区总体发展规划》 ⑨《京津冀协同发展规划纲要》	①《促进中部地区崛起规划》 ②《皖江城市带承接产业转移示范区规划；郑州航空港经济综合实验区发展规划》（2013—2025年） ③《长江中游城市群发展规划》 ④《长江经济带发展规划纲要》 ⑤《促进中部地区崛起“十三五”规划》 ⑥《促进中部地区崛起发展规划》 ⑦《河南省委、河南省人民政府印发〈建立更加有效的区域协调发展新机制实施方案〉》	①《广西北部湾经济区发展规划》 ②《关中—天水经济区发展规划》 ③《西部大开发“十二五”规划》 ④《成渝经济区区域规划》 ⑤《呼包银榆经济区发展规划》（2012—2020年） ⑥《天山北坡经济带发展规划》 ⑦《深入推进毕节试验区改革发展规划》 ⑧《喀什经济开发区总体发展规划》 ⑨《霍尔果斯经济开发区总体发展规划》 ⑩《成渝城市群发展规划》 ⑪《兰州—西宁城市群发展规划》 ⑫《呼包鄂榆城市群发展规划》 ⑬《黔中经济区发展规划》	①《东北地区振兴规划》 ②《哈长城市群发展规划》 ③《东北振兴“十三五”规划》	①《丹江口岸库区及上游地区经济社会发展规划》 ②《中原经济区规划》（2012—2020年） ③《赣闽粤原中央苏区振兴发展规划》 ④《晋陕豫黄河金三角区域合作规划》 ⑤《珠江—西江经济带发展规划》 ⑥《环渤海地区合作发展纲要》 ⑦《长江三角洲城市群发展规划》 ⑧《中原城市群发展规划》 ⑨《关中平原城市群发展规划》 ⑩《泛珠三角区域合作发展规划纲要》（2006—2020年）

续表

领域	东部地区	中部地区	西部地区	东北地区	跨区域
扶贫		①《大别山片区区域发展与扶贫攻坚计划》（2011—2020年） ②《罗霄山片区区域发展与扶贫攻坚计划》（2011—2020年） ③《河南省人民政府办公厅关于进一步提高农村贫困人口医疗保障水平的实施意见》	①《陕甘宁革命老区振兴规划》 ②《印发乌蒙山片区区域发展与扶贫攻坚规划》 ③《印发乌蒙山片区区域发展与扶贫攻坚规划》 ④《滇桂黔石漠化片区区域发展与扶贫攻坚计划》（2011—2020年） ⑤《六盘山片区区域发展与扶贫攻坚计划》（2011—2020年） ⑥《滇西边境片区区域发展与扶贫攻坚计划》（2011—2020年） ⑦《左右江革命老区振兴规划》	《大兴安岭南麓片区区域发展与扶贫攻坚计划》（2011—2020年）	①《燕山—太行山片区区域发展与扶贫攻坚计划》（2011—2020年） ②《吕梁山片区区域发展与扶贫攻坚计划》（2011—2020年）
生态	《黄河三角洲高效生态经济区发展规划》	①《鄱阳湖生态经济区规划》 ②《洞庭湖生态经济区规划》 ③《汉江生态经济带发展规划》	①《甘肃省循环经济总体规划》 ②《青海柴达木循环经济试验区总体规划》		《淮河生态经济带发展规划》

续表

领域	东部地区	中部地区	西部地区	东北地区	跨区域
海洋	①《山东半岛蓝色经济区发展规划》 ②《福建海峡蓝色经济试验区发展规划》 ③《浙江海洋经济发展示范区规划》 ④《浙江舟山群岛新区发展规划》				
开放		《河南省人民政府办公厅印发〈河南省电商物流转型发展工作方案〉》	①《云南省加快建设面向西南开放重要桥头堡总体规划》（2012—2020 年） ②《宁夏内陆开放型经济试验区规划》	①《中国图们江区域合作开发规划纲要——以长吉图为开发开放先导区》 ②《中国东北地区面向东北亚区域开放规划纲要》（2012—2020 年）	①《黑龙江和内蒙古东北部地区沿边开发开放规划》 ②《推动共建丝绸之路经济带和 21 世纪海上丝绸之路的愿景与行动》
综改区	①《国务院关于同意上海浦东新区进行国家综合配套改革试点的批复》 ②《国务院批复滨海新区综合配套改革试验总体方案》 ③《国务院关于深圳市综合配套改革总体方案的批复》				

续表

领域	东部地区	中部地区	西部地区	东北地区	跨区域
综改区	④《义乌市国际贸易综合改革试点总体方案》 ⑤《国家发展改革委关于印发厦门市深化两岸交流合作综合配套改革试验总体方案的通知》 ⑥《浙江舟山群岛新区发展规划》 ⑦《国家发展改革委关于印发广州南沙新区发展规划的通知》 ⑧《国家发展改革委关于印发青岛西海岸新区总体方案的通知》 ⑨《国家发展改革委关于印发南京江北新区总体方案的通知》 ⑩《国家发展改革委关于印发福州新区总体方案的通知》 ⑪《河北雄安新区规划纲要》	①《国家发展改革委关于批准武汉城市圈和长株潭城市群为全国资源节约型和环境友好型社会建设综合配套改革试验区》 ②《国务院关于山西省国家资源型经济转型综合配套改革试验总体方案的批复》 ③《国家发展改革委关于印发湖南湘江新区总体方案的通知》 ④《国家发展改革委关于印发江西赣江新区总体方案的通知》	①《国务院关于印发中国（重庆）自由贸易试验区总体方案》 ②《国务院关于同意设立重庆两江新区的批复》 ③《兰州新区建设指导意见》 ④《国家发展改革委关于印发陕西西咸新区总体方案的通知》 ⑤《国家发展改革委关于印发贵州贵安新区总体方案的通知》 ⑥《国家发展改革委关于印发四川天府新区总体方案的通知》 ⑦《国家发展改革委关于印发云南滇中新区总体方案的通知》	①《沈阳经济区国家新型工业化综合配套改革试验区》 ②《国务院关于黑龙江省“两大平原”现代农业综合配套改革试验总体方案的批复》 ③《国家发展改革委关于印发大连金普新区总体方案的通知》 ④《国家发展改革委关于印发〈哈尔滨新区总体方案〉的通知》 ⑤《国家发展改革委关于印发长春新区总体方案的通知》	

2. 区域协调发展中“四大板块”发展差距分析①

（1）经济总体发展水平。区域差距逐步缩小。在区域协调发展战略的推动下，“东快西慢”逐步转变为“西快东慢”。改革开放以来，我国的地区差距先缩小而后扩大；进入21世纪以后，虽然地区差距仍在扩大，但是增速却在逐渐缩小。“十二五”时期，西部和中部地区生产总值分别增长10.2%、9.4%，比东部地区分别高出1.6个百分点、0.8个百分点。“十三五”时期，中部和西部地区经济增速依然保持较快增长，分别达到7.9%、8.3%，分别高于东部地区0.7个百分点、1.1个百分点。从细分年份来看，2008年，中部和西部地区经济增长速度分别达到12.3%、12.6%，首次超过了东部地区的11.4%，在这之后的十年时间直至2018年，“西快东慢”的区域经济增长格局始终没有被打破（见表2-6）。

表2-6 “九五”到“十三五”时期“四大板块”GDP增速（上一年=100）

（%）

时期	东部地区	东北地区	中部地区	西部地区
“九五”	10.7	9.1	10.0	9.2
“十五”	12.3	10.8	11.2	11.5
“十一五”	12.9	13.6	13.1	13.3
“十二五”	8.6	7.3	9.4	10.2
“十三五”（前两年）	7.2	4.4	7.9	8.3

资料来源：中经网。

利用外资结构更趋合理。改革开放以来，我国利用外资质量和水平逐步提高，投资来源地更加多元，产业结构持续优化，区域布局更加合理。我国利用外资是从东南沿海的经济特区逐步向沿边、沿江重要城市以及内陆地区推进。2018年，东部地区仍为外商投资的重点区域，实际使用外商直接投资1154亿美元，占比为85.5%；中、西

① 本小节所示图中“四大板块”均指东部、中部、西部、东北四大区域。所有图的数据来源为中国统计年鉴和Wind资讯。

部地区实际使用外商直接投资金额则基本持平，占比均进一步提升，增速分别为 17.9% 和 20.4%，分别高出总体增速 14.9 个百分点和 17.4 个百分点。

（2）科技创新研发水平。从规模以上工业企业专利申请数这一指标来看，2012 年，东、中、西部和东北地区规模以上工业企业专利申请总数分别为 356155 件、74744 件、43203 件和 15843 件，2018 年分别增至 681754 件、170267 件、86695 件和 18582 件，增长率分别为 91.4%、128%、101% 和 17.3%（见图 2-6）。可见，中部地区增长率最高，西部地区和东部地区的增长率接近，都增长了一倍左右，而东北地区的增长率最低，不足其他地区增长率的 1/5。

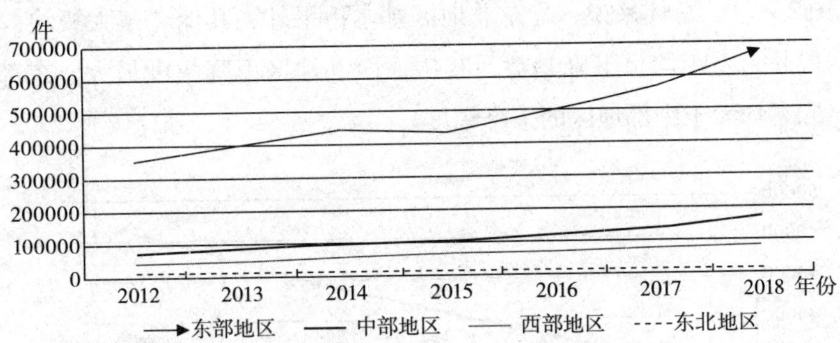

图 2-6　“四大板块”规模以上工业企业专利申请数（2012—2018）

从规模以上工业企业新产品销售收入这一指标来看，2012 年，东、中、西部和东北地区的新产品总销售收入分别为 78506.3 亿元、16991.0 亿元、9115.6 亿元和 5917.0 亿元，2018 年分别增至 134780.0 亿元、40152.9 亿元、15695.8 亿元和 6465.6 亿元，增长率分别为 71.68%、136.32%、72.19% 和 9.27%。可见，中部地区增长率仍然最高，东部地区和西部地区的增长率基本持平，相比中部地区却差距较大，而东北地区增长率最低，远远低于其他地区。

从以上两个指标可以看出，中部地区的科技创新研发水平近六年提高很快，明显快于其他三大地区；虽然东部地区的两个指标在数值上依然最高，但是增长率已经低于中部地区，而且与西部地区持平；而东北地区的两个指标无论在数值上还是增长率上都是最低的，并且与其他三大地区的差距呈现出越来越大的趋势。

（3）城乡协调发展水平。从城乡收入差距来看，东部地区城乡居民人均可支配收入之比由2012年的2.78倍逐步下降到2013年的2.63倍、2014年的2.58倍、2018年的2.54倍，下降了8.6%；中部地区也是逐年下降，由2012年的2.6倍降至2013年的2.52倍、2014年的2.47倍、2018年的2.42倍，下降了6.9%；西部地区由2012年的3.10倍下降到2018年的2.82倍，下降了9.0%；东北地区则由2012年的2.34倍上升到2017年的2.36倍，2018年有所回落，保持在2.34倍左右，略有上升（见图2-7）。总体来说，除东北地区基本持平外，其他“三大板块”城乡居民收入差距均呈下降趋势，其中，西部地区下降幅度最大，东部次之，二者均大于中部地区的下降幅度。

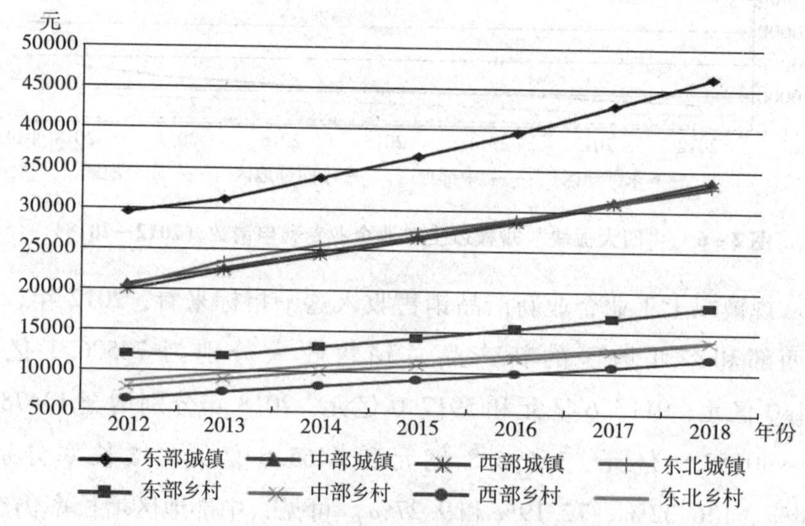

图2-7 “四大板块”城乡居民人均可支配收入（2012—2018）

从城镇化水平来看，2018年东部、中部、西部、东北各区域城镇化率分别为71.0%、56.2%、52.3%、61.9%，较2012年分别提高了4.9个百分点、8.2个百分点、8.0个百分点、3.2个百分点（见图2-8）。

可见，东部和东北地区城镇化水平相对较高，城镇化率达到61%以上，中、西部两地区的城镇化水平提升幅度相对较高，可见全国“四大板块”间的城镇化差距在逐渐缩小。

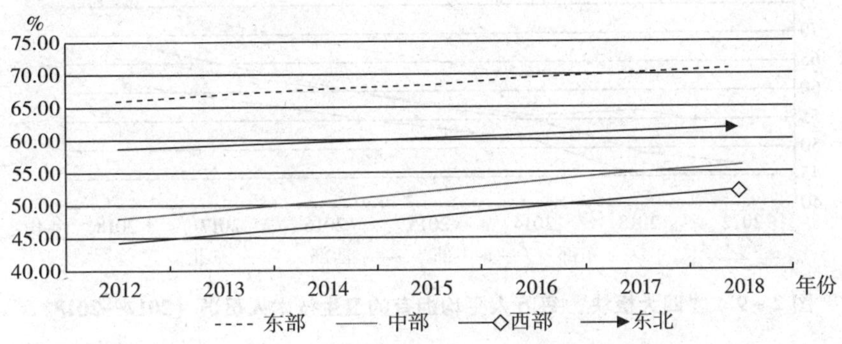

图 2-8 “四大板块”城镇化率（2012—2018）

（4）民生福祉水平。从社保和就业支出来看，2012—2018 年，东、中、西部、东北地区的社保和就业支出逐年递增，涨幅明显。其中，东部地区的浙江、天津、广东的涨幅较大，2018 年的数值达到 2012 年的 2.5 倍左右；中部地区的江西、湖北涨幅较大，2018 年的数值达到 2012 年的 2.3 倍以上；西部地区中的重庆、新疆、广西三地涨幅较大，2018 年的数值达到 2012 年的 2.5 倍左右；东北地区的黑龙江省涨幅最大，2012 年黑龙江省社保和就业支出为 458.2 亿元，2018 年上升至 1024.09 亿元。

从医疗保障条件来看，2018 年东部、中部、西部、东北各区域每万人平均拥有的卫生技术人员数分别为 76 人、62 人、69 人、66 人，较 2012 年分别增长了 33.44%、34.44%、46.35%、24.19%。从图 2-9可看出，东部地区在 2014 年前出现较大波动，随后趋于增长，东北地区与东部地区的情形大体类似，但是波动幅度小于东部地区；中部地区的卫生技术人员数在 2013 年出现小幅下降，之后稳步上升（见图 2-9）。

总体而言，四大区域每万人平均拥有卫生技术人员数均呈现上涨趋势，可见我国医疗保障能力在逐步提升。其中，西部地区的增幅最大，东中部次之，东北地区增幅最小。

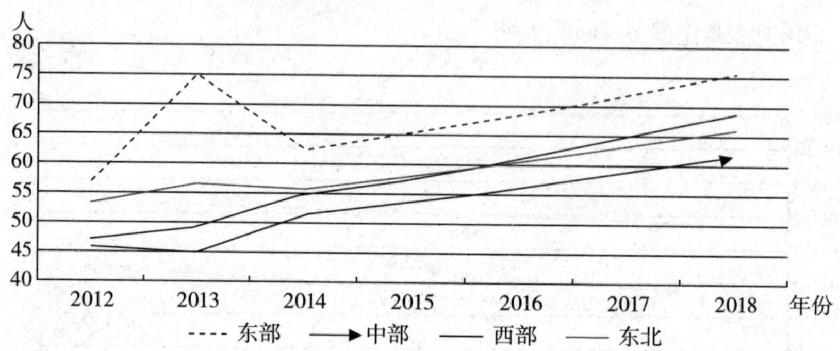

图 2－9 “四大板块”每万人平均拥有的卫生技术人员数（2012—2018）

从教育支出来看，2018 年东部、中部、西部、东北各区域的一般公共预算支出中的教育支出总计为 13378.75 亿元、6752.72 亿元、8594.69 亿元、1712.08 亿元，其中东部、中部、西部的支出较 2012 年分别增长了 61.5%、48.6%、53.8%。而东北地区反而比 2012 年下降了 0.73%。2018 年，“四大板块”中东部、中部、西部、东北各区域的一般公共预算支出中的教育支出占全国的比重分别为 44%、22%、28%、6%，东部地区的公共财政教育支出最高，分别是中部的 1.98 倍、西部的 1.56 倍、东北的 7.81 倍（见图 2－10）。

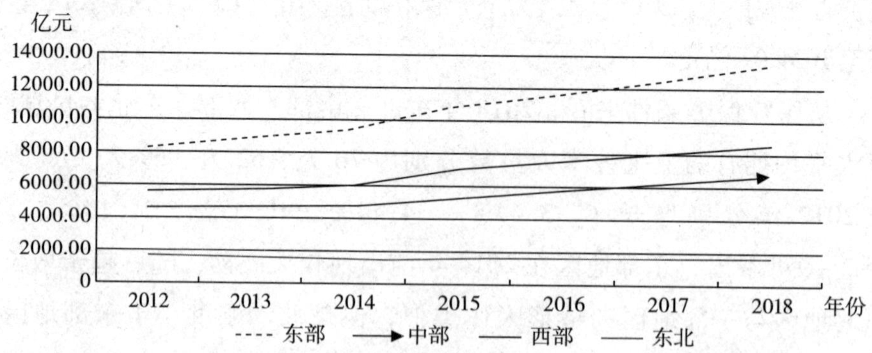

图 2－10 “四大板块”一般公共预算支出中的教育支出（2012—2018）

3. 区域协调发展中的南北分化问题

（1）经济总体发展水平。2018 年，西南地区增速最快的两个省，即贵州省和西藏自治区的 GDP 分别为 14806.45 亿元、1477.63 亿元，较 2012 年分别上涨 116%、111%，其余三省 GDP 的上涨幅度也在 70% 以上，增速明显。而西北地区中增速最快的两个省分别为陕西省和新疆维吾尔自治区，两省在 2018 年的 GDP 分别为 24438.32 亿元、12199.08 亿元，较 2012 年分别上涨 69.1%、62.5%，几乎只相当于西南地区最快两省增速的一半。西北地区中其余三省 GDP 的上涨幅度在 50% 左右，可见，在西部地区，西南和西北地区的差距呈逐年拉大的趋势。

2018 年，东南地区中增速最快的两个省，即广东省和江苏省的 GDP 分别为 97277.77 亿元、92595.4 亿元，较 2012 年分别上涨 70.5%、71.3%，其余五省 GDP 的上涨幅度也在 60% 以上，该地区的 GDP 平均增速为 69.5%；而东北地区三个省辽宁、吉林、黑龙江的 GDP 上涨幅度分别为 1.9%、26.3%、19.5%，与东南地区相比差距很大；华北地区的 GDP 平均增速也仅为 39.7%，其中，只有北京市增速超过 50%，达到 69.6%，而增速最低的内蒙古地区仅为 8.9%；可见，在东部地区，东南和东北、华北的差距也是逐年扩大的趋势。总体而言，全国南北差距（从 2012—2018 年 GDP 增速这一指标来看）在逐年扩大，南方地区的 GDP 增速明显快于北方地区。

（2）科技创新研发水平。从规模以上工业企业专利申请数这一指标来看，2012 年，东南地区和华北地区、东北地区的总数分别为 283278 件、46618 件和 15843 件，2018 年分别增至 594716 件、61605 件和 18582 件，增长率分别为 110.0%、32.1% 和 17.3%；可以看出东南地区增长率最高，而华北地区和东北地区的增长率则远远落后于东南地区。可见，东南地区与华北、东北地区在专利申请数这一指标上的差距呈现越来越大的趋势（见图 2－11）。

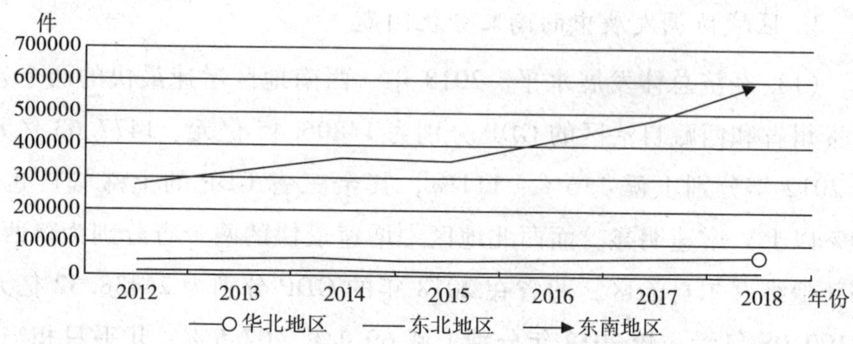

图2－11　东南、华北、东北地区规模以上工业企业专利申请数（2012—2018）

从规模以上工业企业新产品销售收入这一指标来看，2012年，东南地区和华北、东北地区的新产品总销售收入分别为56645.0亿元、11745.3亿元和5616.9亿元，2018年分别增至110824.0亿元、16190.7亿元和6465.6亿元，增长率分别为95.65%、37.85%和15.1%；可见，东南地区增长率仍然最高，远远高于华北、东北地区，东北地区增长率最低。

从以上两个指标可以看出，南方地区的科技创新研发水平近六年来提高很快，明显快于北方地区；而东北地区的两个指标无论在数值上还是增长率上都是最低的，并且与其他地区的差距呈现出越来越大的趋势。

（3）民生福祉水平。从医疗保障条件来看，2018年西南地区、西北地区的每万人平均拥有的卫生技术人员数分别为321人、366人，较2012年分别增长了63.83%、37.74%。东南地区和华北、东北地区的每万人平均拥有的卫生技术人员数分别为490人和387人、199人，较2012年分别增长了36.35%、27.43%和24.19%。

从图2－12可以看出，东南地区每万人平均拥有的卫生技术人员总数在增长速度上明显快于华北地区和东北地区，而西南地区的增长速度则快于西北地区。总体而言，这些区域均呈现上涨趋势，其中南方地区的增幅明显快于北方地区。可见，我国每万人平均拥有的卫生技术人员

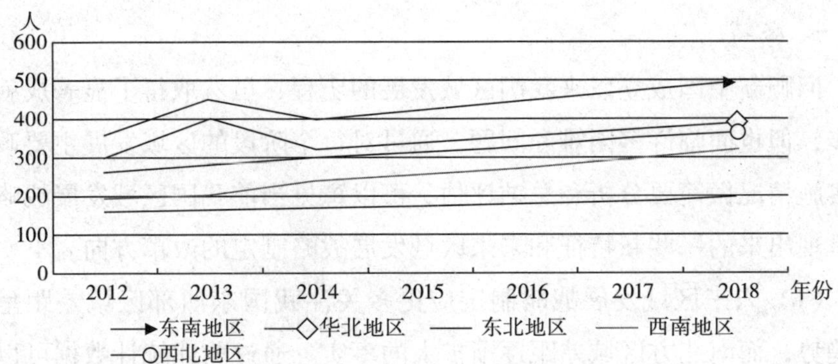

图 2－12　五大地区每万人平均拥有的卫生技术人员总数（2012—2018）

数持续增加，这也是医疗保障能力提升的一个信号。

从教育支出来看，2018 年东南地区、华北地区和东北地区的一般公共预算支出中的教育支出总计为 9567. 36 亿元、4103. 65 亿元和 1712. 08 亿元，其中东南地区和华北地区较 2012 年分别增长了 67. 2%、42. 9%，而东北地区则较 2012 年下降了 0. 73%。2018 年，西南地区和西北地区的一般公共预算支出中的教育支出总计为 4438. 29 亿元和 2646. 85 亿元，较 2012 年分别增长了 62. 3%、45. 2%。

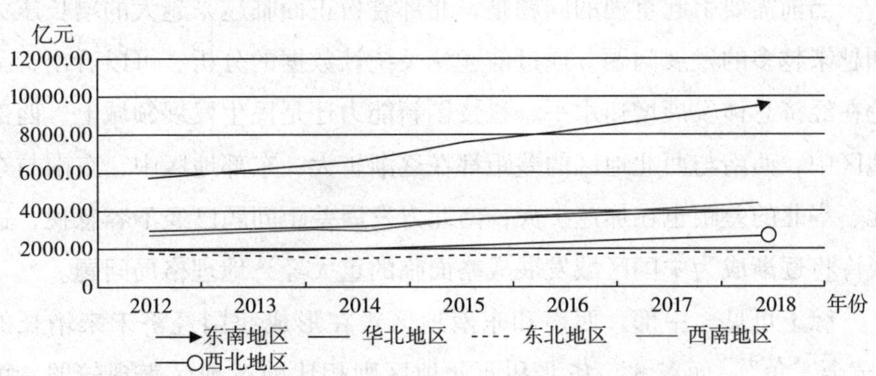

图 2－13　五大地区一般公共预算支出中的教育支出（2012—2018）

从图 2－13 可以看出，东南地区和西南地区中一般公共预算支出中的教育支出增长幅度快于华北、西北和东北地区，在各省的公共教育支出方面，南北方差距有逐渐扩大的趋势。

4. 总结

回顾新中国成立以来我国区域发展的历程，虽然取得了显著成就和进步，但也面临许多困难和问题。通过对每个阶段的区域发展主要政策的实施情况做简要分析和总结评估，可以窥见当前我国区域发展战略制定呈现出来的一些新特征和未来区域发展战略制定的改革方向。

（1）未来区域发展战略制定应更多关注我国东西部区域差距呈缩小趋势，而南北方区域差距逐渐扩大的事实。通过前述统计数据可以看出，近 10 年来西部省份始终位于经济增速第一方阵，东西部地区的经济差距有缩小趋势。例如，2012 年经济增速前 10 位的省份中，有 9 个西部省份，其中前 6 位全是西部省份；2014 年经济增速超过 10% 的 5 个省份中，有 4 个西部省份；2017 年经济增速超过 9% 的 4 个省份全是西部省份。因此，虽然东、西部地区经济发展差距问题仍然存在，但要看到由于中央政府采取了正确的发展战略，并加大了对西部地区基础设施的投资力度，并鼓励东部地区产业向中、西部地区转移，东、西部地区间的发展差距正逐渐缩小。

当前需要引起重视的问题是，北部省份正面临越来越大的增长压力和越来越多的发展问题。通过前述相关统计数据的分析，可以看出，无论在经济总体发展增速水平、科技创新能力还是民生发展领域上，西部地区中，西南与西北地区的差距都在逐渐扩大；东部地区中，东南与东北、华北的差距也在加速扩大；南北方发展差距问题已经不容忽视，这或许将逐渐成为中国区域发展战略面临的重大经济地理格局问题。

综上可见，中部、西南和东南地区正在形成我国经济未来增长的“黄金三角”，而东北、华北和西北地区则相比前述地区表现较弱，可以说是我国未来经济增长的潜力区域，构成“弱增长三角”地区。

（2）未来区域发展战略的制定应继续朝着打破区域间地方行政分割，促进要素跨区域自由流动，使区域经济充分发展的方向前进。伴随着我国经济发展水平的提高以及国内外发展环境的变化，地方竞争模式的正面效应不断下降，与此同时，其负面效应如发展效率低下、无序竞争导致的资源浪费等问题则成为全民关注的重点问题。因此，中国区域发展战略的具体实施过程应该弱化地方行政属性，突破“诸侯经济”的狭隘视野，增强区域合作属性，加快推动区域合作发展的速度与力度。其实这正是中央政府通过出台各项政策、规划等鼓励城市群、经济合作区等多种不同类型的跨行政区域合作的背后思考。如京津冀、长三角经济合作区、粤港澳大湾区等区域战略规划，都是这一思路的具体体现。同时，这一思路也应是我国今后制定区域发展战略的重要出发点。

（3）实现整体经济高质量发展是未来区域协调发展战略的重要目标。单一追求经济发展速度已经不能满足新时代建设现代化经济强国的需要，区域发展战略的绿色属性与质量属性逐步增强。通过统计数据也可以看出，首先，在环境保护的指标方面，中国区域发展战略经历了由不重视环境保护到重视环境保护再到重视生态文明的转变；其次，在发展质量的指标方面，三大区域的技术进步对经济增长的贡献率都呈上升态势，说明中国区域经济的发展质量逐步提高。以后，我国的经济发展会更加注重发展的内涵和质量。

（4）未来区域发展战略制定将更加注重发展模式的创新，并积极探索具有世界先进水平的发展模式。过去 40 多年，无论在国际追赶方面还是在国内追赶方面，中国区域发展战略在“跟上”维度都发挥了显著作用。随着中国经济发展水平的提高，中国的发展定位正在由“追赶者”向“并跑者”和“引领者”转变，后发优势也在逐渐丧失。要实现中华民族的伟大复兴，必须探索出新的具有中国特色社会主义优势的发展路径，这就要求中国的区域发展战略具备较强的创新性并在探索新的发展模式上做出贡献。

2014 年以来，党中央提出京津冀协同发展、“一带一路”倡议、雄安新区建设、粤港澳大湾区建设等发展思路，可见，未来中国的区域发展战略将更加注重发展模式的创新与探索，着力于建立世界先进水平的发展模式。如京津冀和粤港澳大湾区的定位是打造世界级城市群和国际一流湾区，雄安新区的目标是建设高水平的社会主义现代化城市、现代化经济体系的新引擎、推动高质量发展的全国样板，“一带一路”倡议更是从国际层面谋求新的、和谐的、互利共赢的大区域经济发展格局。可见，未来中国的区域发展战略将力争在“引领”方面发挥越来越重要的作用。

（执笔：王婧）

参考文献

[1]殷存毅. 区域发展与政策[M]. 北京:社会科学文献出版社,2010.

[2]魏后凯,等. 中国区域政策——评价与展望[M]. 北京:经济管理出版社,2011.

[3]张军扩,侯永志,等. 中国区域政策与区域发展[M]. 北京:中国发展出版社,2010.

[4]陆大道,等. 中国区域发展的理论与实践[M]. 北京:科学出版社,2003.

[5]刘玉. 中国区域政策[M]. 北京:经济日报出版社,2007.

[6]高国力,李天健,孙文迁. 改革开放四十年我国区域发展的成效、反思与展望[J]. 经济纵横,2018(10):26-35.

[7]孙久文,李恒森. 我国区域经济演进轨迹及其总体趋势[J]. 改革,2017(7):18-29.

[8]安树伟. 改革开放40年以来我国区域经济发展演变与格局重塑[J]. 人文杂志,2018(6):1-10.

[9]蔡之兵. 改革开放以来中国区域发展战略演变的十个特征[J]. 区域经济评论,2018(4):26-38.

[10]肖金成. 区域发展战略的演变与区域协调发展战略的确立[J]. 企业经济,2019(2):43-50.

[11]洪银兴. 西部大开发和区域经济协调方式[J]. 管理世界,2002(3):3-8.

第三章
典型经济体推动区域协调发展的实践及政策启示

区域协调发展关系国民经济健康可持续发展、社会稳定和整体竞争力，全球发达国家都十分重视区域发展战略和区域发展政策的研究和制定工作。我国全面建成小康社会进入关键发展阶段，面临建立区域协调发展新机制的新形势，借鉴发达国家和新兴国家的成功经验，对于促进我国区域协调发展和城乡融合发展具有重要意义。

一、区域经济协调发展的西方理论和全球发展趋势

（一）西方区域经济理论和我国区域经济理论借鉴

区域经济学是由经济地理学逐步演化而来的，以空间资源配置的合理性为基础，形成了日益规范的空间分析经济学。西方的区域经济学，从杜能的农业区位理论到克鲁格曼的新经济地理学，已有百余年的发展历史，基础理论主要有区域经济均衡增长理论、区域经济非均衡增长理论、区域分工与协作理论、区域空间结构理论、资源环境可持续发展理论和公共服务均等化理论。比较有代表性的区域经济理论有：纳尔逊的低水平均衡陷阱理论、罗丹的大推进理论、赫希曼的不平衡增长理论、威廉姆森的倒“U”形理论、缪尔达尔的循环累积因果理论，以及区域

经济梯度推移理论、绝对成本优势理论、比较成本优势理论、要素禀赋理论、地域分工理论、增长极理论、网络型模式理论、区域经济空间一体化理论、宇宙飞船理论、环境库兹涅茨曲线理论、绿色发展理论、可持续发展理论、罗尔斯公平理论等。

均衡增长与非均衡增长是区域经济学的两大基本理论。区域均衡增长理论认为，基于生产要素自由流动和边际报酬递减的假设，价格机制和竞争机制会使区域间要素价格趋同，从而达到各地区经济平衡增长的结果。大推动理论是均衡发展理论中具有代表性的理论，1943 年英国经济学家罗森斯坦·罗丹在《东欧和东南欧国家工业化的若干问题》中提出，在发展中国家或地区对国民经济的各部门同时进行大规模投资，以促进这些部门的平均增长，从而推动整个国民经济的高速增长和全面发展。非均衡增长理论则从资源稀缺性出发，提出经济增长应实行不平衡增长战略，优先发展重点地区和重点产业，最终促进整个区域经济的发展。区域经济非均衡增长理论模型主要代表有增长极模型、极化涓滴效应理论。1955 年，法国经济学家佩鲁提出了增长极模型，认为在地理空间上经济增长不是均匀地发生，而是以不同强度呈点状分布，通过各种渠道影响区域经济；1958 年美国发展经济学家赫希曼提出极化涓滴效应理论，解释了经济发达区域与欠发达区域之间的经济相互作用及影响；1965 年美国经济学家威廉姆逊在《区域不平衡与国家发展过程》一文中提出发展阶段与区域差异之间存在着倒“U”形关系，经济活动的空间集中式极化是国家经济发展初期不可逾越的阶段，但区域经济差异会随着经济发展的成熟而最终消失。

改革开放以来，中国区域经济学领域在学习借鉴西方区域经济理论的基础上，结合中国发展的具体实践需求和经济地理现象，总结传统的梯度推移与反梯度推移理论，开创了广义梯度推移理论、区际产业转移与承接理论等具有中国特色的理论成果。在借鉴增长极理论等西方区域经济理论的基础上，拓展出 20 世纪 80 年代的点轴系统理论、网络开发理论，20 世纪 90 年代的“三角增长极”理论、双核结构理论，21 世纪初期的层级增长极网络开发理论、区域创新系统理论、新型城镇化理论等成果。

（二）全球经济格局呈现“北高南低”的区域不平衡发展态势

2008 年国际金融危机以来，全球区域发展不平衡问题深刻变化，是区域发展差距最大的时期。截至 2017 年底（见表 3－1），全球总人口约为 75.3 亿人，全球 GDP 总量约为 80.7 万亿美元，全球人均 GDP 约为 10717 美元。按照世界银行 2015 年的标准，目前高收入国家的人口总量约为 12.49 亿人，占全球人口的比重为 16.59%，但 GDP 总量高达 51.475 万亿美元，人均 GDP 高达 41213 美元。中高等收入国家的人口总量为 25.762 亿人，GDP 总量为 22.168 万亿美元，人均 GDP 约为 8605 美元，约为高收入国家人均 GDP 的 20.88%。中低等收入国家的人口总量最多，为 29.726 亿人，全球占比为 39.48%，但 GDP 总量仅为 6.504 万亿美元，仅占全球 GDP 总量的 8.06%，人均 GDP 仅为 2188 美元，约为高收入国家人均 GDP 的 5.3%。而人口总量为 7.324 亿人的低收入国家，人均 GDP 仅为 750 美元，约为高收入国家人均 GDP 的 1.82%。

表 3－1　2017 年全球高收入国家与低收入国家发展差距

项目	人口（亿人）	人口占比（%）	GDP（万亿美元）	GDP 占比（%）	人均 GDP（美元）
高收入国家	12.490	16.59	51.475	63.79	41213
中高等收入国家	25.762	34.21	22.168	27.47	8605
中低等收入国家	29.726	39.48	6.504	8.06	2188
低收入国家	7.324	9.73	0.549	0.68	750
全球	75.300		80.700		10717

数据表明，全球贫富差距非常严重，除了高收入国家外，中高等、中低等以及低收入国家的人均 GDP 都低于全球平均水平。世界高收入

国家和地区大多数分布在北半球，如北美和欧洲地区，零星分布在东亚和中东石油出产国；低收入国家和地区主要分布在南半球，如南部非洲、亚洲南部以及南美洲等。未来数年内，全球经济发展水平仍然保持“北高南低”的总体态势，北南发展差距表现为绝对差距持续扩大、相对差距逐渐缩小的基本趋势。国际货币基金组织 2019 年 4 月 15 日发布的《世界经济展望数据库》显示：2018 年中国 GDP 为 13.4074 万亿美元，占世界 GDP 总量的 15.8%；人口为 13.95 亿人，占世界总人口的 18.6%；中国人均 GDP 为 9608 美元。2018 年世界 GDP 总量为 84.74 万亿美元，总人口为 74.96 亿，人均 GDP 为 11305 美元。全球人均 GDP 排名在中国之前的经济体 GDP 为 58.08 万亿美元，占世界 GDP 总量的 68.5%，人口为 15.79 亿人，占世界总人口的 21.1%，人均 GDP 为 36775 美元；人均 GDP 排名在中国之后的经济体 GDP 为 13.25 万亿美元，占世界 GDP 总量的 15.6%，人口为 45.21 亿人，占世界总人口的 60.3%，人均 GDP 为 2931 美元。

（三）世界城市化水平呈现持续提升的发展趋势

2018 年，全球城市化平均水平为 55%；其中，北美洲为 82%，亚洲为 54%，非洲为 43%。全球城市化程度最高的地区：北美洲为 82%，拉丁美洲和加勒比地区为 81%，欧洲为 74%，大洋洲为 68%。预计到 2050 年，全球城市化率有望达到 68%，其中近 90% 的城市化增长来自亚洲和非洲。世界城市人口迅速增长，从 1950 年的 7.51 亿人增长到 2018 年的 42.00 亿人，亚洲占世界城市人口的 54%，其次是欧洲和非洲。未来，世界城市人口规模的增加将高度集中在少数几个国家。预计印度、中国和尼日利亚三个国家将占 2018—2050 年世界城市人口增长的 35%。到 2050 年，预计中国将增加城市居民 2.55 亿人。

不同国家和地区的城市化速度不同，在同一阶段上的发展速度也是不同的。根据有关分析，城市化水平从 20% 提高到 40%，英国经历了

120 年，美国经历了 40 年，日本经历了 30 年，韩国经历了 20 年，中国经历了 23 年。城市化水平从 40% 提高到 60%，欧洲经历了 50 年，而拉美国家仅经历 25 年。根据 1979 年美国城市地理学家 Ray. M. Northam 总结出的“纳瑟姆曲线”（见图 3－1），发达国家经历的城市化过程包括两个拐点：当城市化水平在 30% 以下，代表经济发展势头较为缓慢的准备阶段，处于农业社会；当城市化水平超过 30%，第一个拐点出现，代表经济发展势头极为迅猛的高速阶段，进入工业社会；城市化水平继续提高到超过 70% 之后，出现第二个拐点，代表经济发展势头再次趋于平缓的成熟阶段，基本实现了现代化，进入后工业社会。中国的城市化虽然起步较晚，但发展速度较快。2018 年，中国城市化水平达到 59.58%，超过了世界城市化平均水平，预计中国城市化进程 2030 年前有望保持快速增长。

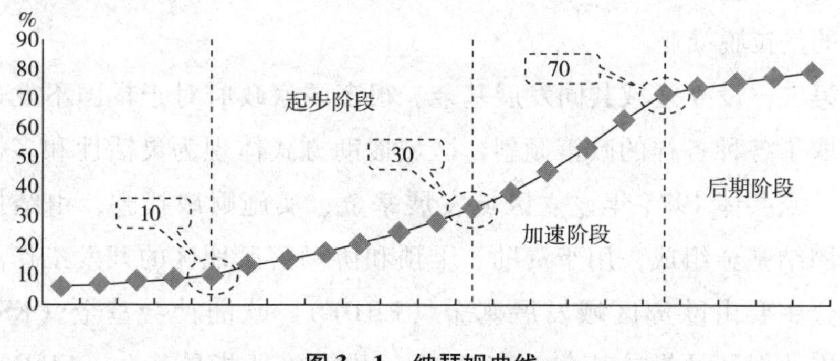

图 3－1　纳瑟姆曲线

二、发达国家区域协调发展的经验做法

区域经济发展不平衡的现象普遍存在，世界主要发达经济体在经济快速发展初期都经历了区域经济发展差距问题。欧盟、美国、日本、韩国、加拿大等都高度重视区域均衡发展及消除差距的问题，探索了很多区域协调发展的政策措施，积累了可借鉴的实践经验。

（一）促进区域之间经济体制环境协同

逐步构建区域一体化战略、区域共同发展基金、共商共建共管共享等促进区域协调发展的政策工具体系。

第一，实施区域一体化战略促进协调发展。通过制定旨在缩小地区差距的区域协调发展政策，促进区域经济的协调发展。20 世纪 80 年代以来，欧盟先后出台了指导和资助落后地区和其他经济结构存在问题的地区发展的“结构政策”。经过多年努力，欧盟统一的区域政策已经基本形成，各国区域政策相互确认，整合包括德国的纵横区域均衡政策和英国、法国的落后地区扶持政策在内的区域协调协同政策，重点巩固空间市场一体化和对欠发达地区和结构老化地区的扶持政策。在区域协同发展政策的指导下，欧盟地区发展差距总体呈现缩小趋势，2015 年欧盟人均收入基尼系数已降到 0. 29 左右，收入差距最小的国家是挪威，最大的是拉脱维亚。

第二，设立区域共同发展基金。很多国家政府对于本国不发达地区采取了各种各样的政策倾斜，区域援助方式体现为灵活性和多样性特点。欧共体 1975 年设立区域发展基金，实施财政拨款，由结构基金和团结基金组成，用于资助、干预和协调落后地区的开发工作。结构基金主要由欧洲区域发展基金（ERDF）、欧洲社会基金（ESF）、欧洲农业保证及指导基金（EAGGF）、欧洲渔业指导基金（FIFG）组成。结构基金是欧盟区域政策的主要支持工具，近年来额度一直占欧盟总预算的 1/3，由各成员国按照国民生产总值的一定比例缴纳，并纳入欧盟财政预算统一管理。欧洲区域发展基金 80% 以上和大部分其他资金用于人均国内生产总值低于欧盟平均水平 75% 线之下的地区，这些地区包括葡萄牙、爱尔兰和希腊的整个国家，西班牙和意大利的部分地区和法国的海外部分。团结基金主要为符合条件的环境和交通项目提供资金援助，支持力度可以达到项目总投资的 85%，主要覆盖欧盟最不发达的国家和地区，包括希腊、捷克、匈牙利、波兰等。

第三，共商共建共管共享推进流域绿色协调发展。莱茵河是全球著名的欧洲河流，总长 1320 千米，流经荷兰、德国、瑞士等 9 个国家。如图 3 - 2 所示，20 世纪 60 年代该流域生态环境曾经严重污染，但现已成为全球河域协同治理的典范。治理跨流域污染，靠的不仅是技术和资金，更重要的是畅通无阻的跨流域协调机制、智慧的制度化设计以及让流域下游地区充当主角的政策等。主要经验做法有四个方面：其一，促进要素自由流动是区域协调发展的关键。发达的莱茵河航运体系促进了人才、资金、技术、市场、资源等要素自由流动，密切了相关国家的商业往来，助推了河流沿岸产业发展与繁荣，形成了杜伊斯堡、鹿特丹等世界闻名的港口城市，以及法兰克福、阿姆斯特丹等以服务业为支柱产业的枢纽城市，带动了莱茵河流域经济带可持续协调发展。其二，确定沿岸国家的主体功能，形成科学合理的空间布局。位于莱茵河上游的瑞士坚持“生态优先”原则，开发太阳能、生物质能和地热等可再生能源，修建梯级水电站，为莱茵河流域提供 1200 亿千瓦/年的电力保障；地处莱茵河中部地区的德国，依托强大的工业基础和科技创新能力，将先进的自动化技术、生物技术、空间技术和环保技术等新兴产业布局在莱茵河流域；位于莱茵河下游的荷兰，拥有欧洲最大港口鹿特丹港，通过制定严格的航运环保标准，积极发展服务业，大力推进绿色贸易。其三，提升整体公共服务水平。莱茵河流域各国高度重视公共基础设施建设，建有完善便捷的公共汽车、地铁、火车网络。沿岸国家 1965—1985 年共投入 600 亿美元建设污水处理厂和城市排水管网，全流域生产生活污水无害化处理。其四，协同推进绿色生态治理。流域各国共同成立“莱茵河国际保护委员会”，签署基于协调机制的《莱茵河流域国际合作公约》，实施《2000 年前莱茵河行动计划》《莱茵河 2020 计划》等生态治理行动计划，极大地改善了流域生态环境。

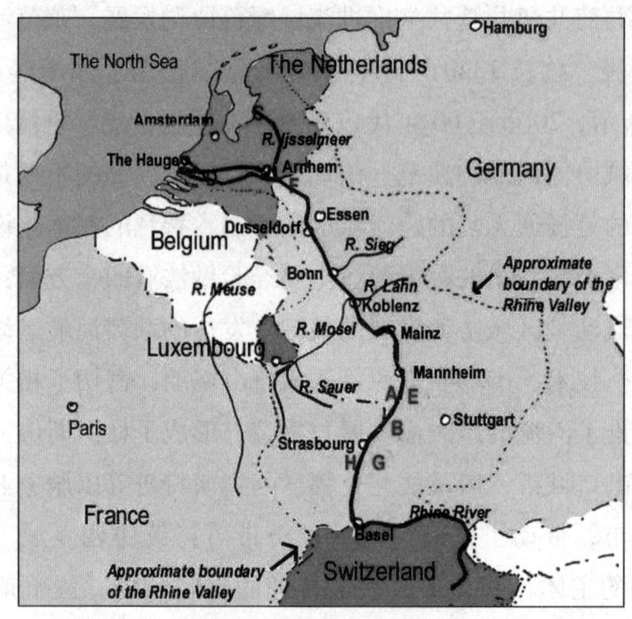

图 3-2　莱茵河流域

（二）加大公共投资和财政转移支付是促进落后地区发展的公共政策核心工具

第一，引导公共投资投向有潜力的落后地区并着力培育增长极。通过公共投资投向有增长潜力的落后地区，重点培育落后地区的增长极，持续强化增长极对落后地区的辐射作用，形成落后地区长期稳定的发展动力。一般而言，平均分配公共投资会导致投资效益相对较差，很难形成带动经济起飞的增长极。1965 年，美国国会通过了《阿巴拉契亚区域开发法》，成立阿巴拉契亚区域委员会；1965—1992 年，美国联邦、州和地方政府共为阿巴拉契亚区域开发计划投入资金 140 亿美元，其中公路建设为 80 亿美元，非公路项目为 60 亿美元，这些资金有 60% 来源于联邦政府、40% 来源于州和地方政府。在实施阿巴拉契亚发展计划时，实施了增长极战略，按照地区增长潜力的大小，确定了 125 个增长点给予重点投资。这些增长点通常由多个或单独社区组成，主要承担为周围地区提供就业机会、社会文化和商业服务等功能。对于增长点周围的地区，主要通过公共卫生、建设职业教育和培训，提高当地居民的健康水平与就业能力，以满足增长点创造的就业岗位需要。

第二，对欠发达区域进行财政转移支付等政策扶持。通过财政转移支付来促进区域经济协调发展是很多国家或地区采用的一项重要政策手段。在区域政策上，美国19世纪初出台了统一全国铁路运价的州际法案；1929年《复兴法案》开启了对落后的田纳西河流域的开发整治。二战后，美国区域政策开始关注所谓的“问题区域”：过度开发地区、资源开发枯竭地区、欠发达地区。20世纪70年代，美国开始重视全国统一的国土整治和区域协调发展立法，先后制定了《地区再开发法案》《公共工程与经济开发法案》《受援区与受援社区法案》，逐步形成了以联邦政府直接补贴和赠款给落后地区的区域政策体系。美国政府援助欠发达地区的方式之一是财政转移支付，联邦政府从经济发达的东北部、中北部征集巨额税收，通过财政支出将相当一部分资金用于西部和南部的经济发展。从20世纪30年代开始，美国政府对不同的区域采用不同的税率，在经济较发达的东北部采用较高的税率，将增加的税收收入转移到西部、南部较落后地区；对经济较落后的地区采用较低税率，为其保留基本的发展资金。美国联邦政府财政补贴的使用领域主要有：食品补贴、住房补贴和家庭抚养费补贴，就业、社会服务和教育培训的补贴，医疗卫生补贴，交通补贴。

第三，完善中央财政转移支付制度，灵活使用财政支出方式。日本的财政转移支付分为国家让与税、国库支出金和国家下拨税三种。国家让与税实质上是国家与地方共享某些税收。国库支出金由国库向地方支出财政资金，是不要求偿还的国家支出款。国家下拨税是中央政府把某些税种收入的一部分下拨给地方自治团体，按照地方财政财力不足的程度进行分配，主要用于弥补地方财政收入的体制性不足。在非均衡发展时期，主要拨给重点开发地区；在均衡发展时期则主要拨给落后地区，对落后地区的支持明显体现在财政补贴上，比如财政给予北海道的开发项目补贴均高于其他地区。

（三）产业转移与技术创新相结合是促进区域均衡发展的关键政策工具

第一，产业转移促进区域均衡发展。在很长一段时期，美国的南部和西部地区经济基础薄弱，但具有土地廉价、资源丰富、劳动力成本低等比较优势。二战结束后，大量的军工企业转为民用，西部和南部地区抓住机遇，发展宇航、计算机网络、生物工程等高新科技产业，形成了大量的高新技术工业科研生产基地，如加州的“硅谷”、北卡罗来纳州的“三角研究区”、亚特兰大的计算机工业等都位于西部和南部。高新技术科研基地的兴起，使美国经济重心逐渐向西部和南部转移，带动了原来落后地区的经济发展，从而在整体上实现了各大区域经济发展的均衡化。日本20世纪70年代提出“技术立国论”，1983年4月颁布《技术聚集城市法》，明确规定技术聚集城市的建设必须在三大经济圈以外；日本政府指定宫崎、西播磨等26个地区进行高技术聚集城市的建设，高技术聚集城市产生创新扩散效应，带动落后地区的经济腾飞，促进经济地域空间结构的合理化。

第二，产业技术创新与区域发展相结合。美国建设了4个区域性协同大数据创新中心，每个中心根据本地区优势与发展挑战确定了大数据研究重点领域与项目，以此推动大数据研究与应用，从而支持与推动以区域数据为导向的经济发展。例如，美国大数据中西部中心位于世界上最大的淡水水库附近，该地区拥有世界知名的医疗公司梅奥公司与制药公司礼来公司，美国第三大城市芝加哥也坐落于此。该中心结合本地区资源优势与特色确定了智慧城市、水资源利用与医疗保健、生物医学研究三个重点领域。

（四）交通基础设施、城乡基本建设和公共服务均等化是缩小区域发展差距的三大政策手段

第一，交通基础设施建设推进区域一体化发展。城市化是现代化的必由之路，是保持经济持续健康发展的强大引擎，是加快产业结构转型升级的重要抓手，是推动区域协调发展的有力支撑。美国是全球解决城乡二元经济、城乡协调发展最为均衡的国家。一是通过构建以“大都市区”为特征的高度城镇化的城镇体系、大力发展交通基础设施推进城乡一体化。随着私家汽车的普及，城镇发展模式逐步由要素聚集转向周边辐射，城市发展由郊区化进一步分散化，城乡逐步融合发展，形成了大量景观优美、环境优雅、设施齐备的“都市化村镇”。采取“都市圈”模式，以开放的、具有梯度辐射效应的“大都市区”为目标，构建以市场为导向、空间适度集聚、区域间相互协调、全国性和区域性中心城市以及众多地方性中小城镇协调互动发展的城镇体系，推动美国步入城乡一体化高级阶段。二是兴建大型公共工程是美国区域协调管理的重要手段。随着工业化的推进，先后掀起了运河网络建设高潮、铁路建设高潮、高速公路建设高潮、机场体系建设高潮，促进了美国区域经济一体化的形成和发展。1966—1991 年，美国经济开发署援助建设落后地区 8111 个公共工程，援助资金达 43.28 亿美元，主要用于重整地区公共基础设施，包括高速铁路推进、现有高速公路维护、城市内部和城市间轨道交通网络的维护和更新。

第二，城乡基本建设缩小城乡二元经济差距。从美国城市郊区化发展模式看，美国的城乡一体化进程是以城乡收入差距缩小为基础的。1920 年以前，美国实现了工业化和城市化，这一阶段的主要特征是城乡分离，中心城市的发展快于郊区。1920 年之后，郊区的发展速度超过中心城市，郊区在大都市区中占据主导地位，开始逐步实现以郊区化为主要内容的城乡一体化，进入城乡经济社会融合阶段。郊区化又称为城郊化、市郊化等，是一种城市空间布局的转变，是城市的人口重心、

经济活动和政治影响力由中心城市向郊区转移的过程。美国经济发达，城乡一体化程度较高，郊区经济与城市经济同步发展，城市在郊区的延伸和扩散效应十分明显。1970 年后，在城乡经济发展同步的前提下，美国率先成为一个郊区化的国家，这与美国现代技术进步、经济发展、联邦政策以及美国的社会特征有着密切的关系。与美国相比，中国大多数城市的郊区发展水平普遍比较落后，既没有实现工业化，也没有实现城市化。对于中国城乡融合发展而言，努力缩小城乡二元经济差距，加快城乡基础设施建设成为当务之急。

第三，统筹城乡公共服务均等化，缩小城乡差距。加拿大通过财政均等化逐步实现公共服务均等化的目标，主要包含三个方面：居民福祉机会平等，通过经济发展减少机会差别，所有居民享有质量适度的基本公共服务。主要做法有：积极推动经济和社会的发展；在省级政府建立财政支出均等化体系；确立基本公共服务的国家标准，各省公共服务具有可比性，确保居民跨省流动时不受影响；制定详细的公共服务均等化实施细则与办法，加强政策的可操作性。

日本实现均等化的主要措施包括：一是调整工业布局，转变农村产业结构；二是加强农村公共服务供给，改善农村生产生活条件；三是实施有效的均等化转移支付制度；四是健全和完善城乡均等的社会保障制度；五是推行收入再分配政策，缩小农户与非农户的收入差距。这些政策的实施都有助于实现城乡均等化的目标。主要做法有：一是通过立法的形式，保障国家重大财政项目的可持续性。先立法、计划与立法相结合是日本开发落后地区的成功经验之一。二是公共财政金融支持与国家开发计划。为落后地区开发发行特别公债，主要用于筹建道路建设、渔港建设、住宅建设、医疗设施、老人儿童福利设施、通信设施以及振兴地方传统产业。对落后地区的基础设施、文教、医疗、福利设施加强投资，改善文化生活环境。三是建立中央级别的协调管理部门，设立专门的行政管理机构负责制订开发计划、政策和措施，对开发工作给予行政指导。四是突出地方特色，均衡各地公共服务。发展特色经济，增强自我发展能力。根据落后地区的特点，注重发挥地方优势，制定了《偏僻地区教育振兴法》《振兴落后地区特别措施法》等。

（五）促进城乡一体化是区域协调发展的重要内容

第一，新农村建设推进城乡社会保障制度一体化。韩国政府从20世纪70年代开始推行“新村建设运动”，重点解决乡村社会发展问题。实施五年发展计划，把农业产业结构调整作为试点的重点。政府提高资金和保障对口支援，有条件的乡村进行自主开发，通过新乡村建设，极大促进了韩国城乡统筹发展。主要做法有：实施城乡社会保障制度一体化，乡村居民养老、健康医疗保障、社会保险、公共救济、社会福利分红等基本社会保障制度方面与城市居民之间实现无差异的相互统一。在社会保险方面实现了农民基本利益的保障，“国民年金”覆盖面扩大到各类农民范围，尤其对年龄在65岁以上的老人给予无偿土地补助，置换闲置农地，提高农田利用率，提供较为完善的保障利益促进社会公平。

第二，乡村旅游促进城乡产业融合发展。由于农民收入增长难度加大、农业资源约束趋紧、农产品竞争力不强等问题，单纯依靠农业产业很难实现地区繁荣和农民收入持续稳定增长，需要延伸乡村经济，深入挖掘农业多功能性，培植农村经济新增长点。英国把完善农村社区建设、发展乡村旅游作为繁荣乡村经济的重要政策措施。20世纪60年代英国乡村旅游兴起，90年代乡村旅游景点已堪与主题公园相媲美，农场景点成为英国最受欢迎的景点之一，通过发展农事教育及体验、野外射击等新模式和新业态，吸引更多的城市居民来乡村享受休闲时光，体验田园生活，拓宽农场经营范围，增加农场收入。目前，英国乡村旅游已具规模，约1/4的农场提供了乡村旅游服务，乡村旅游已成为农场收入除农业生产经营和政府补助外的重要组成部分。

（六）构建“大都市区”城镇体系、网络化空间发展模式是促进区域协调发展的空间政策工具

第一，构建“大都市区”城镇体系，促进城乡一体化发展。高度城镇化既是城乡一体化的基本动力，又是城乡一体化的表现。通过构建以“都市化区”“大都市化区”为特征的高度城镇化的城镇体系加快城乡一体化，是美国城乡一体化发展的重要特点。事实上，美国由城乡二元结构进入城乡一体化高度发展阶段，在很大程度上也是以“都市化区”“大都市化区”等地域空间组织形式的普遍形成为标志的，并呈现明显的空间集聚和辐射扩散性阶段特征。在“大都市区”的集聚阶段，经过自19世纪40年代至20世纪40年代近百年的发展，美国已经基本上形成了全国性的、由少数特大城市和一大批大、中城市为主体而组成的几十个大工业区和百余个大都市区，担负全国或区域的经济、文化、政治中心职能，促进了美国的城镇化进程，使美国城乡一体化发展逐渐步入更高发展阶段。在“大都市区”辐射扩散阶段，自第二次世界大战至今，随着美国城镇郊区化发展的势头日趋强劲，大量的小城镇依托中心城市快速发展，加之其产业结构始终坚持以中心城市为轴心横向扩散且注重农工协调互动的产业导向，促使美国形成了中心城市和郊区功能各有侧重而又有着内在紧密联系的、相互依存的“大都市区”。打破区域间的封闭状态，以开放的、具有梯度辐射效应的“大都市区”为依托，积极构建以市场为导向、空间适度集聚、区域间相互协调、注重国际性大都市、全国性和区域性中心城市以及众多地方性中小城镇协调互动发展的城镇体系，是推动美国逐步进入城乡一体化高级阶段的关键。美国在20世纪50年代前后实行的在郊区建设小城市和鼓励中高收入者在郊区贷款建房的政策，60年代推行的“新城市开发法”和“示范城市”试验计划，有力地促进了美国中小城镇的发展，缩小了城乡差距，促进了城乡一体化发展。

第二，都市圈在区域协调发展中发挥着重要枢纽作用。都市圈在全

球经济发展中发挥了重要枢纽作用。纽约、伦敦、东京、巴黎等大都市圈，以其雄厚的经济实力、科技创新能力、人才高度集聚和区域影响力，成为全球经济发展的重要引擎。20 世纪中后期，以若干大都市圈为主导的世界多极格局逐渐形成，快速的城市化、区域化过程使城市之间虽然空间相互隔离，但功能上的联系却愈加密切。伦敦都市圈建设走在世界前列，1944 年大伦敦规划提出在伦敦周围地区建设 8 个卫星城以后，到 1974 年英国先后建立了 32 个新城。近年来的伦敦分区政策在区域规划的基础上，对不同的区域采取不同的发展定位，内部以办公、休闲为主，中部以金融和商业服务业为主，外部以制造业为主，通过“增长廊道”规划实现区域均衡发展，重点突出从泰晤士河口朝向欧洲大陆的发展廊道，以及向北往剑桥方向的发展廊道，并强调剑桥等地的高科技产业发展定位。在战后东亚高速发展时期，日本政府提出了“大都市圈”的概念，重点强调一日之内通勤可达的范围以及人口流动的可及区域，旨在通过国土规划全面促进经济发展，这一概念马上被同样迅速崛起的韩国引入国土发展战略。大都市圈将城市有机串联，共享基础设施、共同解决环境问题、共同参与全球产业链分工，这些是单个城市无法应对的问题。《美国 2050》预测 2050 年美国的总人口会增加 50%，规划 11 个大都市圈，集中美国 3/4 的人口。这些大都市圈既包括美国东部传统工业发达的“锈带”，如东北区、大湖区、大西洋皮埃蒙特区等大都市圈，又包括西部后起的“阳光地带”，如北加州、南加州、亚利桑那阳光带、佛罗里达等以电子高科技产业为引导的大都市圈，及最近新兴的“竹带”，如以生物制药为主的大西洋皮埃蒙特区。美国内陆和边缘地区也出现了一些新兴的大都市圈，如西北部的卡斯凯迪亚、落基山脉东部的前地带、南部传统上被认为是农业省份的得州三角和墨西哥湾沿岸。这些大都市圈崛起的历程，体现了美国经济增长区由传统制造业集聚的“锈带”向以新兴高科技产业密集的“阳光地带”“竹带”逐渐转移的趋势。从近期的发展动态看，美国中部地区和传统农业地区的大都市圈呈现出密集网络的发展态势。

第三，网络化空间发展模式促进区域经济一体化发展。网络开发理论强调加强增长极与整个区域之间生产要素交流的广度和密度，促进区域经济一体化。进入21世纪以来，美国东北部的波士华交通带沿线城市地域范围不断扩张，附近分布着200多个卫星城，该区域城市化率超过90%，被称为东北城市群，承担着美国的经济中心、金融中心、贸易中心、政治中心、文化中心、工业中心等众多功能。纽约是美国经济、金融和商贸中心，掌握着全球约40%的金融资本，拥有世界最重要的金融交易中心华尔街和美国最大的中心商业区曼哈顿。华盛顿是美国的政治中心，大多数的美国联邦政府机关、各国驻美国的大使馆、世界银行、国际货币基金组织和一些国际组织都设在这里。波士顿是美国的文化中心，其周边地区拥有32所高等院校和研究所，其中包括哈佛大学、麻省理工学院和波士顿大学等名校。费城和巴尔的摩是东北城市群的工业中心，费城的钢铁业、造船业、汽车业和机械制造业等重工业发达，巴尔的摩的钢铁业、机械制造业和金属冶炼业等较为突出。总体来看，通过明确各城市功能定位，形成分工合理、优势互补的网络化空间发展模式，保持和提升了区域经济和产业的竞争力。

三、借鉴与思考

（一）尊重增长极开发模式、点轴开发模式、网络开发模式逐步演进的区域经济空间发展规律

根据发达国家区域经济发展的普遍现象发现，区域经济发展模式是一个动态的过程，表现为增长极开发模式、点轴开发模式、网络开发模式的不同发展阶段。从区域经济发展规律来看，经济中心总是首先集中在少数条件较好的区位，呈斑点状分布。根据美国、英国、法国、德

国、意大利、日本、韩国、印度、巴西、中国等不同类型国家近百年的历史数据，发现除了德国等少数国家，绝大多数国家的人口都在持续向城市群、都市圈集聚。发达国家城市化一般经历从城镇化到城市群都市圈两个阶段，美国等少数国家在城市化后期出现郊区化，但仍是都市圈内部的人口分布调整，而没有出现人口回流小城镇甚至农村的整体现象。20 世纪 50 年代中期，日本东京等大城市迅速膨胀，人口持续大量涌入。1956 年，日本出台《首都圈整备法》，提出首都圈概念并划定区域，制定了一系列规划和限制在建成区内发展工业的法律，引导工业企业向其他区域转移，将大学、研究机构和一些城市功能向建成区以外区域转移。日本政府大力“去中心化”，但无法阻挡人口向东京聚集，多项“去中心化”计划均无果而终。2014 年日本政府再次将区域重振提上日程，公布了税收等优惠政策；2015 年提出 4 万亿日元的地区振兴财政预算，但各级地方政府激烈反对。2017 年日本财政预算未提“去中心化”议题。从区域人口数量的视角观察，2010—2015 年日本人口总数从 1.28 亿人减少到了 1.27 亿人，然而东京地区的人口却持续增加，东京都市圈、东京都和东京特别行政区的人口增速分别为 0.72%、2.58% 和 4.87%，位于东京中心的港区、中央区、千代田区、涩谷区的人口增速全部超过 10%；预计东京中心区域人口集聚的趋势将持续至 2030 年。全球各国的历史经验显示，由于规模效应、交易成本、物流成本等，大多数产业具有集聚效应，服务业、金融业、制造业等的集聚效应更明显，人口向经济更发达、收入水平更高、更能提供就业机会的地区流动，具有向城市群、都市圈集聚的趋势。综合而言，根据区域经济发展的一般规律，在增长极影响范围不断扩大和区域点轴体系完善后，区域开发重点应放在点轴与其腹地之间综合网络的建设上，在较大区域内形成商品、资金、技术、信息、劳动力等生产要素流动网络及基础设施网络。

（二）构建以城市群、都市圈、特色小镇、美丽乡村为节点促进城乡融合发展的现代城乡网络新体系

从党的十八大到十九大，党中央、国务院对中国特色新型城镇化进程做出多层次全方位的战略部署和探索实践，从城市群到国家中心城市，到大中小城市的区域协同发展，到特色小城镇，再到乡村振兴。我国未来区域协调发展的政策重点应着力打造以城市群、特色城镇、美丽乡村为节点的现代城乡网络体系。

根据经济规律和国际经验，全球城市群都市圈人口集聚的趋势远远没有结束，随着工业化和城市化的推进，城市群作为增长极在带动区域经济发展中的作用越来越明显。2018 年中国城镇化率为 59.58%，还有较大空间，2030 年我国 2 亿新增城镇人口的 80% 将分布在 19 个城市群，城市群将是支撑中国经济增长、区域协调发展、参与国际竞争与合作的重要平台。城市群已成为经济发展最具活力和最具潜力的区域，以城市群为主体形态的区域发展将是新趋势。

国际都市圈的发展经验表明，建立可操作的跨区域协商机制是促进区域协调发展的重要保障。都市圈以轨道交通为主体构建一体高效的综合交通体系，强化内外交通联系，可以实现都市圈产业和人口的合理有序分布；通过科学定位、优势互补，进行区域产业分工协作，建立核心区功能有效疏解机制，解决“大城市病”，获得整体竞争优势。加强多层次、多形式、多领域的都市圈合作，支持产业跨区域转移、共建产业园区，鼓励创新区域合作的利益协调、激励约束、政策协调和争议解决等机制，对于打破行政分割、构建都市圈协同生态系统具有重大意义。

特色小镇是以特色产业和新兴产业为核心，集聚创新发展要素，形态小而环境优美，区别于传统的产业园区和行政建制镇的创新创业平台，是新型城镇化模式的积极探索。与城市群相对应的特色城镇也是世界主要发达国家竞争力的重要载体，比如格林尼治的对冲基金小镇、苹果公司所在的库比蒂诺小镇。城市群聚集了高端产业和高端人才，往往

是一国或地区的经济核心区；而特色小镇有其独特的生产、生活和生态空间，成为新型的创新创业平台。

美丽乡村有其独特的田园风光、农业生产和村民社会治理结构，构成我国现代化的重要组成部分，与城市群互为补充、相得益彰。在城乡统筹发展建设中，发达国家的乡村建设都比较注重对乡村历史文化环境的保护，尤其是乡村自然生态环境营造方面。创造具有广域开放尺度的乡村开放空间景观是欧美乡村景观的重要特征，这不仅塑造了优美的乡村生活环境，也为永续的城乡生态安全格局提供了保障，相对于我们国家部分地区的乡村城市化建设趋势而言，具有值得借鉴推广发展的价值。

（三）加快创新驱动和产业转移，促进城市化与工业化协同发展，培育区域协调发展新动能

第一，工业化与城市化齐头并进，促进经济社会协调发展、加快城乡一体化。日本是较快实现城乡一体化的国家，其经验之一是工业化与城市化同步推进，从20世纪50年代到70年代，以技术进步为主导的工业高速增长，带动了日本城市化的加速发展，为大量农村富余劳动力提供了就业岗位，城市化水平从1950年的37.3%迅速上升到1975年的75.9%，年均递增1.5个百分点。如果城市化进程过度超前于工业化，就会导致失业增加、城市贫困等问题；如果城市化进程严重滞后于工业化，则将出现交通拥挤、生态污染等问题。

第二，加快落后地区产业结构转型升级。加快新技术应用，加大对中西部和老少边穷地区在科技资源配置、资金投入、人才培养、制度创新等方面的支持力度，提高劳动生产率。形成分工合理、特色明显、优势互补的区域产业结构，以产业转移为契机，推动产业链在尊重经济规律的基础上，合理拓展扩散，形成辐射布局，缩小区域发展差距，切实推进欠发达地区的体制机制创新，健全区域要素协调机制，促进区域协调发展。从引导产业转移，促进区域合理分工、消除体制和政策障碍，促进要素合理流动、重新划分经济区域，优化空间结构，发挥规划和法

律作用等方面促进区域协调发展。

第三，加快实施科技创新驱动区域协调发展。数字经济与区域发展相结合，利用有限资源、大数据解决地区突出问题，推动区域经济协调发展。随着新一轮技术革命的推进，未来应积极把握新技术革命发展进程，注重利用新技术成果加快推进区域协调发展。一是推动互联网、大数据、人工智能与传统产业深度融合，加快北方地区经济结构的调整。力争突破装备制造、电子信息、医药化工、航空航天、新能源和新材料等领域关键技术，着力培育新产业、新业态和新模式。二是通过互联网与大数据、云计算、物联网等新一代信息技术的广泛应用，将创新链、要素链、产业链和价值链等联结成为跨区域和城际联动发展的纽带，进一步强化不同区域经济、技术联系，为区域协调发展提供强有力的技术支撑，充分发挥大城市科技创新的辐射带动作用。

（四）沿海与内陆自贸区协同开放是推进区域协调发展新路径

第一，积极探索构建内陆自由贸易区。从美国发展自贸园区的百年历程来看，其经历了初始形成、局部发展、快速扩张和平稳增长四个阶段，已经形成了沿海、沿河、沿边的分布形态。2013 年至今，我国自贸试验区形成了东、西、南、北、中全覆盖的发展格局。未来，我国自贸区在空间分布上将出现沿海、沿江、沿河、沿路的发展趋势，将形成自贸港经济圈、自贸区经济带，如粤港澳大湾区、长江经济带。按地理位置划分，自由港分为临海自由港和内陆自由港。内陆自由贸易港将是内陆自由贸易试验区的升级版，是以内陆港为基础发展的特殊开放区域，实现了货物、资金、人员、信息等要素自由流动的最高水平开放。宜选择条件成熟的内陆港口城市，探索建设内陆自由贸易港区，推进形成内陆自由贸易区与沿海自由贸易区联动发展的开放格局，这是促进区域经济协调发展的有效路径。

第二，推动建立沿海自由贸易区港口与内陆港口协同开放机制。加强内陆港口与沿海自由贸易区的沟通合作，加快海关协同一体化，建立一体化通关线上平台，推动内陆港与沿海港口海关、检验检疫部门及口岸监管部门有效配合、互认资质，共同推行内陆港便捷通关模式，实现内陆港货物运输全程“一次申报、一次查验、一次放行”。健全各种新型贸易方式的通关管理机制，以内陆港为中心，建立与沿江、沿海、沿边等各类港口之间的协同开放关系，建设空、铁、公、水多式联运物流监管中心，有效整合开放资源，实现多式联运货物单一窗口办理，全面实现内陆货物出口直放。

第三，探索内陆自贸区与内陆腹地之间、内陆自贸区与沿海自贸区之间的协同开放体系。加快海关协同监管，推动跨地区政府协同治理，促进基础设施协同开放、产业协同开放、市场协同开放、金融协同开放，推进监管服务共治、国际大通道共建、要素资源共享、市场信息互通、信用体系互认，全方位构建协同开放体系。加快建设以国际陆上大通道为核心、多式联运无缝衔接的对外综合交通物流网络，加强中欧班列、泛亚铁路、中新互联互通项目等国际大通道建设，建立内陆港多式联运服务体系和通关平台。

第四，探索构建以内陆自由贸易区为核心的临港经济网络。我国已形成5大内陆港群：依托大连港、营口港、丹东港的东北内陆港群，依托天津港、河北港、连云港的华北、西北内陆港群，依托上海港、宁波港、厦门港的东南、中部内陆港群，依托广州港、深圳港的华南、中部内陆港群，依托北部湾港口的广西内陆港群。发展和建设内陆自由贸易港区，加强内陆港口与沿海港口的联合与协作，适应现代国际港口发展的趋势和区域经济发展的潮流，形成优势互补、具有国际竞争力的临港经济网络。加快港区功能组合和延伸放大，将物流中转、仓储、分拨、配送、运输等功能有效整合，完善综合物流功能、国际贸易功能、资源增值功能，建设国际先进水平的港航服务和现代物流综合服务体系，探索构建以自由贸易港区为核心的临港经济网络的合作途径和有效形式。

（五）创新税收、信贷、区域发展共同基金等促进区域协调发展的财税金融机制

区域经济发展不平衡是一个基本的经济规律，区域差距始终存在，需要政府有效干预才能控制在合理范围内。根据西方发达国家的发展经验，当人均GDP达到10000美元之后，区域经济差距将会逐步出现相对差距和绝对差距均缩小的“双缩”态势。推进我国区域经济协调发展，实现“双缩”，需要完善区域经济政策工具，对税收、信贷、区域共同基金等政策组合创新。

第一，发挥税收等国家政策等对于区域协调发展的促进作用。应用年度财政预算、五年计划等方式，使政府投资的区域倾斜措施规范化、制度化；建立统一规范的财政转移支付制度，增加对不发达地区的政府间的转移支付补助。设立国家区域协调发展基金，类似于欧盟的“结构基金”，基金主要由中央财政和发达地区财政组建，整合现有各类政策性资金，提高援助资金的使用功效，对问题区域实行支持性政策，扶持欠发达地区的发展。深化税制改革，建立具有区域调节功能的税收体制，完善中央与地方分税制，充分发挥税收杠杆在统筹区域协调发展中的作用；实行以“税收分成”为重点的产业转移与承接模式，探索产业转出区与产业承接区实行“税收分成”的办法，实现转出区与转入区的利益分享，促进城市群协同发展和发达地区支援欠发达地区的有效协调。

第二，创新区域协调发展的关键在深化改革。一是发挥市场机制作用。建立更加有效的区域协调发展新机制，更加重视发挥市场的决定性作用，清除各种显性和隐性市场壁垒，促进生产要素跨区域有序自由流动，提高资源配置效率和公平性，建立全国统一开放、竞争有序的市场体系。二是优化区域合作机制，支持开展多层次、多形式、多领域的区域合作，支持产业跨区域转移和共建产业园区等合作平台，鼓励创新区域合作的组织保障、规划衔接、利益协调、激励约束、资金分担、信息共享、政策协调和争议解决等机制。

第三，完善区域互助机制。推进区域之间的协调发展和城市群内部协同发展的最大难点在于利益关系的调整。基于市场建立区域协调新机制，最重要的就是要按照利益共享原则合理规范区域利益关系，形成区域发展的自我协调机制。创新发达地区对欠发达地区的帮扶方式，加强教育、科技等帮扶力度，促进对口支援从单方受益为主向双方受益深化。健全区际补偿机制，建立健全流域上中下游生态保护补偿机制、资源开采地区与资源利用地区之间的利益补偿机制，重点生态功能区开展生态补偿示范区建设，加大农产品主产区和重点生态功能区的转移支付，促进区际利益协调平衡。

（六）区域协调发展的新重点将由城乡间、区域间向城市群间转移

城市群作为城镇化的主体形态，是一个全球普遍趋势。长期以来，我国区域发展差距具有城乡间和地区间双重特征，地区间差距包括沿海和内地之间、东中西三大地带之间、“四大板块”之间等。近年来，地区内部城乡差距不断缩小，但地区间差距持续拉大。预计 2035 年前，随着区域协调发展战略的推进，区域间人均财政支出、基本公共服务等会趋于均衡。与此同时，城市群内部由于其更强的要素集聚和配置能力、科技创新能力、人才吸引能力等，拥有更好的产业、就业机会；而城市群外的区域则缺少发展机会，城市群间的差距更加突出，这将成为 2035 年以后我国面临的新挑战。

未来，区域协调发展的政策重点将会从区域间向城市群间转移。要通过加大深化改革力度，在城市群、都市圈内部空间结构的优化重组中推进协调机制创新，整体提升区域一体化的发展质量。把握城市群的发展趋势，统筹安排空间结构体系、产业体系、生态保护体系。城市与区域规划要展现协同发展的理念与策略，突破传统的基于行政区的空间规划思维，在新的空间结构体系和产业结构中实现资源互补、协作共赢，提升城市群协调发展质量。

（执笔：沈家文）

参考文献

[1]习近平.决胜全面建成小康社会 夺取新时代中国特色社会主义伟大胜利——在中国共产党第十九次全国代表大会上的报告[EB/OL].新华网,http://www.xinhuanet.com/2017-10/27/c_1121867529.htm,2017-10-27.

[2]任海平,沈家文,等.全面建成小康社会综合评估研究[M].北京:经济管理出版社,2019.

[3]沈家文.促进自由贸易试验区与港航业协同发展[J].中国国情国力,2016(3).

[4]沈家文.构建新型临港经济网络是推动全球化的重要动能[N].中国经济时报,2017-12-20.

[5]隋鹏飞.美国区域协调管理方法及借鉴[J].山东工商学院学报,2014(12).

[6]陈耀.新时代我国区域协调发展战略若干思考[J].企业经济,2018(2).

[7]余川江.内陆自由贸易港的属性及建设内容和路径——兼析重庆自贸试验区建设经验[J].西部论坛,2018(7).

[8]汤梦玲.世界区域经济协同发展经验及其对中国的启示[J].中国软科学,2016(6).

[9]袁惊柱.区域协调发展的研究现状及国外经验启示[J].区域经济评论,2018(1).

[10]范若滢.南北经济差距扩大原因与对策[J].中国国情国力,2019(2).

[11]刘保奎."静态城镇化"驱动下的区域再平衡——面向2049年的城乡区域格局[J].中国发展观察,2018(7).

[12]薛晴.美国城乡一体化发展经验及借鉴[J].世界农业,2014(1).

[13]牛可.中国区域协调发展文献综述[J].合作经济与科技,2017(1).

[14]张沛.城乡一体化研究的国际进展及典型国家发展经验[J].国际城市规划,2014(2).

[15]赵红.推进城乡一体化发展的国际国内经验[J].唯实,2010(10).

[16]柳天恩.辽宁沿海经济带发展新模式探析——美国东北沿海产业联动发展模式启示[J].企业经济,2016(1).

[17]李程骅.建立更加有效的区域协调发展新机制[N].光明日报,2018-02-23.

[18]吴传清.增长极理论在中国的新发展:基于学说史视角的考察[J].贵州社会科学,2013(10).

[19]杨帅.国外区域协调发展立法的比较研究及对我国的启示[J].黑龙江省政法管理干部学院学报,2014(4).

[20]刘巍.天津港与内陆港协同发展研究[D].大连:大连海事大学,2015.

[21]石风光.美国、日本区域协调发展政策实践及启示[J].国际问题研究,2008(9).

[22]周应华.英国农村区域协调发展的经验与启示[J].中国农业资源与区划,2018(8).

[23]尹稚.关于培育发展现代化都市圈的认识与思考[J].区域经济评论,2019(5).

[24]吴英慧.美国大数据协同创新及启示[J].情报杂志,2018(8).

[25]刘耀彬,彭峰.中国特色社会主义区域协调发展战略的形成逻辑与时代特征[J].安徽大学学报(哲学社会科学版),2019(3).

[26]杨荫凯.我国区域发展战略演进与下一步选择[J].改革,2015(1).

[27]余军华.中国区域经济差异及协调发展研究[D].武汉:华中科技大学,2007.

[28]冯建超.日本首都圈城市功能分类研究[D].长春:吉林大学,2009.

[29]陈珏宇.我国区域协调的可持续发展战略研究[D].北京:中国社

会科学院,2008.

[30]黄娟.协调发展理念下长江经济带绿色发展思考——借鉴莱茵河流域绿色协调发展经验[J].企业经济,2018(2).

[31]尚永珍.功能空间分工与城市群经济增长——基于京津冀和长三角城市群的对比分析[J].经济问题探索,2019(1).

第四章
新时代区域协调发展的新特点、新矛盾和新趋势

党的十八大以来，中国经济从高速增长转向高质量发展阶段。以习近平同志为核心的党中央提出的创新、协调、绿色、开放、共享五大发展理念则是高质量发展的内涵。党的十八届五中全会强调，推动区域协调发展，塑造要素有序自由流动、主体功能约束有效、基本公共服务均等、资源环境可承载的区域协调发展新格局。我们理解，这是高质量发展的外延。党的十九大报告指出，中国经济社会发展站在了新的历史方位，中国特色社会主义进入新时代，我国社会主要矛盾已经转化为人民日益增长的美好生活需要和不平衡不充分的发展之间的矛盾。这种不平衡不充分还集中体现为区域发展的不平衡不充分。认真、全面分析新时代区域协调发展的新特点、新矛盾和新趋势，以新发展理念为引领，以应用为牵引、以问题为导向，对把握趋势推动我国区域协调发展、实现“两个一百年”奋斗目标具有重要意义。

一、我国南北发展差距正在拉大

（一）从南北地理分界线划分的南北经济总量和人口总量来看，南北差距在拉大

在经济地理上，除了“胡焕庸分割线”以外，我国还有个特殊的划分，就是以横亘东西的秦岭山脉及淮河为界线，将秦岭继续向西延伸，与昆仑山脉相接，天然形成了贯穿整个中国的南北地理分界线。多年来，我国所说的区域发展差距，往往多指东西差距，但从当前国内区域发展情况来看，更应该重视已经出现的南北发展差距。根据南北地理分界线行政区划，我国南方省份主要有江苏、安徽、湖北、重庆、四川、西藏、云南、贵州、湖南、江西、广西、广东、福建、浙江、上海、海南（及港澳台）；北方省份主要有山东、河南、山西、陕西、甘肃、青海、新疆、河北、天津、北京、内蒙古、辽宁、吉林、黑龙江、宁夏。在南北人口、经济总量占全国比重方面，南方经济总量占全国比重从1978年的50.43%上升至2018年的62.50%，人口占比从57.59%上升到58.31%。但北方经济总量则从1978年43.74%下降到2018年的39.10%，人口占比也略有下降（见表4－1）。

（二）从南北省份GDP总量和增速排名位次变化来看，南北发展差距在拉大

1978年全国各省GDP排名中，北方省份辽宁位居第3、黑龙江位居第8、吉林位居第18、山东位居第4、河北位居第7、北京位居第14、天津位居第17，2018年的排名分别为山东位居第3、河北位居第9、北京位居第12、辽宁位居第14、天津位居第19、黑龙江位居第23、吉林位居第24；从经济总量排名来看，除了山东、北京略有前进，其他各省市都在下滑，尤其是东北三省排名下滑明显。同时，增速层面“南快北慢”的局面再次凸显。2018年，增速前十名的省份，只有陕西是北

表 4－1　我国南北方省份主要经济指标比较

<table>
<tr><th rowspan="2">南方省份</th><th colspan="2">1978 年</th><th colspan="2">2018 年</th><th rowspan="2">北方省份</th><th colspan="2">1978 年</th><th colspan="2">2018 年</th></tr>
<tr><th>经济总量（亿元）</th><th>人口（万人）</th><th>经济总量（亿元）</th><th>人口（万人）</th><th>经济总量（亿元）</th><th>人口（万人）</th><th>经济总量（亿元）</th><th>人口（万人）</th></tr>
<tr><td>江苏</td><td>249</td><td>5834</td><td>92595</td><td>8051</td><td>山东</td><td>225</td><td>7160</td><td>76469. 67</td><td>10047</td></tr>
<tr><td>安徽</td><td>114</td><td>4713</td><td>30006</td><td>6324</td><td>河南</td><td>163</td><td>7067</td><td>48055. 86</td><td>9605</td></tr>
<tr><td>湖北</td><td>151</td><td>4575</td><td>39367</td><td>5917</td><td>山西</td><td>88</td><td>2424</td><td>16818. 11</td><td>3718</td></tr>
<tr><td>重庆</td><td rowspan="2">245</td><td rowspan="2">9708</td><td>20363</td><td>3102</td><td>陕西</td><td>81</td><td>2780</td><td>24438. 32</td><td>3864</td></tr>
<tr><td>四川</td><td>40678</td><td>8341</td><td>甘肃</td><td>65</td><td>1870</td><td>8246. 07</td><td>2637</td></tr>
<tr><td>西藏</td><td>7</td><td>179</td><td>1477. 6</td><td>344</td><td>青海</td><td>16</td><td>365</td><td>2865. 23</td><td>603</td></tr>
<tr><td>云南</td><td>69</td><td>3092</td><td>17881</td><td>4830</td><td>新疆</td><td>39</td><td>1233</td><td>12199. 08</td><td>2487</td></tr>
<tr><td>贵州</td><td>47</td><td>2686</td><td>14807</td><td>3600</td><td>河北</td><td>184</td><td>5057</td><td>36010. 27</td><td>7556</td></tr>
<tr><td>湖南</td><td>147</td><td>5166</td><td>36426</td><td>6899</td><td>天津</td><td>83</td><td>724</td><td>18809. 64</td><td>1560</td></tr>
<tr><td>江西</td><td>87</td><td>3183</td><td>21985</td><td>4648</td><td>北京</td><td>109</td><td>872</td><td>30319. 98</td><td>2154</td></tr>
<tr><td>广西</td><td>76</td><td>3402</td><td>20353</td><td>4926</td><td>内蒙古</td><td>58</td><td>1823</td><td>17289. 22</td><td>2534</td></tr>
<tr><td>广东</td><td>185</td><td>5064</td><td>97277. 8</td><td>11346</td><td>辽宁</td><td>229</td><td>3394</td><td>25315</td><td>4359</td></tr>
<tr><td>福建</td><td>66</td><td>2453</td><td>35804</td><td>3941</td><td>吉林</td><td>82</td><td>2149</td><td>15075</td><td>2704</td></tr>
<tr><td>浙江</td><td>124</td><td>3751</td><td>56197</td><td>5737</td><td>黑龙江</td><td>175</td><td>3130</td><td>16361. 6</td><td>3773</td></tr>
<tr><td>上海</td><td>273</td><td>1098</td><td>32680</td><td>2424</td><td>宁夏</td><td>13</td><td>356</td><td>3705</td><td>688</td></tr>
<tr><td>海南</td><td>16</td><td>528</td><td>4832</td><td>934</td><td></td><td></td><td></td><td></td><td></td></tr>
<tr><td>总计</td><td>1855</td><td>55432</td><td>562729</td><td>81364</td><td>总计</td><td>1609</td><td>40404</td><td>351978. 5</td><td>58289</td></tr>
<tr><td>占全国比重(%)</td><td>50. 43</td><td>57. 59</td><td>62. 50</td><td>58. 31</td><td>占全国比重(%)</td><td>43. 74</td><td>41. 97</td><td>39. 10</td><td>41. 77</td></tr>
</table>

资料来源：Wind 及各省份国民经济社会发展统计公报。

方省份；增速排名垫底的5个省份分别是天津、吉林、黑龙江、内蒙古和辽宁，全部位于北方。

（三）西南地区与东北地区发展差距在拉大

2018年是西部大开发战略提出的20周年，也是东北振兴战略实施的第15个年头。这20年来，西南兴起、东北发展低迷已经成为中国区域经济格局。在此，对比西南四省与东北三省可知，从经济总量、发展速度上看，尤其是东北地区和西南地区差距快速拉大。自2011年起，西南四省GDP总量占全国的比重开始超过东北三省，此后差距越来越大（见图4－1）。自2015年起，西南第一大省四川的经济总量就开始超过东北第一大省辽宁，跃升到全国第6位，而辽宁滑落至第9位，两省相差1400亿元，随后的经济总量全国排名一路下滑，到2018年，已经跌至全国第14位，与四川经济总量相差1.5万亿元。同时，2013—2017年，重庆、贵州增幅连续五年超10%。2015年，重庆经济总量超过黑龙江；2016年，云南经济总量超过吉林。1999—2018年，重庆、四川、云南和贵州GDP分别增长了1124%、1015%、841%和1480%。同期，辽宁、吉林和黑龙江只分别增长了507%、801%和471%。2014年，东北三省的经济增速已基本低于全国平均水平（见图4－2）。

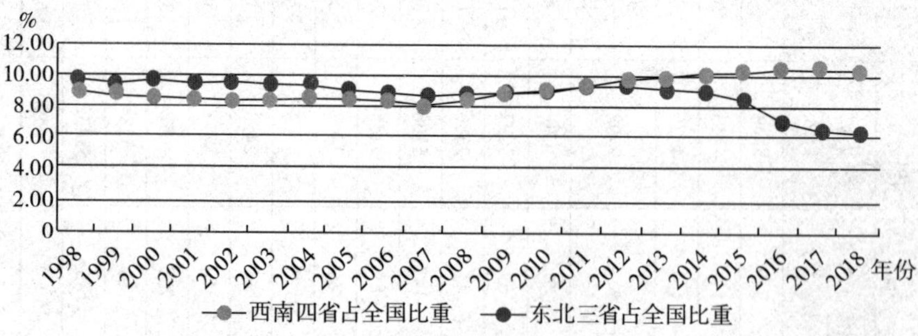

图4－1　1998—2018年西南四省、东北三省占全国GDP总量比重比较

资料来源：1999—2017年中国统计年鉴，2018年国家统计局数据。

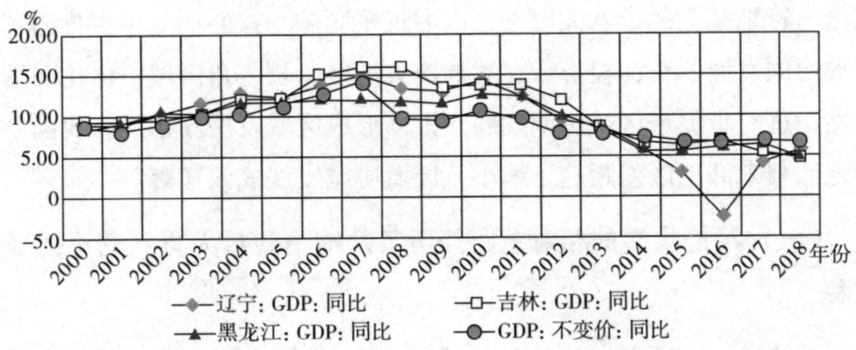

图4－2　东北三省与全国经济增速比较

资料来源：Wind.

从城市发展速度来看，重庆、成都、贵阳和昆明发展迅速，成为中国明星城市，长期落后的贵阳以大数据产业为重点加速追赶。但东北地区的沈阳、长春和哈尔滨三个副省级城市，无论是经济总量还是城市竞争中的活跃度，都逐渐与西南地区城市拉开差距。从枢纽城市的成长性来看，成都、重庆两大城市相继列入国家中心城市，成渝城市群是我国5个国家级城市群之一，但东北至今还没有国家中心城市。

从属地人口流入流出情况来看，1998—2010年，西南四省共减少了517万人，其中，四川减少了448万人，重庆减少了175万人；2011—2017年，西南四省增加了689万人，全面扭转人口净流出态势。1998—2013年，东北三省共增加402万人；2014—2017年，共减少100万人；2018年，辽宁省净流出5.2万人，四川、重庆则分别净流入5.3万人和15.88万人。事实上，我国的南北差距还表现在西南、西北差距拉大及华南、华北差距拉大等不同板块划分上的南北差距拉大趋势。

二、我国东西经济差距有所缩小，但产业结构、创新活力分化趋势明显

改革开放之初，沿海率先发展战略使东部地区一马当先，保持领先地位。进入2000年后，随着西部大开发、中部崛起等区域发展战略的

实施，特别是党的十八大以来，以习近平同志为核心的党中央推出了京津冀协同发展、长江经济带、粤港澳大湾区、长三角区域一体化等重大战略，进一步促进区域协调发展，推动形成区域发展新格局。我国中西部地区与东部地区差距趋于缩小，区域协调发展成效显著。

（一）经济发展的相对差距经历了从缩小到扩大再到缩小的变化过程

据统计，1952 年，人均地区生产总值最高的东北和最低的西部相对差值为 2.6 倍，到 1990 年下降至 1.9 倍。1991 年起，东部人均地区生产总值开始超过东北，居四区域之首，与其他区域的差距逐渐拉大，与最低的西部相对差值在 2003 年达到 2.5 倍。2003 年后，随着西部开发、东北振兴、中部崛起等区域发展战略持续发力，人均最高的东部和最低的西部之间相对差值逐渐缩小到 2018 年的 1.8 倍。党的十八大以来，按不变价格计算，东部、中部、西部、东北地区人均地区生产总值年均增速分别为 7.2%、8.2%、8.5% 和 6.1%，中西部地区发展速度领先于东部地区，形成了地区经济发展良性互动的局面。2018 年，东部地区生产总值占全国的比重为 52.6%，比 1978 年上升了 9%；2017 年，人均生产总值为 11530 美元，接近世界银行定义的高收入国家水平。2018 年，中部、西部地区生产总值占全国的比重分别为 21.1% 和 20.1%，分别较 2000 年提高 1.9 个百分点和 2.7 个百分点。“一带一路”建设顺利实施，不仅开启了我国与沿线国家经贸投资合作新空间，同时也带动了中西部地区多数省份经济快速发展。

从“四大板块”工业生产结构来看，中、西部地区重化工业比重增加，东部地区趋向于轻重并举，以轻工业为主。1999 年，中、西部地区生产了全国 64.7% 的原煤、59.6% 的天然气、43.2% 的发电量（其中水电占全国的 77.1%）、57.2% 的硫酸、62.5% 的化肥、45.5% 的生铁、44.4% 的木材和 40.3% 的汽车（其中载重汽车占全国的 53.1%），还有 66.4% 的卷烟、73.7% 的糖、42.2% 的纱和

40.6%的植物油，其他工业品占全国比重不突出。总体来看，中西部地区表现为以重化工业为主的产业结构。1999年，东部地区生产了全国79.3%的化纤、53.1%的纱、74.5%的丝、58.6%的机制纸及纸板、58.0%的原盐、65.3%的家用冰箱、97.0%的电风扇、73.1%的家用洗衣机、71.6%的彩色电视机、99.1%的照相机，还有53.0%的成品钢材、50.0%的平板玻璃、59.5%的烧碱、61.0%的纯碱、69.5%的化学农药、65.0%的塑料、77.4%的金属切削机床、74.3%的大中型拖拉机，是轻重并举、总体偏轻的产业结构（见表4-2、表4-3）。到2018年，中西部地区生产了全国91.2%的原煤、83.9%的天然气、81.2%的农用化肥、61.3%的水泥、53.2%的微型计算机设备和56.6%的发电量，表现出非常明显的重化工业特征。2018年，东部地区生产了全国79.5%的布、54.0%的生铁、55.2%的粗钢、59.4%的钢材、48.4%的汽车、52.0%的家用电冰箱、99.2%的程控交换机、62.3%的移动通信手持机，表现出轻重并举、以轻工业为主的特征（见表4-4）。

从数字经济的发展情况来看，东部地区更为领先。据工信部统计，2018年底，我国数字经济规模超过31万亿元，占国内生产总值的比重达到1/3。从数字经济总量来看，2017年排名前15位的省份分别为广东、江苏、山东、浙江、上海、北京、湖北、福建、河南、四川、河北、湖南、天津、安徽、辽宁。从数字经济占GDP比重来看，2017年排名前15位的省份分别为北京、上海、广东、天津、浙江、江苏、福建、山东、湖北、重庆、辽宁、四川、安徽、广西、河北。由此可见，东部地区省市数字经济总量及其占GDP比重都排在全国前列。

表 4－2　1999 年我国各地区“四大板块”主要工业产品及其全国占比（1）

地区		化学纤维（万吨）	纱（万吨）	布（亿米）	丝（万吨）	机制纸及纸板（万吨）	原盐（万吨）	糖（万吨）	食用植物油（万吨）	啤酒（万吨）	卷烟（万箱）	家用电冰箱（万台）	电风扇（万台）	家用洗衣机（万台）	彩色电视机（万台）	照相机（万架）
全国		600.00	567.00	250.00	7.02	2159.30	2812.36	861.00	733.79	2098.77	3340.00	1210.00	6158.14	1342.17	4262.00	4832.29
西部地区	内蒙古		1.83	0.62		14.27	132.07	11.95	16.82	39.65	24.00				12.54	
	广西	2.68	8.45	0.83	0.07	71.24	15.30	374.30	21.66	27.46	82.75	0.03	39.54		0.06	
	重庆	2.17	3.78	2.17	0.22	11.20	35.47	0.03	1.74	51.32	68.70		83.10	30.04	27.34	0.34
	四川	6.89	13.36	5.84	0.72	70.35	203.50	7.02	17.46	85.42	123.30	18.24	0.76		554.84	
	贵州	0.23	1.63	0.56	0.01	6.80		0.98	7.93	9.27	187.60	16.87			12.42	
	云南	1.73	2.13	0.61	0.06	23.90	42.13	161.35	2.86	15.95	603.97					
	西藏								0.15	2.41						
	陕西	2.08	14.44	6.90	0.10	23.39	7.60	0.02	9.24	31.09	116.00	28.70		14.50	115.46	
	甘肃	1.47	1.40	0.25		8.08	3.09	7.97	7.99	19.47	27.00	3.00		41.05	0.10	6.14
	青海		0.53	0.24		1.56	48.93		4.55	0.96	0.08					
	宁夏	0.36	0.06	0.01		18.07	0.08	2.06	5.40	5.55	3.10					
	新疆	3.95	28.89	2.85	0.03	16.22	33.03	46.77	51.19	18.69	11.00					
	合计	21.56	76.50	20.88	1.21	265.08	521.20	612.45	146.99	307.24	1247.50	66.84	123.40	85.59	722.76	6.48
	占比（%）	3.6	13.5	8.4	17.2	12.3	18.5	71.1	20.0	14.6	37.4	5.5	2.0	6.4	17.0	0.1

续表

地区		化学纤维（万吨）	纱（万吨）	布（亿米）	丝（万吨）	机制纸及纸板（万吨）	原盐（万吨）	糖（万吨）	食用植物油（万吨）	啤酒（万吨）	卷烟（万箱）	家用电冰箱（万台）	电风扇（万台）	家用洗衣机（万台）	彩色电视机（万台）	照相机（万架）
东部地区	北京	2. 41	4. 68	1. 48		12. 97			13. 93	138. 86	16. 43	5. 82	2. 44	20. 00	11. 72	81. 63
	天津	11. 16	8. 05	2. 47		19. 35	234. 31		22. 84	7. 38	17. 40	10. 84	0. 29	45. 09	50. 34	182. 10
	河北	10. 23	36. 17	13. 06		202. 66	403. 26	1. 22	19. 89	122. 55	99. 95					
	山东	43. 25	78. 89	22. 96	0. 52	352. 95	613. 07	0. 38	89. 91	268. 33	228. 16	242. 65	130. 85	280. 15	224. 91	19. 58
	上海	37. 38	12. 57	2. 94	0. 04	45. 42			8. 03	28. 80	116. 15	43. 03	48. 85	57. 03	152. 05	517. 75
	江苏	170. 05	103. 76	31. 76	1. 33	123. 30	300. 12	4. 00	115. 75	68. 54	98. 10	107. 92	328. 80	185. 59	387. 40	193. 54
	浙江	122. 79	31. 66	12. 42	3. 26	245. 95	8. 17		43. 86	146. 81	95. 74	36. 74	340. 26	128. 06	43. 26	10. 82
	广东	39. 17	14. 28	7. 66	0. 08	194. 04	22. 28	142. 99	8. 90	133. 21	166. 98	343. 21	5120. 88	264. 94	1999. 26	3577. 57
	海南	3. 06		0. 14		1. 32	12. 66	25. 55		4. 75	4. 80				0. 01	
	福建	36. 56	11. 16	4. 77		67. 94	37. 56	14. 72	11. 47	110. 81	85. 14	0. 00	1. 60		184. 53	205. 21
	合计	476. 06	301. 22	99. 66	5. 23	1265. 90	1631. 43	188. 86	334. 58	1030. 04	928. 85	790. 21	5973. 97	980. 86	3053. 48	4788. 20
	占比（%）	79. 3	53. 1	39. 9	74. 5	58. 6	58. 0	21. 9	45. 6	49. 1	27. 8	65. 3	97. 0	73. 1	71. 6	99. 1

续表

地区		化学纤维（万吨）	纱（万吨）	布（亿米）	丝（万吨）	机制纸及纸板（万吨）	原盐（万吨）	糖（万吨）	食用植物油（万吨）	啤酒（万吨）	卷烟（万箱）	家用电冰箱（万台）	电风扇（万台）	家用洗衣机（万台）	彩色电视机（万台）	照相机（万架）
中部地区	山西	1.97	7.43	3.12	0.04	28.91		3.73	2.82	10.31	28.81			28.74		
	河南	11.47	52.85	11.92	0.09	278.85	36.16		47.80	103.04	287.67	123.92	3.11		102.42	
	湖北	8.00	53.21	15.10	0.06	51.37	236.51		40.37	90.22	203.28			82.68	7.85	
	湖南	6.28	13.95	2.87		59.24	69.44	10.13	11.06	25.14	229.39	28.60	6.72			
	江西	7.65	10.91	2.63	0.04	27.96	2.61	8.37	11.90	45.97	41.20	27.83	31.86		29.94	37.61
	安徽	8.25	24.14	6.72	0.22	45.70	32.83	0.19	37.08	122.99	179.70	138.17	18.19	145.72	85.92	
	合计	43.62	162.49	42.36	0.45	492.03	377.55	22.42	151.03	397.67	970.05	318.52	59.88	257.14	226.13	37.61
	占比（%）	7.3	28.7	16.9	6.4	22.8	13.4	2.6	20.6	18.9	29.0	26.3	1.0	19.2	5.3	0.8
东北地区	辽宁	29.21	15.23	5.29	0.13	58.76	282.20	4.52	39.03	144.26	33.21	13.21	0.81	17.13	229.28	
	吉林	13.30	5.69	1.20		38.83		2.65	14.84	83.03	53.50			1.45	153.93	
	黑龙江	16.63	5.65	1.11		38.68		22.00	47.32	136.55	65.46	10.56	0.07		100.09	
	合计	59.14	26.57	7.60	0.13	136.27	282.20	29.17	101.19	363.84	152.17	23.77	0.88	18.58	483.30	0.00
	占比（%）	9.9	4.7	3.0	1.9	6.3	10.0	3.4	13.8	17.3	4.6	2.0	0.0	1.4	11.3	0.0

资料来源：国家统计年鉴。

表 4－3　1999 年我国各地区“四大板块”主要工业产品及其全国占比（2）

地区		原煤（亿吨）	原油（万吨）)	天然气（亿立方米）	发电量（亿千瓦小时）	水电	生铁（万吨）	钢（万吨）	成品钢材（万吨）	水泥（万吨）	平板玻璃（万重量箱）	木材（万立方米）	硫酸（万吨）	纯碱（万吨）	烧碱（万吨）	农用氮、磷、钾化肥（万吨）	化学农药（万吨）	塑料（万吨）
全国		10	16000	252	12393	1966	12539	12426	12110	57300	17420	5237	2356	766	580	3251	63	871
西部地区	内蒙古	1			381	2	425	416	366	550	391	409	17	41	15	44	0	4
	广西	0	4		253	154	132	119	108	2063	185	319	63	2	10	46	1	2
	重庆	0		3	158	32	155	174	135	1198	123	12	62	8	6	74	1	0
	四川	0	21	82	444	260	531	609	544	2591	569	47	200	40	24	262	1	11
	贵州	0		1	334	134	137	140	119	710	41	50	21		3	73	0	
	云南	0	3	1	298	185	235	179	182	1623	303	195	181	3	3	178	0	1
	西藏				6	5				39		20						
	陕西	0	643	13	255	20	81	50	62	990	124	89	50	2	7	85	0	
	甘肃	0	43	0	262	117	195	228	155	705	337	15	72	13	5	62	0	25
	青海	0	190	3	114	87	0	45	36	117	102	2	2		1	42		
	宁夏	0	128	0	112	10	7	8	12	248	63	1	11		2	54		2
	新疆	0	1739	31	167	30	98	96	114	802	91	27	7	3	4	74	0	28
	合计	3	2771	134	2786	1036	1995	2064	1832	11635	2328	1187	685	112	79	993	4	72
	占比（%）	25. 6	17. 3	53. 2	22. 5	52. 7	15. 9	16. 6	15. 1	20. 3	13. 4	22. 7	29. 1	14. 7	13. 7	30. 6	6. 2	8. 2

续表

地区		原煤（亿吨）	原油（万吨））	天然气（亿立方米）	发电量（亿千瓦小时）	水电	生铁（万吨）	钢（万吨）	成品钢材（万吨）	水泥（万吨）	平板玻璃（万重量箱）	木材（万立方米）	硫酸（万吨）	纯碱（万吨）	烧碱（万吨）	农用氮、磷、钾化肥（万吨）	化学农药（万吨）	塑料（万吨）
东部地区	北京	0			143	9	718	734	664	803	474	8	8		12	9	0	89
	天津		687	9	181	0	214	318	406	257	401		11	67	45	12	1	56
	河北	1	531	4	770	2	1465	1304	1104	4134	2373	52	101	95	29	198	5	19
	山东	1	2665	7	911	0	651	623	633	5949	1502	185	180	148	93	385	5	87
	上海		55		498		1338	1669	1486	251	642		38	4	41	16	1	90
	江苏	0	145	0	787	0	304	655	1170	4378	1604	60	212	113	62	171	17	107
	浙江	0			529	81	104	193	266	3795	651	210	49	10	34	67	10	21
	广东	0	1284	38	1104	85	196	303	426	5609	579	267	146	24	16	48	1	89
	海南			5	37	8	2	0	4	288		47	1			27	0	
	福建	0			356	184	150	124	253	1826	477	436	33	8	14	61	1	7
	合计	2	5368	63	5316	369	5142	5922	6412	27292	8704	1266	780	468	345	994	43	566
	占比（%）	17.6	33.5	24.9	42.9	18.8	41.0	47.7	53.0	47.6	50.0	24.2	33.1	61.0	59.5	30.6	69.5	65.0

续表

地区		原煤（亿吨）	原油（万吨））	天然气（亿立方米）	发电量（亿千瓦小时）	水电	生铁（万吨）	钢（万吨）	成品钢材（万吨）	水泥（万吨）	平板玻璃（万重量箱）	木材（万立方米）	硫酸（万吨）	纯碱（万吨）	烧碱（万吨）	农用氮、磷、钾化肥（万吨）	化学农药（万吨）	塑料（万吨）
中部地区	山西	2		1	570	11	1454	452	378	1427	282	8	57	3	14	156	0	2
	河南	1	565	14	659	16	444	392	379	3801	2137	158	84	39	33	253	3	34
	湖北	0	79	1	508	225	751	852	762	2210	658	133	180	53	17	234	4	15
	湖南	0			333	165	325	307	289	2274	710	343	121	10	19	157	6	17
	江西	0			188	53	248	267	229	1315	260	255	63		13	55	1	11
	安徽	0			308	10	495	424	389	2133	182	241	159	7	10	182	2	5
	合计	4	644	16	2565	480	3718	2694	2426	13160	4229	1137	663	111	105	1036	16	84
	占比（%）	39.1	4.0	6.4	20.7	24.4	29.6	21.7	20.0	23.0	24.3	21.7	28.1	14.5	18.1	31.9	26.1	9.6
东北地区	辽宁	0	1430	14	610	26	1449	1492	1236	1711	1537	172	106	72	31	87	2	81
	吉林	0	358	2	300	45	171	170	136	659	185	499	11	2	7	29	0	33
	黑龙江	1	5451	22	412	9	65	78	68	851	436	976	6		12	46	0	35
	合计	1	7239	39	1322	80	1685	1740	1439	3221	2158	1647	122	74	50	162	3	149
	占比（%）	12.1	45.2	15.5	10.7	4.1	13.4	14.0	11.9	5.6	12.4	31.5	5.2	9.7	8.6	5.0	4.8	17.1

资料来源：国家统计年鉴。

表 4-4　2018 年我国各地区“四大板块”主要工业产品及其全国占比

地区		原煤（万吨）	原油（万吨）	天然气（亿立方米）	布（亿米）	农用化肥（万吨）	水泥（万吨）	生铁（万吨）	粗钢（万吨）	钢材（万吨）	汽车（万辆）	家用电冰箱（万台）	程控交换机（万线）	移动通信手持机（万台）	微型计算机设备（万台）	发电量（亿千瓦时）
全国		368325	18911	1603	657	5424	220771	77105	92801	110552	2782	7993	1007	179846	30700	71118
西部地区	内蒙古	97560	11	16		378	3052	1744	2308	2260	1					5003
	广西	488	52	0	2	36	11827	1447	2262	2891	215			346		1752
	重庆	1212		61	2	147	6583	580	638	1188	173	140		18868	7074	780
	四川	3708	8	370	16	371	13753	1979	2401	2897	75	85	1	9437	5904	3687
	贵州	14323		3	0	487	11122	342	418	554	1	143		1956	2	2016
	云南	4728				305	12120	1572	1925	1941	16			1898	72	3241
	西藏						913									67
	陕西	62974	3520	445	10	129	6287	1158	1179	1445	62			1655		1856
	甘肃	3602	52	1		30	3883	614	802	834	1					1531
	青海	821	223	64		479	1355	125	138	147						811
	宁夏	7840			1	39	1768	210	253	267						1610
	新疆	21317	2647	322	3	279	3593	1121	1155	1323	3					3283
	合计	218574	6513	1282	34	2679	76255	10892	13479	15745	545	368	1	34160	13052	25636
	占比（%）	59.2	34.4	80.0	5.2	49.4	34.5	14.1	14.5	14.2	19.6	4.6	0.1	19.0	42.5	36.1

续表

地区		原煤（万吨）	原油（万吨）	天然气（亿立方米）	布（亿米）	农用化肥（万吨）	水泥（万吨）	生铁（万吨）	粗钢（万吨）	钢材（万吨）	汽车（万辆）	家用电冰箱（万台）	程控交换机（万线）	移动通信手持机（万台）	微型计算机设备（万台）	发电量（亿千瓦时）
东部地区	河北	5508	537	6	22	200	9554	21396	23723	26917	121		25			3133
	北京	176		17			397			180	165			9030	565	451
	天津		3086	34	1	15	619	1649	2023	4734	86	50		2680		712
	山东	12632	2231	5	75	387	12619	6457	7177	9428	88	888		3254	1	5826
	江苏	1246	151	10	118	168	14718	6796	10422	12147	122	956	0	4925	6215	5085
	上海		7	15	1	1	415	1477	1630	1983	298	46	28	4729	1449	840
	浙江				167	20	12324	874	1267	3049	119	618	72	5318	204	3438
	广东		1394	103	27	14	16082	2016	2881	4338	322	1599	874	80818	4734	4695
	海南		30	1		62	2104				2					323
	福建	941			111	68	8832	982	2086	2916	24			1362	1184	2494
	合计	20504	7436	190	523	935	77664	41647	51209	65691	1347	4158	999	112116	14351	26997
	占比（%）	5.6	39.2	11.9	79.5	17.2	35.2	54.0	55.2	59.4	48.4	52.0	99.2	62.3	46.7	38.0

续表

地区		原煤（万吨）	原油（万吨）	天然气（亿立方米）	布（亿米）	农用化肥（万吨）	水泥（万吨）	生铁（万吨）	粗钢（万吨）	钢材（万吨）	汽车（万辆）	家用电冰箱（万台）	程控交换机（万线）	移动通信手持机（万台）	微型计算机设备（万台）	发电量（亿千瓦时）
中部地区	山西	92634		52	0	361	4416	4761	5386	4903	11			1979		3181
	河南	11446	259	3	19	442	11020	2512	2892	3661	59	126		20606		3050
	安徽	11529		2	11	217	13248	2422	3104	3195	82	2631		70	2022	2735
	湖北	120	54	5	58	644	10695	2515	3072	3650	242	489		4374	1112	2836
	江西	622		0	8	5	8884	2204	2499	2571	55	89		4649	97	1281
	湖南	1858			3	53	10997	1963	2308	2375	53		3	1615	67	1533
	合计	118208	313	63	99	1722	59261	16377	19261	20355	502	3335	3	33292	3298	14615
	占比（%）	32.0	1.7	3.9	15.1	31.8	26.8	21.2	2075.0	18.4	18.0	41.7	0.3	18.5	10.7	20.6
东北地区	黑龙江	6071	3224	44	0	38	1955	696	774	561	16					1029
	辽宁	3403	1037	6	1	33	4156	6332	6874	6899	95	133	4	279		1983
	吉林	1565	388	18	0	17	1480	1162	1205	1301	277					838
	合计	11039	4649	68	2	89	7591	8190	8853	8761	388	133	4	279	0	3850
	占比（%）	3.0	24.6	4.2	0.2	1.6	3.4	10.6	9.5	7.9	14.0	1.7	0.4	0.2	0.0	5.4

资料来源：国家统计年鉴。

（二）科技是创新驱动发展的第一动力，东部地区的创新能力和创新活力明显领先于其他区域

从区域的研发经费投入强度来看，东部地区明显高于其他区域。据国家统计局统计，2017 年我国研发经费投入总量为 17500 亿元，研发经费投入强度为 2. 12%；2018 年我国研发经费投入总量达 19657 亿元，研发经费投入强度为 2. 18%。从“四大板块”的研发经费支出情况来看，2017 年，我国研发经费投入强度前 7 位是东部地区省份，中西部地区仅有 3 个省份进入前 10 位，可见中西部地区与东部地区研发投入强度差距是很大的（见图 4 - 3）。从研发经费支出额来看，东部地区研发经费支出占全国比重的 67. 5%，中部、西部和东北三省分别占全国比重的 16. 0%、12. 5% 和 4. 0%，远远落后于东部地区。

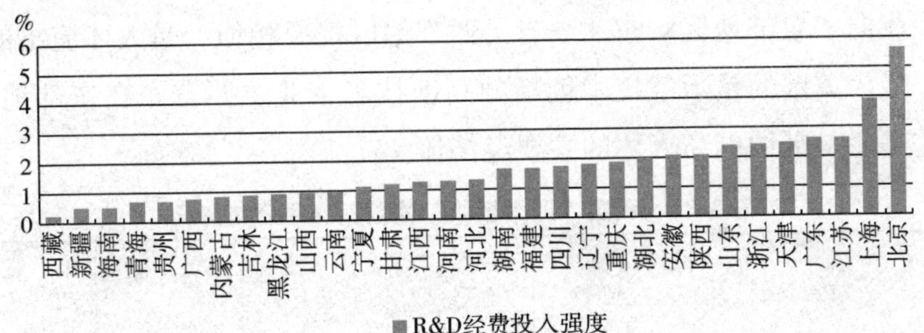

图 4 - 3　2017 年各省份研发经费投入强度

资料来源：网络整理。

（三）人才是科技创新的第一资源，东部地区人才集聚能力明显优于其他区域

高校、研究机构是创新型人才的主要来源地，一个区域的高校数、在校研究生、高校在校学生人数等可以间接反映该区域的创新潜能，代表该区域拥有的创新资源。同时，高新技术企业既是知识密集、技术密集的经济实体，也是在一定领域中具有较强的技术创新能力、高端技术开发能力的经济实体。一个区域内的高新技术企业数量、吸纳从业人员

的能力在一定程度上可以反映该区域当前的创新能力。从“四大板块”分布的高校数、在校研究生、高校在校学生人数等情况（见表4－5）来看，2017年，东部地区高校数、在校研究生、高校在校学生人数占全国的比重分别为38.5%、39.1%和38.6%，但却集聚了全国73.3%的高新技术企业，吸纳的从业人员数占全国高新技术企业从业人员数的68.2%。西部地区拥有全国25.7%的高校，培育了全国23.5%和25.4%的在校研究生和本科、专科生，但西部地区仅集聚了全国9.7%的高新技术企业和11.6%的高新技术企业从业人员，西部地区培养的人才大量流向东部地区。中部地区与西部地区在人才培养和输出上有相似的特点，以占全国比重26.1%的高校培养了全国14.5%的在学研究生和27.7%的本科、专科生，但仅集聚了全国13.9%的高新技术企业，高新技术企业从业人员也仅占全国的16.8%，还有很大一部分高校毕业生流向了东部地区。东北三省与西部地区情况相似，是人才流出的区域，最为关键的是承载技术创新的高新技术企业主要分布在东部地区，这些企业是吸纳创新人才的主要经济体。

表4－5 我国“四大板块”的创新资源分布情况

地区		高新技术企业数（个）	高新技术企业从业人员数（万人）	研究生在学人数（万人）	高校数（个）	高校在校学生人数（人）
全国		130632	2735.5	263.95	2631	27535869
西部地区	内蒙古	529	19.9	20	53	455284
	广西	1186	32.5	2.94	74	866716
	重庆	1996	59.9	5.38	65	746859
	四川	3480	79.7	10.2	109	1499715
	贵州	688	17.4	1.86	70	627672
	云南	1225	21.2	3.66	77	705854
	西藏	32	0.8		7	35717
	陕西	2193	52.5	11.59	93	1069374
	甘肃	606	12.9	3.45	49	466185
	青海	143	5.3	0.41	12	66974

续表

地区		高新技术企业数（个）	高新技术企业从业人员数（万人）	研究生在学人数（万人）	高校数（个）	高校在校学生人数（人）
西部地区	宁夏	91	3.4	0.53	19	121051
	新疆	527	11.6	2.13	47	346044
	合计	12696	317.1	62.15	675	7007445
	占比（%）	9.7	11.6	23.5	25.7	25.4
东部地区	北京	16267	214.6	31.2	92	592878
	天津	4009	56	6.81	56	514669
	河北	3122	85.3	5	122	1342631
	山东	6217	155.8	9.2	145	2015345
	上海	7494	148.6	15.15	64	514917
	江苏	13661	308.5	17.7	167	1767877
	浙江	9047	232.8	2.97	107	1007346
	广东	32718	589.8	10.29	151	1925775
	海南	265	4.9		19	185538
	福建	3005	69.8	4.76	89	750987
	合计	95805	1866.1	103.08	1012	10617963
	占比（%）	73.3	68.2	39.1	38.5	38.6
中部地区	山西	1112	32.2	3.2	80	762974
	河南	2258	73.4	4.48	134	2004662
	湖北	5261	108.3	13.6	129	1400918
	湖南	3123	92.5	7.8	124	1273208
	江西	2117	65.3	3.5	100	1048289
	安徽	4255	86.6	5.8	119	1147401
	合计	18126	458.3	38.38	686	7637452
	占比（%）	13.9	16.8	14.5	26.1	27.7
东北地区	辽宁	2561	54.7	10.8	115	963208
	吉林	517	16.8	6.35	62	658327
	黑龙江	927	22.6	6.8	81	734166
	合计	4005	94.1	23.95	258	2355701
	占比（%）	3.1	3.4	9.1	9.8	8.6

资料来源：Wind.

（四）从“四大板块”的对外开放情况来看，东部地区区位优势明显

东部地区在区位上处于我国沿海区域，既是改革开放后我国最早对外开放的省份，也是我国对外贸易的前沿阵地。2018 年，东部地区进出口额占全国的 81.7%，其中，进口额占全国的 82.5%，出口额占全国的 81%。自“一带一路”倡议、长江经济带等重大战略提出以来，我国东西相济的开放格局得以推进，中西部地区的对外贸易有了一定的发展，西部地区进出口额占全国比重从 2013 年的 6.7% 上升到 2018 年的 8.0%，中部地区从 2013 年的 5.3% 上升到 2018 年的 6.8%，而东北地区则从 2013 年的 4.3% 下滑至 2018 年的 3.5%。

综上所述，中西部地区与东部地区在生产总值占全国比重上稍有下降，但在产业结构上，中西部地区更加趋于重化工业，并且在数字经济的发展上与东部地区差距明显。我国高新技术企业主要分布在东部地区，东部地区也吸纳了全国大部分的技术创新人才，其创新活力和创新能力远高于其他板块；同时，我国进出口贸易额的大部分比重也在东部地区，东部地区是我国开放度最高的区域，中西部地区开放度也有所提升。

三、省域之间的追赶呈现新态势，差距有所缩小

1978 年以来，我国 GDP 总量从 1978 年的 3679.00 亿元跃升至 2018 年的 90.03 万亿元，增长了近 243 倍，占世界经济比重从 1.8% 提高到 15.9%，年均 GDP 增幅为 9.6%，是世界平均水平的 3 倍。2018 年，全国各省人均地区生产总值最高地区与最低地区之比为 4.5，1952 年为 8.1，2000 年为 10.8；人均地区生产总值变异系数也明显缩小。几十年来，我国各省市之间的竞争是非常激烈的（见表 4－6），省域之间的发展追赶呈现新态势。

表 4－6　1978—2018 年我国各省经济总量排名变化

省份	1978 年	1988 年	1998 年	2008 年	2018 年
内蒙古	25	23	24	16	21
广西	20	20	16	17	18
重庆	21	23	20	24	17
四川	6	8	9	9	6
贵州	26	25	27	27	25
云南	22	21	17	23	20
西藏	31	31	31	31	31
陕西	19	19	22	19	15
甘肃	24	27	26	26	27
青海	29	29	30	30	30
宁夏	30	30	29	29	29
新疆	27	26	25	25	26
河北	7	7	6	6	9
北京	14	14	15	13	12
天津	17	24	23	22	19
山东	4	3	3	2	3
江苏	2	1	2	3	2
上海	1	9	8	7	11
浙江	12	5	4	4	4
广东	5	2	1	1	1
海南	28	28	28	28	28
福建	23	15	10	12	10
山西	15	18	19	18	22
河南	9	6	5	5	5
安徽	13	13	14	14	13
湖北	10	10	11	10	7
江西	16	17	18	20	16
湖南	11	11	12	11	8
辽宁	3	4	7	8	14
吉林	18	16	21	21	24
黑龙江	8	12	13	15	23

资料来源：1978 年、1988 年、1998 年、2008 年、2018 年中国统计年鉴。

从各省经济总量排名上看（见表4-6），改革开放后的第一个十年，率先崛起的是东部沿海地区，浙江、广东、福建总量排名变化大，其中，浙江从第12位上升到第5位、福建从第23位上升到第15位，实现了快速飞跃，东部沿海城市获得了巨大的开放红利，实现了经济飞速发展。改革开放后的第二个十年，广东超越江苏，走到全国最前列，福建继续大幅度向前迈进到了第10位；东北地区各省排名全部下滑；中西部地区各省排名有进有退；重庆、广西、云南分别上升了3位、4位和4位，但四川、贵州、陕西分别下滑了1位、2位和3位。中部地区的山西从改革开放初期的第15位下滑至第19位，而河南从第9位上升到第5位。改革开放后的第三个十年，总体来看，各省经济总量排名

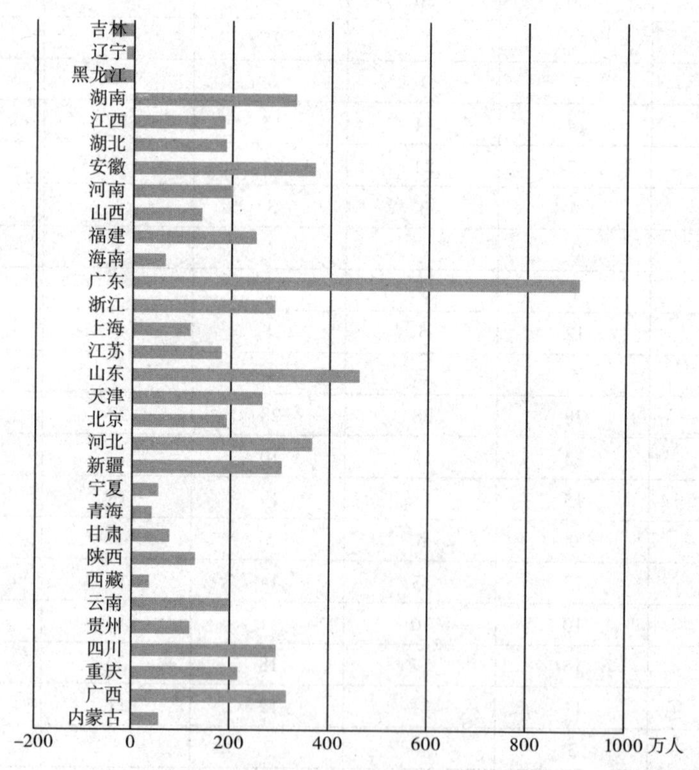

图4-4　2010—2018年各省人口变化

资料来源：2010年、2018年各省统计公报。

变化远没有前十年大，但在区域板块上，西南地区、东北地区开始下滑，其中云南从第17位下滑至第23位，下滑最为明显。改革开放后的第四个十年，我国各省排名变化非常大，尤其是“一带一路”倡议提出后，西南地区出现整体上升，东部地区争夺前三位的竞争更趋激烈，而东北地区下滑趋势非常明显。这在某种意义上说明，改革开放40多年来，各省不同时期的经济排名变化可反映出，越开放的地区，新技术、新产业与地方比较优势结合得比较好的地方，经济发展越快，竞争能力越强。

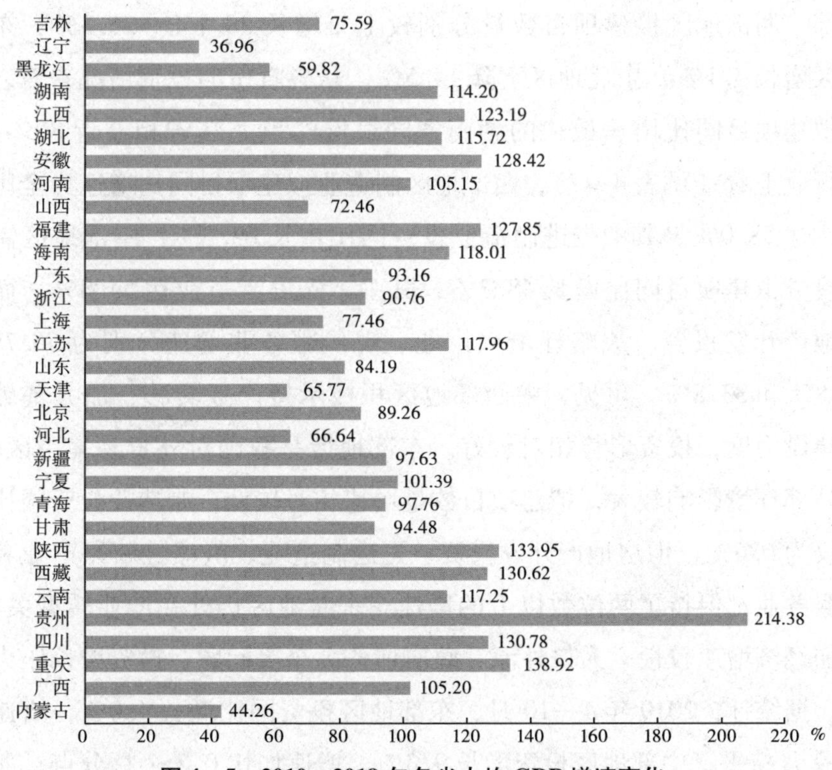

图4-5　2010—2018年各省人均GDP增速变化

资料来源：2010年、2018年各省统计公报。

由图4-4、图4-5可见，2010—2018年，人均GDP增长最快的是贵州省，但贵州省并不是人口增长最多的省份，广东省人均GDP增速只有93.16%，却是全国吸纳人口最多的省份。主要由于广东省经济总量规模大，产业集聚能力、创新能力强，收入水平高，成为吸引人口的重要省份。

固定资产投资是经济增长的重要引擎，是区域经济增长的前提保障，区域增加固定资产投资既是扩大生产规模、发展国民经济的重要手段，也是提高人民物质文化生活水平的条件。不同区域不同行业的固定资产投资反映了该区域未来一定时期经济增长的着力点与潜力。从对各省份固定资产投资比较上看，国家发展改革委发布的《2018 年全国固定资产投资发展趋势监测报告及 2019 年投资形势展望》显示，2018 年中部、西部地区拟建项目数量分别较上年增长 30.1%、26.3%，东部地区增长 3.1%，东北地区下降 14.5%。从各省份的投资情况来看，投资拟建项目同比增速最快的湖南省同最慢的黑龙江省相差近 80% 多。从行业上看（见表 4-7），西部地区制造业拟建项目同比增速为全国最高，达 58.0%，其中先进制造业投资同比增长 63.3%；中部地区制造业投资拟建项目同比增长 48.3%，其中，先进制造业达 54.8%，而且房地产开发投资、战略性新兴产业、现代服务业增速分别为 56.7%、21.8% 和 33.8%。可见，中西部地区积极承接产业转移、加大基础设施建设力度，投资形势相对较好。东部地区是我国对外贸易集中区域，受外部环境影响较大，拟建项目数量增速相对较低，制造业投资同比增速仅为 6.6%，但房地产开发投资、先进制造业、战略性新兴产业和现代服务业都保持了两位数以上的增速。东北地区仍处在产业转型关口，叠加经济增速较慢、人口外流、政府债务高企等问题，投资增长压力较大。据统计，2019 年 1—10 月，东部地区投资同比增长 4.0%，增速与 1—9 月持平；中部地区投资增长 9.3%，增速加快 0.2 个百分点；西部地区投资增长 4.9%，增速回落 0.6 个百分点；东北地区投资下降 4.5%，降幅收窄 0.1 个百分点。中西部地区的陕西、甘肃、河南、湖南、山西，以及东部地区的福建、浙江成为投资增速较快省份，引领区域投资增长。

表 4－7　2018 年各地区拟建项目同比增长情况　（%）

地区	合计	基础设施	制造业	房地产开发投资	先进制造业	战略性新兴产业	现代服务业
东部地区	3.1	－10.0	6.6	19.1	22.6	16.5	19.6
中部地区	30.1	11.9	48.3	56.7	54.8	21.8	33.8
西部地区	26.3	17.6	58.0	37.8	63.3	24.4	25.2
东北地区	－14.5	－8.3	－13.9	0.7	5.5	－17.2	1.0
北京	－12.6	－5.4	－75.4	5.3	—	—	—
天津	18.1	－61.5	45.8	－1.9	48.7	53.5	－26.1
河北	9.5	43.2	0.7	26.7	7.9	2.5	27.7
山西	24.4	32.1	74.7	32.8	66.4	4.6	29.4
内蒙古	3.3	－15.5	60.3	12.2	75.7	23.5	－5.0
辽宁	－11.9	－16.7	－2.7	－9.7	13.5	－2.3	－5.1
吉林	1.6	23.7	－19.5	42.9	－6.3	－23.4	35.1
黑龙江	－29.2	－22.4	－31.8	－14.3	－6.9	－30.2	－16.1
上海	－2.5	－20.8	20.0	－6.2	24.0	3.8	－9.9
江苏	－26.1	－21.4	－27.1	－8.0	－19.0	－29.7	－7.7
浙江	20.7	－27.7	57.1	67.9	344.8	364.6	47.7
安徽	9.2	－3.7	27.5	16.9	33.8	14.2	1.6
福建	36.5	－4.0	85.6	48.2	—	—	—
江西	—	—	—	—	—	—	—
山东	16.5	28.0	29.8	39.8	35.3	0.4	31.5
河南	74.9	74.0	85.7	134.5	112.7	59.5	92.4
湖北	18.8	10.2	21.8	59.9	20.4	4.1	19.1
湖南	52.8	5.7	101.7	57.2	—	—	—

资料来源：国家发展改革委《2018 年全国固定资产投资发展趋势监测报告及 2019 年投资形势展望》。

四、新型交通经济带正逐步改变区域空间经济形态

基础设施对区域经济发展的作用，直接导致空间经济形态发生规律性变化。在宏观地域范围上，交通网络预先决定了一定技术水平下发展

的优先结构和优先区位。内河水运、铁路、港口、高速公路等交通运输基础设施在我国区域经济发展过程中以及空间结构演进中都发挥了主要作用。从中观层面看，交通基础设施有助于省际以及本省与外面世界的交流，这种交流可以提高本省的开放度进而有助于其经济增长。同时，在交通基础设施沿线，经济活动出现轴线集聚及辐射分散现象，进而形成相应的交通经济带。当前，空港、高铁等基础设施不断完善，带动区域互联互通，要素快速流动，推动带状经济呈现新的发展态势。

（一）现代交通网络体系不断完善

现代综合交通运输体系初步形成，加快了各类经济要素在区域间的快速流动，推动带状经济向网络型经济发展转变。交通部数据显示，我国高速铁路、高速公路以及港口万吨级泊位数量等均位居世界第一，机场数量和管道里程位居世界前列，“五纵五横”综合运输大通道基本贯通，现代综合交通运输体系初步形成。国家统计局资料显示，①铁路方面，2018 年末，我国铁路营业里程达到 13.1 万千米，比 1949 年末增长 5 倍，其中高速铁路达到 2.9 万千米，占世界高铁总量的 60% 以上，以“四纵四横”为主骨架的高铁网基本形成。②公路方面，2018 年，公路里程达 485 万千米，较 1949 年增长 59 倍，其中高速公路从无到有，2018 年末达到 14.3 万千米。高速公路覆盖了 97% 的 20 万人以上人口城市及地级行政中心，国省干线公路连接了全国县级及以上行政区，农村公路通达 99.99% 的乡镇和 99.98% 的建制村。③水运方面，2018 年，内河航道里程 12.7 万千米，比 1949 年增长 72.7%。定期航班航线里程为 838 万千米，比 1950 年末增长 734 倍。截至 2017 年底，我国港口拥有生产性码头泊位 2.76 万个，其中万吨级及以上泊位 2366 个，分别是 1978 年的 38 倍和 18 倍，初步建成了以“两横一纵两网十八线”为主体的内河航道体系。④民航方面，截至 2017 年底，全国民航运输机场达 229 个，是 1978 年的 2.8 倍，服务覆盖全国 88.5% 的地市、76.5% 的县，初步形成了以北京、上海、广州等国际枢纽机场为中心，以省会城市和重点城市区域枢纽机场为骨干，以及其他干支线机场相互配合的格局。

日趋综合化、网络化、现代化交通基础设施体系，不仅有力地支撑了我国工业化、城镇化快速发展，也推动了我国大、中、小城市中心城市和小城镇协调发展的城镇化格局逐步形成，强化了相邻城市的“同城效应”，有效地增强了中心城市对周边城市的辐射带动作用。

（二）跨区域交通通道成为服务区域协调的经济通道

1. 中欧班列促进了我国各区域协调、协同发展

随着“一带一路”建设的逐步铺开，往来于中国与欧洲及“一带一路”沿线各国的集装箱国际铁路联运班列不断拓展，截至目前，我国已铺划开通西、中、东三条通道中欧班列，中欧班列的有效拓展也推动我国区域开放格局呈现新的变化。目前，西、中、东三条通道中欧班列运行线班列开行情况有：重庆—杜伊斯堡（从重庆团结村站始发，由阿拉山口出境，途经哈萨克斯坦、俄罗斯、白俄罗斯、波兰至德国杜伊斯堡站）；成都—罗兹（从成都城厢站始发，由阿拉山口出境，途经哈萨克斯坦、俄罗斯、白俄罗斯至波兰罗兹站）；郑州—汉堡（从郑州圃田站始发，由阿拉山口出境，途经哈萨克斯坦、俄罗斯、白俄罗斯、波兰至德国汉堡站）；苏州—华沙（从苏州始发，由满洲里出境，途经俄罗斯、白俄罗斯至波兰华沙站）；武汉—捷克、波兰（从武汉吴家山站始发，由经阿拉山口出境，经哈萨克斯坦、俄罗斯、白俄罗斯到达波兰、捷克斯洛伐克等国家的相关城市）；义乌—马德里（自义乌铁路西站始发，经新疆阿拉山口口岸出境，途经哈萨克斯坦、俄罗斯、白俄罗斯、波兰、德国、法国、西班牙）。还有哈尔滨—俄罗斯、哈尔滨—汉堡、保定—白俄罗斯明斯克、西宁—安特卫普、广州—莫斯科、青岛—莫斯科、长春—汉堡、南昌—莫斯科、唐山—比利时、成都—维也纳、郑州—比利时等共 18 条运行线，贯穿了多个内陆省份，有效地促进了

内陆省份与世界大市场的直接连通，推动形成了东西开放发展新格局，促进了我国各区域协调、协同发展。

随着中欧班列逐渐贯通更多省份，为避免重复开行和同质化竞争，各省之间必须依托该区域常态化、规模化运营能力，营造健康的市场环境，重视运行线贯通区域中欧班列建设的战略定位，加强沟通协作，保证中欧班列的可持续运行，进而依托中欧班列的开通运行推动各区域的协同发展。

2. “五纵”综合运输的通道对区域协调发展的影响

南北沿海运输大通道、京沪运输大通道、满洲里至港澳台运输大通道、包头至广州运输大通道、临河至防城港运输大通道等 5 条“五纵”综合运输的通道有力地促进了南北区域协调发展。

一是南北沿海运输大通道。主要节点城市：黑河、哈尔滨、长春、沈阳、大连、烟台、连云港、上海、宁波、温州、福州、厦门、汕头、广州、深圳、湛江、海口、三亚。此外，还包括北京至沈阳进出关通道。该通道由贯穿全线的铁路、公路、民航航路，部分陆上油气管线和沿海主要港口间航线组成，形成沟通我国南北沿海的综合运输走廊。该通道通过黑河口岸与俄罗斯铁路和公路网连接，通过大连、青岛、上海、宁波、厦门、广州、深圳、湛江等沿海港口与国际海上运输网络连接，并以上海、广州枢纽机场为节点，与国际航线网络相衔接。南北沿海运输大通道串联起来的主要城市群：哈长城市群、辽中南城市群、京津冀城市群、山东半岛城市群、长江三角洲城市群、海峡西岸城市群、珠三角城市群（粤港澳大湾区）、北部湾城市群。但通道规划的大连到青岛的渤海海峡跨海通道尚未启动建设，天津经东营、青岛、潍坊、烟台、日照、连云港、盐城、南通、上海等沿海城市铁路通道尚未建设完成，制约了沿海港口城市人流物流的快速流动。这也表明在城市群的规模、跨省域的互联互通上，北方落后于南方，东北三省发展所依仗的腹地被大大削弱，这应该引起高度重视，加快推进建设，促进南北协调发展。

二是京沪运输大通道。主要节点城市：北京、天津、济南、徐州、蚌埠、南京、上海，由贯穿全线的铁路、公路、民航航路、部分水运和油气管线组成，形成沟通华北与华东、北京与上海两大国际都市直接相连的综合运输走廊。该通道以北京、上海航空枢纽为节点衔接国际航线网络，上海国际航运中心承担国际海上运输中转功能。京沪运输大通道串联起来的主要城市群：京津冀城市群、长江三角洲城市群。目前，京沪综合运输大通道的铁路、公路、民航、部分水运和油气管道相对其他通道而言是最为完备的，该通道也串联了我国两大世界级城市群，北京到上海的高铁最快的只需 4 小时 18 分钟，极大地缩短了两大枢纽城市的心理距离，提高了沿线节点城市人流、物流、信息流等要素流动效率。京沪高铁是我国最赚钱的高铁，2018 年的营收接近 300 亿元，京沪铁路旅客人次从 2014 年全年超过 1 亿人次增加到 2018 年上半年就接近 1 亿人次（见表 4－8），人流速度、规模得到极大提高。从交通运输、仓储和邮政业方面来看，北京、上海两大城市由于交通基础设施优势带来了生产性服务业的发展，2018 年全年北京交通运输、仓储和邮政业增加值为 1346.2 亿元，上海交通运输、仓储和邮政业增加值为 1533.36 亿元；上海货运量为 107386.82 万吨、北京货运量为 25244.1 万吨，可以说京沪综合运输大通道为近些年沿线城市健康稳定发展提供了重要支撑。

表 4－8　2011—2018 年我国京沪高铁发送旅客情况

时间	发送旅客人次（亿人次）	增长率（%）	日均（万人次）
2011 年 6 月 30 日至 2011 年底	0.02415		
2014 年全年	超过 1		
2015 年全年	1.3		
2016 年上半年	0.67		
2017 年全年	1.8		
截止到 2017 年 12 月 31 日	7.4		

续表

时间	发送旅客人次（亿人次）	增长率（%）	日均（万人次）
2018 年上半年	0.974	8.90	50.1
2018 年全年	1.92		52.6
截止到2018 年12 月31 日	9.32	年均增长19.5	

资料来源：上海证券报，中国铁路总公司。

三是满洲里至港澳台运输大通道。主要节点城市有：满洲里、齐齐哈尔、白城、通辽、北京、石家庄、郑州到武汉，从武汉分支，一支经长沙、广州，南至香港（澳门），另一支经南昌、福州至台北。串联的主要城市群有：哈长城市群、京津冀城市群、中原城市群、珠三角城市群（粤港澳大湾区）、海峡西岸城市群。该通道由贯穿全线的铁路、公路、民航航路和部分油气管线组成，形成贯通东北、中部和华南，并与香港、台湾和澳门运输网络衔接的综合运输走廊，北端通过满洲里口岸与俄罗斯交通网连接，南端以香港国际航运中心和国际机场为国际海上、航空运输网络的枢纽。目前，齐齐哈尔经白城、通辽的高速公路、铁路都尚未拉通，该通道在东北地区的互联互通功能还没有得到发挥。

满洲里地处东北亚经济圈的中心，是欧亚第一大陆桥的战略节点和最重要、最快捷的国际大通道，是全国最大陆路口岸，承担着中俄贸易65%以上的陆路运输任务。对外连接俄罗斯西伯利亚大铁路直至荷兰鹿特丹，所经沿线是俄罗斯人口最多、资源最富集的地区。随着中俄蒙合作交往的深入推进和国家振兴东北战略、西部大开发战略和“一带一路”建设的加快实施，满洲里已成为东北亚区域经济合作的战略支点。但目前满洲里到北京的火车仅有一趟，并且耗时29～32 小时，公路运输时间需21～23 小时；2015 年齐海满客运专线启动建设，预计在2020 年底完工，届时将满洲里至北京由目前最快29 小时压缩至15 小时以内，随着2019 年京沈高铁开通，可以压缩至13 小时以内。满洲里至港澳台运输大通道对协调我国南北区域发展，振兴东北有重要意义，该通道关键点在于尽快完善满洲里到北京的公路和铁路基础设施，提高节点城市物流、人流和信息流效率。

四是包头至广州运输大通道。主要节点城市有：包头、西安、重庆、贵阳、柳州，从柳州分支，一支至广州，另一支至湛江，由贯穿全线的铁路、公路、民航航路、部分水运和油气管线组成，形成西部内陆出海运输走廊，通过广州港、湛江港以及广州枢纽机场，与国际海上运输和航空运输网络连接，串联了呼包鄂城市群、关中城市群、成渝城市群、珠三角城市群等。目前包头至广州直达列车仅有一趟，耗时 43 小时，高速公路运输需 27 小时左右，没有直达航班，中转航班需耗时 6 小时左右；包头到湛江的时间更长，中转航班需 10 小时左右；目前，已启动建设的包海高铁全长 2300 千米，2016 年包海线西安—延安—榆林高铁西延段开工建设代表整体项目正式启动，预计 2022 年竣工并且运行通车。包海高铁的建设完成直接涉及 8 个省份，串珠式连接了呼包鄂榆、关中、成渝、长株潭、北部湾和珠三角等城市群，将加快省会间铁路干线的融合，有利于促进区域经济一体化的发展，同时它还可以与沪昆高铁、贵广高铁、南广高铁和广西沿海高铁串联，带动周边地区一同发展，据官方粗略估计，包海高铁建成后可受益人口达到 6000 多万人。

五是临河至防城港运输大通道。主要节点城市有：临河、银川、兰州、成都、昆明、南宁、防城港，由贯穿全线的铁路、公路、民航航路和部分油气管线组成，形成西部内陆第二条南北综合运输走廊。该通道以昆明机场为面向东南亚的国际航空运输门户，以防城港为主要口岸连接国际海上运输网络，串联了宁夏沿黄城市群、兰西城市群、成渝城市群、滇中城市群、北部湾城市群等。目前，该通道的高速公路全线贯通，耗时约 30 小时，临河至防城港高铁尚未启动建设，铁路必须绕行包兰线、陇海线、宝成线、川黔线、黔桂线，才能到达防城港，耗时长，运输成本高。

3. “五横”综合运输大通道对我国区域协调发展的影响

西北北部出海运输大通道、青岛至拉萨运输大通道、陆桥运输大通道、沿江运输大通道、上海至瑞丽运输人通道等5条“五横”综合运输大通道推进了东西区域协调发展。

一是西北北部出海运输大通道。该通道贯穿的主要节点城市和城市群有：天津和唐山，经北京、大同、呼和浩特、包头、临河、哈密、吐鲁番、喀什，西至新疆吐尔尕特口岸，由贯穿全线的铁路、公路、民航航路和部分油气管线组成，形成西北连通东部的出海运输走廊。该通道以天津港和唐山港为枢纽连接国际海上运输网络，以吐尔尕特口岸与中亚交通网络衔接。串联起京津冀城市群、呼包鄂城市群。目前，天津到吐尔尕特口岸的高铁全线拉通，耗时44小时，2019年，包银高铁启动开工建设，该通道为北京—呼和浩特—巴彦淖尔—银川—兰州，连接华北、西北地区，贯通京津冀、呼包鄂、宁夏沿黄、兰西等城市群。高铁通车后，临河到北京只需要4小时，临河到呼和浩特只需1.5小时，这段距离的火车运行时间将缩短10~14小时。这将极大缩短西北北部出海大通道的时间，加速西北地区与华北地区、东北地区以及东部沿海的交流，推动区域协调发展。

二是青岛至拉萨运输大通道。该通道贯穿的主要节点城市和城市群有：青岛、德州、石家庄、太原、银川、兰州、西宁、格尔木，西至拉萨，由贯穿全线的铁路、公路、民航航路和部分油气管线组成。该通道以青岛港为枢纽沟通国际海上运输网络，串联了山东半岛城市群、太原城市群、宁夏沿黄城市群、兰西城市群。目前，北京到拉萨的火车需约40小时，青岛到北京或石家庄中转需4~5小时，可推算青岛到拉萨目前需要45小时左右，没有直达的航班。根据未来经济社会发展需要，通道建设将不断完善，为沿线城市、城市群发展提供更为有力的支撑。

三是陆桥运输大通道。该通道贯穿主要节点城市和城市群有：东起连云港，经徐州、郑州、西安、兰州、乌鲁木齐，西至阿拉山口。该通道是亚欧大陆桥的组成部分，由贯穿全线的铁路、公路、民航航路和部分油气管线构成运输走廊。把中原城市群、关中城市群、兰西城市群、乌昌石城市群串联起来。目前，从连云港到阿拉山口国内全程高速，耗时约 42 小时。国内货运采用公铁多式联运，与连云港对接实现海铁联运，可实现将启运点为日韩美、中国台湾、中国香港及东南亚等国家和地区的货物、人等，以青岛、连云港为起点，沿着陇海铁路、兰新铁路一直到新疆的阿拉山口，然后接入哈萨克斯坦铁路，再经俄罗斯、白俄罗斯、波兰、德国，最后送达欧洲门户——荷兰鹿特丹港。陆桥运输大通道是新亚欧大陆桥国内主干部分。据阿拉山口海关统计，2018 年，进出阿拉山口口岸的中欧货运班列已超过 2000 列，阿拉山口口岸共完成过货 1803.4 万吨，进口量比 2017 年增长了 1 倍。据霍尔果斯海关统计，2018 年霍尔果斯海关监管中欧班列 18 条线路 2055 列，同比增长 146%，货运量为 202.84 万吨，同比增长 133%，贸易额达 136.82 亿美元。这两个口岸进出频繁的班列主要有渝新欧班列、蓉欧班列等。该通道可直接从陆地上连接欧洲，实现更高效率、更高安全指数的国际贸易，并将原来在沿海地区的高附加值产业开始向离路桥通道更近的内陆城市转移，拉动内陆地区开放发展，缩小东西、南北区域差距。例如，截至 2018 年，我国已开行 1 万余列中欧班列，乌鲁木齐集结中心开行数量约占全国中欧班列开行总量的 1/6。随着中欧班列管理逐步理顺、运行及物流成本不断降低，目前乌鲁木齐集结中心开行的中欧班列由 2016 年的 135 列增加到 2017 年的 710 列，截至 2018 年 8 月开行 655 列，同比增长 68.3%，占 2017 年全年开行总量的 92.3%。新疆已由通道转变为通道 + 枢纽，并朝通道 + 枢纽 + 交易中心方向迈进，推动新疆经济高质量发展。

四是沿江运输大通道（长江经济带）。该通道贯穿主要节点城市和城市群有：东起上海，沿长江经南京、芜湖、九江、岳阳、武汉、重庆，西至成都。该通道由长江航道和铁路、公路、民航航路和油气管线组成，形成以长江航运干线为主、沟通东、中、西地区的运输走廊。该通道以上海港和南京港为枢纽，与国际海上运输网络连接。贯穿长江经济带，串联起长江三角洲城市群、长江中游城市群、长江上游城市群（成渝城市群）。长江经济带覆盖上海、江苏、浙江、安徽、江西、湖北、湖南、重庆、四川、云南、贵州等11省份，面积约205万平方千米。2016年，《长江经济带发展规划纲要》正式印发，确立了长江经济带"一轴、两翼、三极、多点"的发展新格局。据统计，2018年长江经济带沿线11省份共实现生产总值402985.24亿元，占全国生产总值比重的44.76%，较2016年增长了1.56个百分点，工业增加值、投资总额占全国比重都处于上升状态。目前，沿长江经济带的生态方面的协调机制逐步完善，但区域经济、城市群功能定位还亟待建立切实可行的协调机制，推动长江经济带经济社会生态效益同步提高。

五是上海至瑞丽运输大通道。该通道贯穿主要节点城市和城市群有：东起上海和宁波，经杭州、南昌、长沙、贵阳、昆明，西至瑞丽口岸，由贯穿全线的铁路、公路、民航航路和部分油气管线组成运输走廊，以上海港和宁波港为枢纽与国际海上运输网络衔接，由瑞丽口岸与东南亚路网连接，将串联长江三角洲城市群、长江中游城市群、黔中城市群、滇中城市群。目前，该通道中上海到昆明的客运专线、货运专线、航空专线都全面拉通，待云南境内的昆明到瑞丽铁路建设完成后，基础设施建设基本完善。沪昆高铁建成后，上海到昆明仅10小时左右，而就昆明高铁南站数据而言，2018年，昆明南站发送旅客有884.69万人次，到达旅客接近906.59万人次，客运流量接近1826.28万人次。可见，便捷的交通路网为西南端的昆明经济发展创造了更为理想的条件，尤其是推动了昆明旅游经济、特色产业发展，为东部沿海资金、人才等要素向西南地区流动创造了更为便捷的硬性条件。

（三）岸线经济逐步成为区域发展新形态

港口的核心资源是岸线，优质岸线往往是非常紧缺的。岸线资源一般分布在沿海、沿江地区，低成本运输需求的深水岸线大都分布在沿海海湾。从中国目前深水泊位建设情况看，2014—2017 年末，我国港口万吨级及以上泊位数量从 2110 个增加到 2366 个，且主要分布在沿海。中国港口资源的布局主要集中在五大区域，形成了五大港口群，即渤海湾港口群、长三角港口群、东南沿海港口群、珠三角港口群、西南沿海港口群。截至 2017 年底，我国港口货物和集装箱吞吐量已连续 10 多年保持世界第一。目前，全球排名前十的港口中有 7 个位于我国。

我国港口资源也集中分布在我国的辽中南城市群、京津冀城市群、山东半岛城市群、长三角城市群（长江下游城市群）、海峡西岸城市群（福州、厦门）、北部湾城市群（南宁）等六大城市群，其中，3 个世界级城市群也是港口资源集中的城市群。从我国城市群的分布也能看出，沿海城市群规模、经济发展活力与港口业务的发展呈现极大的相关性。改革开放 40 多年来，随着我国沿海港口的率先开放，沿海城市也迎来了率先发展契机，城市规模、经济总量随着沿海港口业务量的扩大而增大，并带来人口、资本等要素的不断集聚，基础设施的不断完备，而这又为沿海城市的对外开放创造了好的条件，形成了累积循环发展模式：港口开发—城市基础设施发展—城市经济总量扩大—城市规模扩张—城市基础设施更为完备—城市开放发展—城市群发展。

我国交通运输基础设施建设与城市群发展已然呈现相辅相成、相得益彰的态势，尤其是近年来的高铁实现了全国城市之间的快速连通，加快了人流的快速流动，推动了资本的快速流动。

（四）空港经济正加速发展

货运枢纽机场在区域经济呈现的新态势。货运枢纽机场既是以航空货物运输为主营业务、承接航空货运集散和综合物流的大型功能平台，也是国际航空物流集成商和大型航空货运公司的主运营基地。货运枢纽机场通常拥有通达性强的交通区位优势、完备的机场货运设施设备、较强的货运航班波接纳能力以及完善的地面集疏运交通体系。国际货运枢纽机场是全球供应链系统中的核心环节、全球骨干货运航线网络体系中的关键节点以及全球航空要素资源分拨配置中心。

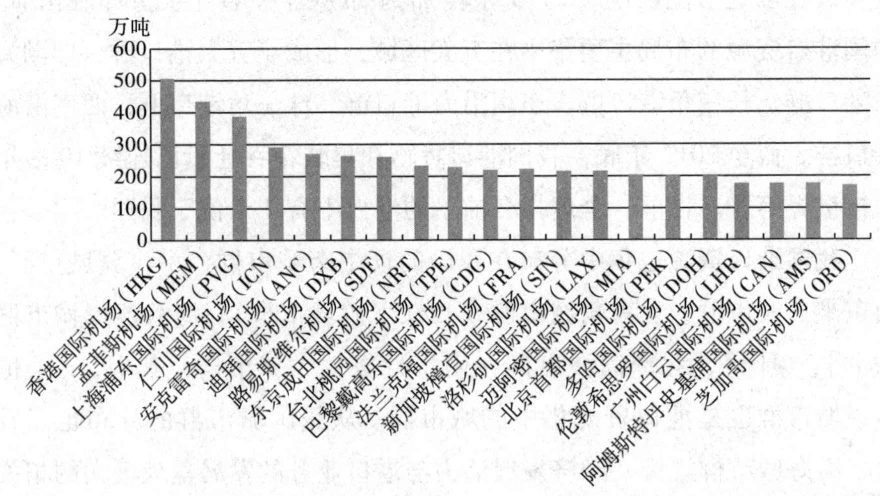

图 4－6　全球前 20 位货运枢纽机场货邮吞吐量排名

资料来源：天津华宇，2017 年世界机场货邮吞吐量及国际货邮吞吐量排名分析。

国际航空运输协会统计数据显示，2017 年，在全球机场货邮吞吐量及国际货邮吞吐量前 20 位的机场（见图 4－6）中，中国机场（含港澳台）有 5 个，其中，香港机场排名第 1，浦东机场排名第 3，桃园机场排名第 9，首都国际机场排名第 15，白云国际机场排名第 18。2017 年，广州白云国际机场的国际货邮吞吐量为 106.3 万吨，占总吞吐量的 59.7%；北京首都国际机场的国际货邮吞吐量为 103.7 万吨，占总吞吐量的 51.1%。

中国民用航空数据显示，2018 年我国各机场中，年货邮吞吐量 10000 吨以上的机场有 53 个，完成货邮吞吐量占全部境内机场货邮吞吐量的 98.4%，其中，北京、上海和广州三大城市机场货邮吞吐量占全部境内机场货邮吞吐量的48.8%。从城市群来看，长三角机场群完成货邮吞吐量558.0万吨，排在各城市群机场货邮吞吐量的第1位，其中，上海市的货邮吞吐量达417.6万吨，占长三角机场群的74.8%；粤港澳大湾区机场群珠三角九市完成货邮吞吐量316.1万吨，位列第2；京津冀机场群完成货邮吞吐量240.7万吨，位列第3；成渝机场群完成货邮吞吐量106.6万吨，位列第4。与上年比较，增长最快的是粤港澳大湾区机场群，增长6.0%，其次是成渝机场群，增长3.8%。

从表4－9数据可见，机场货邮吞吐量增速超过10%的10个省（自治区、直辖市）中，东部地区有1个：河北（12.4%）。中部地区有4个：江西（43.7%）、湖北（19.4%）、山西（12.7%）、湖南（12.0%）。西部地区有5个：青海（26.2%）、陕西（20.7%）、宁夏（20.4%）、西藏（12.9%）、贵州（10.2%）。2018年全国机场货邮吞吐量排名第一的是上海（见图4－7），货邮吞吐量达417.6万吨，下滑1.3%；第二是广东，货邮吞吐量为319.2万吨，增速为6.0%；第三是北京209.9万吨，增速为2.3%。甘肃、山西、宁夏、西藏和青海等省份的货邮吞吐量还是比较少的，河北排在全国倒数第三，主要原因还是京津冀地区中，北京机场的各类硬件、软件更优于其他区域。

表4－9　2017—2018年全国及各地区机场货邮吞吐量及增速

地区	增速（%）	货邮吞吐量（万吨）		地区	增速（%）	货邮吞吐量（万吨）	
		2018年	2017年			2018年	2017年
全国	3.5	1674	1617.7	浙江	5.5	84.4	80.0
江西	43.7	9.1	6.4	江苏	4.6	59.7	57.1
青海	26.2	3.7	3.0	重庆	4.2	38.4	36.9
陕西	20.7	32	26.5	福建	3.7	54.4	52.5
宁夏	20.4	5.1	4.2	四川	3.6	68.5	66.2
湖北	19.4	23.1	19.3	黑龙江	3.5	13.0	12.6
西藏	12.9	4.0	3.5	云南	2.7	47.5	46.3
山西	12.7	6.2	5.5	河南	2.4	51.7	50.5
河北	12.4	4.9	4.4	新疆	2.3	19.2	18.8

续表

地区	增速（%）	货邮吞吐量（万吨）		地区	增速（%）	货邮吞吐量（万吨）	
		2018 年	2017 年			2018 年	2017 年
湖南	12.0	15.8	14.1	北京	2.3	209.9	205.3
贵州	10.2	11.8	10.7	辽宁	1.7	33.2	32.6
安徽	9.9	7.5	6.8	甘肃	0.6	6.4	6.4
海南	8.5	26.4	24.4	上海	−1.3	417.6	423.2
广西	7.8	15.7	14.6	内蒙古	−1.8	7.4	7.5
广东	6.0	319.2	301.3	天津	−3.6	25.9	26.8
山东	5.5	43.3	41.0	吉林	−6.9	8.9	9.5

资料来源：2018 年全国及各省市机场货邮运输分析：吞吐量上海第一。

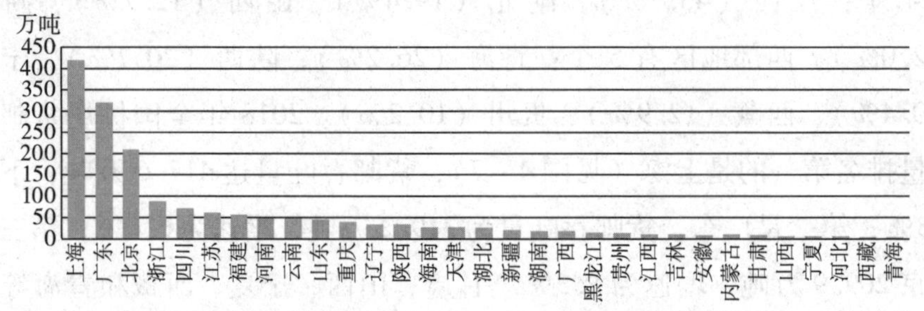

图 4－7　2018 年我国各省机场货邮吞吐量

机场是城市的门户，机场的货运发展直接体现了城市的经济发展水平。目前，我国正着力推进航空货运企业的物流成本降低，不少地方政府在开通货运航线方面给予了较大支持。与此同时，同步规划空港经济区，充分利用税收、土地、人才、资金、物流等优势引进更多适合航空货运发展的产业，保证航空货运的长期稳定发展，发挥航空货运对地区经济的拉动作用。但各地方政府必须要有清醒的认识，机场货运的发展非常依赖航空公司、综合物流集成商、货代公司等货运企业，要把规划落实到位，着力发挥市场的作用，积极吸引这些企业参与建设空港经济，集成性地引进全产业链，才能实现空港经济的可持续发展。世界排名前 20 的货运机场，都是因为布局有市场份额占一定比重的龙头货运企业。目前，借鉴龙头物流企业落户带动货运机场吞吐量进而带动区域经济发展的模式，是快递或者电商打造货运枢纽机场的重要方式，如顺丰控股的湖北鄂州机场具有成为全球区域性货运集散中心的潜力。

五、新一轮对外开放有利于推动各板块、各区域联动发展

2013 年以来，党中央相继提出“一带一路”倡议、长江经济带、粤港澳大湾区建设、长三角一体化发展等重大区域发展战略，其中，“一带一路”倡议同时也是一个对外开放战略，对我国建设海陆统筹、东西相济、面向全球的全方位对外开放新格局，推动国内各板块、各区域联动有着重要的意义。此外，为推动更高水平的对外开放，国家陆续批准设立了一批自由贸易试验区，截至目前，全国自贸试验区已有 18 个，基本上覆盖的沿海省份包括上海、广东、天津、福建、辽宁、浙江、海南、山东、江苏、广西，沿边省份包括广西、云南、黑龙江，内陆特大城市省份包括湖北、四川、重庆、陕西、河南、河北。从各板块自贸区分布来看，东部地区已实现全覆盖，中部地区有 3 个省份，西部地区有 5 个省份，东北三省有辽宁和黑龙江 2 个省份。目前，开放程度相对低的中部地区，自贸区个数相对偏少，未来在自贸区经验探索成功的基础上，要加快推动中西部地区的对外开放程度，增加自贸区数量。从 2019 年获批省份来看，广西、云南、黑龙江成为我国首次在沿边设立自贸试验区的三省区，这将有利于我国密切同周边国家经贸合作、提升沿边地区开放开发水平。同时，随着广西、云南自贸区正式揭牌，泛珠 9 省（区）中已有 6 个自贸区和 8 个国家级新区，这对加快推进以粤港澳大湾区、自贸区、国家级新区等为载体的全方位开放格局的形成起到了积极的促进作用。根据国务院总体方案，广西自贸区将着力建设面向东盟的国际陆海贸易新通道，形成“一带一路”有机衔接的重要门户；云南自贸区将着力打造“一带一路”和长江经济带互联互通的重要通道，建设连接南亚东南亚大通道的重要节点，推动形成面向南亚、东南亚的辐射中心、开放前沿。

2018 年，中央批准海南省建设自贸港。目前，海南省正在着力推进海南自贸港融入“一带一路”建设，利用探索自贸港的有利条件，推进“一带一路”国家在海南设立领事机构，开拓新航线和邮轮旅游，争取更多免签国家，不断拓展海南区域合作空间。未来海南自贸港应发挥地缘优势，加强同粤港澳大湾区对接、联动，共同打造琼—粤港澳大湾区自由贸易港群，推动贸易港群形成发展合力。

从新一轮对外开放情况来看，“一带一路”建设、探索建设自贸区等重要开放战略和举措，不仅有利于改善国内营商环境，推动我国经济迈向高质量发展，更有利于推动我国各区域、各产业全面融入全球产业链、供应链、价值链，成为推动区域协调发展的重要抓手。

（执笔：李娣）

参考文献

[1]李娣. 加快落实区域发展战略，构建高质量发展新动力源——2019—2020 年中国经济年会分论坛二嘉宾演讲综述[Z]. 中国国际经济交流中心《智库言论》，2019(31).

[2]金凤君. 基础设施与区域经济发展环境[J]. 中国人口·资源与环境，2004(4).

[3]李跃忠. 基于交通经济带的区域经济一体化研究[J]. 科技·经济·市场，2017(6).

第五章
城市群和中心城市在区域经济发展中的作用

城市群是以经济、社会、自然、资源等联系密切的区域为基础单元，以区域经济一体化为目标，依托一定的自然环境条件，以一个或两个超大或特大城市作为地区经济的核心，辐射形成与各个相关城市之间的联系，最后形成有机结合甚至一体化的大区域，由此共同构成的一个相对完整的城市集合体。近几年，我国政府主导的城市群发展规划，在以往基础上赋予了城市群更为重大的任务和更加深刻的内涵。城市群是新型城镇化的主体形态，不仅是推动区域经济一体化的主要载体，更是实现城乡统筹、公共服务均等化、生态文明、进一步开放发展等重大战略的前沿阵地。

理论和实践证明，经济发展到一定阶段后，点轴系统不断完善，其“点”（增长极）和“轴”（交通干线）的影响范围不断扩大，辐射能力不断增强，从而在很大区域范围内形成资金、技术、商品、信息、劳动力等生产要素流动网或网状的流动方式。交通、通信线路不断向小城镇延伸，更为繁密的交通、通信网络形成，整个区域内的经济增长点都分布在同一张网内，区域内生产要素流动更趋频繁，从而有效推动区域经济一体化，尤其是城乡一体化。并且，随着网络的不断外延，区域与区域间经济网络的联系不断加强，从而可实现更多生产要素在更大空间范围内的合理配置和优化组合，进而推动更大区域内经济协调发展。

一、我国城市群的发展态势

统计数据显示，2018 年末中国大陆总人口（包括 31 个省、自治区、直辖市和中国人民解放军现役军人，不包括香港、澳门特别行政区和台湾地区以及海外华侨人数）13.95 亿人。其中，城镇常住人口 8.31 亿人，乡村常住人口 5.64 亿人。常住人口城镇化率为 59.58%。我国城镇化率从 1978 年的 17.90% 提升至 2018 年的 59.60%，年均提高 1 个百分点以上，年均城镇新增人口超过 1600 万人。年末全国就业人员 7.76 亿人，其中城镇就业人员 4.34 亿人，党的十八大以来，城镇新增就业连续 6 年保持在 1300 万人以上。可见，我国已有 60% 左右的人口居住在城市，56% 的人口在城镇就业，城市在我国经济社会中扮演着越来越重要的角色，承载着越来越多的人口与就业。据国家发展改革委统计，“十三五”规划纲要明确的 19 个城市群，承载了我国 78% 的人口，贡献了超过 80% 的国内生产总值，城镇人口占比接近 80%。其中，京津冀、长三角、珠三角、成渝、长江中游等城市群以 10.4% 的国土面积，集聚了近 40% 的人口，创造了超过一半的 GDP。

与国外城市群的形成和发展主要依靠市场的力量不同，我国城市群更多的是在政府主导，通过不同时期的多个区域发展政策影响、推动，并呈现梯次崛起的发展态势。经过“八五”“九五”“十一五”“十二五”“十三五”等多个五年计划区域协调发展政策及多个区域发展规划和指导性文件推动，我国已逐步形成了以京广线和京哈线及沿东南海岸线为纵轴、长江及陇海线为横轴的城市网状分布体系。“十三五”规划明确提出“加快城市群建设发展”，并对全国 19 个城市群和 2 个城市圈的建设目标和方向做出具体要求：优化提升东部地区城市群，建设京津冀、长三角、珠三角世界级城市群，提升山东半岛、海峡西岸城市群开放竞争水平。培育中西部地区城市群，发展壮大东北地区、中原地区、长江中游、成渝地区、关中平原城市群，规划引导北部湾、山西中部、呼包鄂榆、黔中、滇中、兰州—西宁、宁夏沿黄、天山北坡城市群发展，形成更多支撑区域发展的增长极。十九大报告提出，"以城市群为主体构建大中小城市和小城镇协调发展的城镇格局，加快农业转移人口市民化"。截至2018年，我国共有九大国家中心城市，分别是北京、上海、广州、天津、重庆、成都、武汉、郑州和西安。目前，南京、济南、沈阳、长沙等也都在积极争取创建国家中心城市。随着综合交通网络不断现代化，城市间的联系日益紧密，以城市群为主体的城镇化格局不断优化，京津冀、长三角和粤港澳大湾区三大城市群建设加快推进，跨省区域城市群规划全部出台，省域内城市群规划全部编制完成，"19+2"的城市群格局基本形成并稳步发展。中心城市辐射带动作用不断增强，城市群内核心城市与周边城市共同参与分工合作、同城化趋势日益明显的都市圈不断涌现。2017年的《政府工作报告》首次提出粤港澳大湾区城市群发展规划。2019年2月，党中央、国务院发布《粤港澳大湾区发展规划纲要》。建设粤港澳大湾区，并因势利导推动环杭州湾大湾区互联网经济和会展经济发展，我国湾区城市群经济成为快速增长新模式。2019年5月，中央审议通过了《长江三角洲区域一体化发展规划纲要》，对长江三角洲一体化发展进行了顶层设计，要求形成高质量发展的区域集群。

目前，我国"十三五"规划建设的城市群有19个。根据所处地理位置，初步分类如下。

三大世界级城市群（3个）：珠三角（广州、深圳）、长三角（上海、杭州、南京、合肥）、京津冀（北京、天津、河北）。

南方地区（3个）：长江中游城市群（武汉、长沙、南昌）、海峡西岸城市群（福州、厦门）、北部湾城市群（南宁）。

西南地区（3个）：成渝城市群（成都、重庆）、黔中城市群（贵阳)、滇中城市群（昆明）。

北方地区（10 个）：中原城市群（郑州）、山东半岛城市群（青岛、济南）、辽中南城市群（大连、沈阳）、哈长城市群（哈尔滨、长春）、山西中部城市群（太原）、宁夏沿黄城市群（银川）、关中平原城市群（西安）、天山北坡城市群（乌鲁木齐）、呼包鄂榆城市群（呼和浩特）、兰西城市群（兰州、西宁）。

二、城市群及中心城市在区域经济发展中的增长极作用

我国城市群发展对区域性发展起到了增长极作用。

（一）资源向少数超大城市、城市群集中的趋势更强

2018 年，长三角、珠三角、京津冀三大城市群经济总量、人口占全国的比重分别达到 44.3% 和 33.4%；长江中游城市群成为全国土地面积和人口规模最大的城市群；中原城市群、山东半岛城市群经济总量占全国比重分别达到 8% 以上，常住人口占全国比重分别为 13.59%、7.23%。与成渝城市群相比较，辽中南城市群和哈长城市群在经济总量与常住人口占全国比重都有一定差距。西北地区除了关中城市群经济总量占全国的 2.71%，其他城市群经济总量占全国比重都低于 2%（见表 5－1）。从区域分布来看，超级大城市主要位于东部沿海地区（见表 5－2），三大世界级城市群的中心城市分别是上海、杭州、南京、北京、天津、深圳、广州等，这些城市地理位置优越，发展基础好，成为资源、要素集聚能力最强的区域，城市规模扩张的速度远快于其他城市。成渝、哈长城市群的中心城市要素集聚能力则更为突出。在资源的集聚方式上，各城市群发展机制是有差异的。一方面，东部地区城市群尤其是以长三角为重点的城市群呈现“多点开花”的发展方式，城市群内部逐步由单个“增长极”向“多个增长极”发展，城市间由传统的“竞争关系”向“合作关系”转换，城市的密集度、融合度趋于增

大，城市之间分工协作紧密程度逐渐增强，基本形成大、中、小城市协调发展的格局，基础设施建设朝网络化方向发展，总体向大型化、网络化、多中心方向演进。根据城市群的发展趋势变化，2018—2019年，我国分别出台了粤港澳大湾区建设和长三角一体化发展规划，因势利导推动我国城市群走向健康可持续发展道路，带动区域协调发展。另一方面，我国中西部地区城市群发展更多呈现“一城独大”，但在大的城市群中又缺乏能起到龙头作用的中心城市，比如成渝城市群、长江中游城市群等的中心大城市成都、重庆、武汉、长沙、南昌等都有经济外溢趋势，但在城市群中还不能起到主导城市群发展的“主心骨”作用。

表5－1　2018年19个城市群主要经济指标比较

城市群名称	GDP总量（亿元）	GDP占全国比重（%）	常住人口（万人）	常住人口占全国比重（%）	人均GDP（万元）
长三角城市群	214479	24	22535	16.21	95175
珠三角城市群	97277.77	10.86	11346	9.11	85737
京津冀城市群	85140	9.46	11233	8.08	75795
长江中游城市群	80057	14.19	17299.00	17.07	46278
成渝城市群	61041	6.78	11443	8.23	53344
中原城市群	67044.34	8.10	18888.14	13.59	35495
山东半岛城市群	76469.7	8.49	10047.24	7.23	76110
海峡西岸城市群	35804.04	3.98	3941	2.84	90850
北部湾城市群	20352.51	2.26	4885	3.51	41663
天山北坡城市群	12199.08	1.35	2486.76	1.79	49056
辽中南城市群	25315.4	2.81	4359.3	3.14	58072
哈长城市群	31436.22	3.49	6490.81	4.67	48432
关中城市群	24438.32	2.71	3864.4	2.78	63240
宁夏沿黄城市群	3705.18	0.41	688.1	0.50	53847
兰西城市群	11111.33	1.23	3235.64	2.33	34340
呼包鄂榆城市群	17289.2	1.92	2528.6	1.82	68375

续表

城市群名称	GDP 总量（亿元）	GDP 占全国比重（%）	常住人口（万人）	常住人口占全国比重（%）	人均 GDP（万元）
黔中城市群	14806.45	1.64	3600	2.59	41129
滇中城市群	17881.12	1.99	4800.5	3.45	37248
晋中城市群	16818.1	1.87	3718.34	2.67	45230

注：表中城市群数据主要由城市群涉及的省份数据代替。其中，中原城市群用的是2017年河南省统计局公布的数据。其中，由于有些城市被重复规划在这些城市群中，因此城市群的经济总量指标存在被夸大的情况。

资料来源：2018 年各省统计公报。

表 5-2　2018 年 19 个城市群中心城市主要经济指标比较

城市群名称	中心城市经济总量（亿元）	中心城市经济总量占城市群比重（%）	常住人口（万人）	中心城市常住人口总量占城市群比重（%）	常住人口城镇化率（%）
长三角城市群（上海、杭州、南京、合肥）	69012	32.18	5044.5	22.39	77.40
珠三角城市群（广州、深圳）	47081.33	48.40	2793.1	24.62	70.7
京津冀城市群（北京、天津）	49129.64	57.70	3713.8	33.06	83.15
长江中游城市群（长沙、武汉、南昌）	31125.37	38.88	2478.12	14.33	79.12
成渝城市群（成都、重庆）	35706.19	58.50	4734.79	41.38	73.12
中原城市群（郑州）	10143.3	15.13	1013.6	5.37	
山东半岛城市群（济南、青岛）	19858.06	25.97	1685.52	16.78	
海峡西岸城市群（福州、厦门）	12648.22	35.33	1185	30.07	70.3 89.1
北部湾城市群（南宁）	4118.83	20.24	756.87	15.49	
天山北坡城市群（乌鲁木齐）	3099.77	25.41	350.58	14.10	
辽中南城市群（沈阳、大连）	13960	55.14	1528.15	35.05	
哈长城市群（长春、哈尔滨）	13476.2	42.87	1846.9	42.37	
关中城市群（西安）	8349.86	34.17	1000.37	25.89	
宁夏沿黄城市群（银川）	1901.48	51.32	225.06	32.71	
兰西城市群（兰州、西宁）	4019.35	36.17	612.47	18.93	81.03

续表

城市群名称	中心城市经济总量（亿元）	中心城市经济总量占城市群比重（%）	常住人口（万人）	中心城市常住人口总量占城市群比重（%）	常住人口城镇化率（%）
呼包鄂榆城市群（呼和浩特）	2903	16.79	312.6	12.36	
黔中城市群（贵阳）	3798.45	25.65	488.19	13.56	
滇中城市群（昆明）	5206.9	29.12			
晋中城市群（太原）	3884.48	23.10			

（二）城市群区域分布呈现不均衡性

我国城市群的区域分布总体呈现“东多西少”“东密西疏”“东强西弱”的特点，这与我国区域发展不平衡不充分的表现是一致的。从地理空间和经济空间来看，我国城市群分布不均衡，沿着东—中—西的方向由密集到稀疏。从产业结构来看，东部地区的城市群率先实现产业转型升级，承接国际高新产业，同时第三产业的优势逐渐加强，传统产业向中西部城市群转移。然而不同城市群的主导产业差异明显，东部城市群在产业结构、规模、城市群内部经济一体化等方面均优于中西部城市群。

（三）中心城市引领城市群发展

城市群中的特大城市、中心大城市首位度高，但从趋势来看，各省会城市的首位度逐步集中，总体来看，我国中心城市是城市群经济发展的重要引擎。1939 年，马克·杰斐逊提出了城市首位律的概念。城市首位律是指在一定程度上城镇体系中城市发展要素在最大城市的集中程度。也就是说，城市首位度越高，该城市的交通、医疗、教育等资源越集中。随着城市化进程加快、区域经济加速，首位城市的意义已不单纯指“资源集中”，更意味着“引领”“带动”区域经济发展。南京财经大学发布的《全国省会城市首位度发展报告》显示，通过对城市规模、产业、功能三方面的 36 个评价指标进行研究发现，从总指标综合得分排名来看，除北京、上海、天津、重庆4个直辖市外，东、中、西部各省会城市得分差距不大，空间分布较为均匀，排名前9位的城市分别为成都、杭州、武汉、苏州、广州、合肥、西安、贵阳、乌鲁木齐，其中成都位居第1。从规模首位度综合得分来看，东部城市得分较高，优势明显。全国排名前9位的城市分别为广州、成都、武汉、苏州、杭州、南京、长沙、郑州、济南，成都位居第2。从功能首位度综合得分来看，排名前9位的城市分别是苏州、贵阳、成都、海口、银川、哈尔滨、西安、合肥、武汉，成都位居第3。总体来看，这些城市都是引领我国各城市发展的主导力量。

在人口等资源向中心大城市、都市圈集聚的过程中，省会城市作为省域经济发展的引擎所起的作用越来越大，而更大的作用在于，在首位城市的引领下区域协同发展。在一些城市首位度相对指标中，东北城市和中西部城市的得分超过东部城市，具体来说，东部城市与城市之间的差距小、发展更为平衡，而中西部城市则往往一枝独秀。比如，从江苏的情况来看，苏州的城市首位度高于南京，这种“双子星”模式说明该区域经济发展已由竞争合作走向合作竞争。未来中西部城市群中首位度高的城市将更加注重发挥对周边城市的辐射带动作用，推动区域协调发展。

从时序演进来看中心城市对区域经济的带动作用，以成渝城市群为例。据学者研究，从2011年5月国务院正式批复《成渝经济区区域规划》到2016年3月国务院常务会议通过《成渝城市群发展规划》，再到2018年6月《重庆市人民政府、四川省人民政府深化川渝合作深入推动长江经济带发展行动计划（2018—2022年）》的签署，成渝城市群用快速递增的经济总量印证了其对区域经济发展的带动作用不断增强的事实：从2014年的3.76万亿元增长至2018年的近6万亿元。据测算，2014年，成渝城市群覆盖范围占四川和重庆面积的30%，人口密集度是两地的75%，经济总量更是占到了70%以上。从上市公司汇聚资金的能力来看，截至2019年4月，成都汇聚的资金逼近4万亿元，仅次于北、上、深、广、杭；而排在成都后面的就是重庆，在3.7万亿元以上，超过南京、苏州、天津、武汉。同时，人口实现由原来的净流出向净流入转变，自2017年7月“成都人才新政12条”正式发布以来，吸引超过25万人落户成都，2018年成都市常住人口达1633万人，较上年增长近29万人。其中，城镇常住人口为1194.05万人，常住人口城镇化率为73.12%；户籍人口达1476.05万人，户籍人口城镇化率为60.94%。

（四）产业集群是提升城市群竞争力的关键

以粤港澳大湾区为例，其中心大城市深圳在多个领域出现了像腾讯、华为这样的龙头企业，这些企业在龙头企业的引领下，在强大的产业基础上，在上下游、细分领域都创造出了非凡的效率，带动人口、相关产业在该区域快速集聚，形成了强大的城市群经济，极大地提升了城市群竞争力。三一重工、中联重科、中国中车等装备制造业落户长沙、株洲，带动长株潭城市群发展，成为城市群的主导产业，吸引了相关产业落户该区域，提升了城市群的核心竞争力。长沙工业基础不强，却因为三一重工、中联重科等龙头企业的快速发展，其工业产值呈现几何级增长。在龙头企业的带动下，长沙装备制造业快速发展，带动了当地及周边城市的上下游产业链配套完善。三一重工等龙头企业通过发展租赁业务，带动了融资租赁市场的发展。与此同时，长沙轨道交通装备产业发展，特别是长沙磁悬浮工程和长株潭城际铁路工程建设，带动了交通、物流等产业的发展，促进了长株潭区域经济的发展。数据显示，2005年，长沙全部工业总产值为1300.62亿元；到2018年，全市规模工业增加值增长8.2%，高于全国、全省平均水平，第二产业实现增加值4660.19亿元。2018年，长沙市智能制造试点示范企业有464家，集聚了华为软件云、中科云谷、中电云网等工业互联网平台企业，吸引了腾讯云启产业基地落户，集聚了90余家云服务商为智能制造提供相关服务。目前，长株潭产业协作程度不断提升，成为以产业联盟为基础的区域协调发展新模式。长沙以新材料、工程机械和电子信息为主；株洲以轨道交通、航空航天为主，湘潭则以纺机、矿机、军工产业为主，以长沙为核心的长株潭地区的先进轨道交通产业、工程机械制造产业、新材料产业成为湖南的新名片，同时辐射带动了益阳、衡阳、娄底、郴州、岳阳等地区发展。

（五）城市群成为区域协调发展的重要空间载体

随着西部大开发、中部崛起、东北振兴、东部率先发展等地区协调发展战略统筹推进，区域发展新空间不断拓展。尤其是党的十八大以来，京津冀协同发展、长江经济带、粤港澳大湾区、长三角一体化等一系列重大区域发展战略、以城市群为引领的发展战略扎实推进，新的经济增长极加快形成。近些年，随着我国以“一带一路”建设助推沿海、内陆、沿边地区协同开放，以国际经济合作走廊为主骨架加强重大基础设施互联互通，构建统筹国内国际，协调国内东、中、西和南北方的区域发展新格局。在京津冀协同发展方面，以疏解北京非首都功能为“牛鼻子”推动京津冀协同发展，调整区域经济结构和空间结构，推动河北雄安新区和北京城市副中心建设，以北京、天津为中心引领京津冀城市群发展，带动环渤海地区协调发展。以上海为中心引领长三角城市群发展，带动长江经济带发展。在长江经济带发展方面，充分发挥长江经济带横跨东、中、西三大板块的区位优势，以共抓大保护、不搞大开发为导向，依托长江黄金水道，推动长江上中下游地区协调发展和沿江地区高质量发展。以香港、澳门、广州、深圳为中心引领粤港澳大湾区建设，将带动珠江—西江经济带创新绿色发展。以重庆、成都、武汉、郑州、西安等为中心，引领成渝、长江中游、中原、关中平原等城市群发展，带动相关板块融合发展。

三、我国城市群发展特点和突出问题

目前，我国有 19 个城市群发布了城市群发展规划。

（一）中心城市多呈现内敛式发展，虹吸效应明显

目前，我国多数中心城市还处于快速壮大阶段，或者连自己都没有吃饱，同时受制于考核，往往出现中心城市越长越大，而区域协调所强调的“抱团发展”难以落到实处。“只有区域经济协同发展中的‘区域利益’协调机制建立起来了，才能有效解决地区间的利益冲突，使各地区实现相得益彰、共同发展。”这是我国城市群亟待解决的问题。“区域利益”是一切区域经济行为产生与发展的基础，由对“区域利益”的追求以及利益点的吸引力构成的利益机制是区域经济活动的基本动力及约束机制，也是区域发展的源泉。我国各区域如地方政府、企业作为经济行为的主体，他们总是基于“理性经济人”的考量，追求利益最大化。城市群区域内局部利益具有一定的相对独立性，总体利益是各个局部利益的有机耦合而非简单累加。我国城市群一体化协同发展过程或多或少都受到“行政藩篱”“一亩三分地”等因素的掣肘。这背后实际上往往是各种经济、政治利益的考量，也是地方政府作为“理性经济人”的必然。各地区的产业和 GDP 取舍，关系到地方的税收、就业等行政指标，需要相关财税政策、补偿机制、社会保障制度的改革配套[①]。以长江经济带为例，要实现“一条心”绝非易事：区域内经济差距悬殊，发展阶段、标准、要求都不一致，比如贵州和上海；沿江 11 个省份的规划和项目协调，消除污染企业，调整产业结构，聚集高端人才等，各自都有各自的考量；沿江各个省份都在一定区域范围内建立了经济合作区和城市圈；农村人口多、农业比重大、保粮任务重，经

① 盘和林:《城市群协同发展应关照区域利益》,盘和林经济观察微信公众号。

济结构不合理、农村富余劳动力亟待转移、基本公共服务水平低等，都是难题。毫无疑问，这些都是“见肉见骨”的“区域利益”取舍，也是导致各区域内中心城市各自为政，只为各自城市发展盘算，形成内敛式发展的制度性根源。

（二）城市群内中小城市发展活力普遍不足

2018 年，我国的城镇化率为 59.6%，但户籍人口的城镇化率只有 44.0% 左右。从日本、韩国的城镇化经验来看，当城镇化率未达到 60% 的时候，整个国家的经济增长速度是向上走的，当达到 60% 甚至 70% 的时候经济增长速度加剧下滑，处于低速增长阶段①。这意味着我国城镇化依然是未来经济增长的动力。但随着我国城镇化率接近 60%，城市化、城市群发展也面临诸多转型危机。比如，由于行政力量的干预，资源、土地、要素、优质资源等过度集中在高等级城市，使得高等级城市更多追求城市质量，而使一些成本低的中小城市发展的活力受到较大抑制。城市群内外发展水平总体很不协调。尤其是城镇体系不够完善，大城市病严重，小城镇普遍偏少且基本功能贫弱。城市间的内在关系不是一个平等的市场竞争关系，而是一个等级化的关系。这直接扭曲了市场配置资源的决定性作用在城市群以及区域发展中的发挥，难以实现各地比较优势的发挥、产业资源的合理配置。有资源禀赋、技术基础的城市，受制于难以获得产业发展所需的要素资源，产业很难在适合其发展的区域落地，也很难形成合理的产业竞合关系，进而出现各城市低水平竞争导致产业同质化现象，使资源在同质化发展中不断浪费。最直接的结果是大城市形成极大的虹吸作用，而中小城市因自身的公共服务能力和财力不匹配而使发展活力受到抑制。“中国第一农民城”龙港“撤镇设市”的改革在增强中小城市和小城镇发展活力探索上迈出了重要步伐。

① 李铁在中国发展高层论坛热点前瞻沙龙上的发言。

（三）城市群总体发育程度参差不齐

从我国当前规划的19个城市群来看，一是城市群发展相互间差异大。有的处在成熟阶段，有的还是萌芽阶段；有的正处在扩散期，有的仍在极化期；有的中心城市太弱，有的中心城市过强；有的是单中心空间结构，有的是双中心或多中心的空间结构；等等。二是城市群市场化水平越高发展越好。按照市场化水平从高到低的变化，城市群发展水平从东北到西北、西南、中部再到东南，依序逐步提升，粤港澳城市群处在最发达方位上[①]。例如，2018年，全国297个地级以上城市中GDP总量超万亿元的城市达到17个，其中，上海、苏州、杭州、南京、无锡、宁波6个城市位于长三角城市群，珠三角有深圳、广州、佛山，反映了这两个城市群的核心城市集聚经济能力强大，城市群内部城市发展相对均衡，核心城市带动辐射周边，推动整个城市群经济规模不断扩大。北京、天津位于京津冀城市群，西南有重庆、成都，武汉、长沙位于长江中游城市群，这些城市群是双核型城市群，但核心城市在行政上是跨省的，这类核心城市周边还没有出现经济特别强劲的副中心城市，主要表现为在省域范围内的“一城独大”。问题的根源在于除了分权体制和强势政府导致的城市行政性分割外，还存在机制、平台和技术的缺失或瓶颈使流动、联系与合作丧失了基本条件。

四、建立健全城市群协同发展的体制机制

党的十九大报告提出，要以城市群为主体，构建大中小城市和小城镇协调发展的城镇格局。城市群发展，规划先行。公开资料显示，2015年至今，国务院共批复11个城市群规划，全国19个城市群规划全部编制完成，跨省城市群规划均已出台并实施。规划的出台实施确实促进了

① 倪鹏飞．城市群发展的瓶颈在哪里？［J］．财经杂志，2019(4)．

一些城市群的发展，尤其是城市之间在交通、市场建设、公共服务等领域的合作突破。但现实中，城市群的发展、联系和一体化进展并不理想，同时，城市群的规划实施也不尽如人意，使得国家与区域增长和转型的潜能远未释放。因此，针对城市群发展问题提出以下相关建议措施。

（一）率先推进都市圈发展

“规划空间尺度太大，实施起来有难度。”比如长江中游城市群在合作机制、合作内容、市场融通等方面的探索持续推进，但内部的都市圈发展尚不成熟，省域内的城市群发展机制尚未建立和完善，在发展方向性对接、产业协同等方面总体表现各自为政，各省自我协调难度大。中心城市尚处于各自集聚要素的阶段，跨省外溢和带动作用非常有限。长江中游城市群规划发布后，湘赣鄂三省签订了多个合作协议，但由于协定的协议没有约束力，缺乏法律法规的支撑，在执行时很难落实，因此区域内合理分工、共赢发展的格局一直停留在纸面上，使推动长江中游城市群发展显得非常空洞，不如退而求其次，推动城市群内部都市圈建设。2019 年 2 月，国家发展改革委印发《关于培育发展现代化都市圈的指导意见》，进一步明确了城市群和都市圈的定义。城市群是新型城镇化主体形态，是支撑全国经济增长、促进区域协调发展、参与国际竞争合作的重要平台。都市圈是城市群内部以超大特大城市或辐射带动功能强的大城市为中心、以“1 小时通勤圈”为基本范围的城镇化空间形态。提出坚持市场化改革、扩大高水平开放，以促进中心城市与周边城市（镇）同城化发展为方向，以创新体制机制为抓手，以推动统一市场建设、基础设施一体高效、公共服务共建共享、产业专业化分工协作、生态环境共保共治、城乡融合发展为重点，培育发展一批现代化都市圈，形成区域竞争新优势，为城市群高质量发展、经济转型升级提供重要支撑。对于我国的都市圈而言，通常在一个省内，相对大城市群的跨省协作，减少了很多的行政壁垒，并且都市圈发展可以由省级部门牵头制定规划，推进协调，有直接负责机构，在解决行政壁垒阻隔问题上具有强有力的化解能力，基本消除阻碍生产要素自由流动的行政壁垒和体制机制障碍，全面形成统一的市场，使成本分担和利益共享机制更加完善。该意见提出，到2035年，全国现代化都市圈格局要更加成熟，形成若干具有全球影响力的都市圈。

关于都市圈建设，当前事务主要包括：一是加快推进基础设施一体化，解决因利益协调不到位产生的都市圈内“断头路”问题，完善“一小时都市圈”的基础性条件。二是强化城市产业分工协作。随着省域内中心城市的快速发展，城市溢出效应不断显现，尤其是中心大城市土地容量有限，迫使那些在中心大城市无法布局的项目布局在周边副中心城市，进而推动都市圈产业格局形成。比如长株潭城市群中长沙市工程机械、株洲市轨道交通、湘潭市电子的产业格局已经形成，主导产业明晰。发展到这个阶段的城市群可以实施有标准有要求的产业链招商，进一步推动产业集群壮大，带动都市圈产业竞合发展，形成理想的都市圈发展模式。三是都市圈内城市间的合作要处理好政府与市场的关系。调研发现，长沙市在2018年底建立了20项合作计划的联动机制，明确提出由长沙牵头，长株潭三市共同推进。建立了三市联席会议，完善了联系机制，专项领域的合作机制实施的同时，联合向国家部委呼吁的机制也开始建立。20项合作计划包括交通社会、民生等领域，但没有一项是产业合作。主要包括交通、规划、名校、120急救、异地医保平台统一、社会信用打通、共同申报军民融合示范区、环保治理等，主办政府该办的事。正如前面分析的，在产业发展格局基本稳定后，政府部门可以着手制定新的产业规划，但是同时要强调发挥好市场配置资源的决定性作用，最好的“区域利益”协调机制并非来自政府“看得见的手”。因为在市场经济条件下，区际分工实际上是在生产力“趋优分布”规律下，人们为了获得各种“区域利益”而出现的不以人的意志为转移的必然选择过程。长沙市发展改革委的同志认为，即使有些企业家要把企业放到与规划不一致的地区，那是企业家自己算账的事，也不需要政府干预，而且合理竞争是有利于经济发展的，哪怕是重复建设。比如汽车产业，如果只有长沙，就说明有些政策做得不充分，但如果有株洲、湘潭参与竞争，可能力度就更大。比如工程机械产业的成长主要是因为中联重科和三一重工的充分竞争，如果20年前只有三一重工，没有中联重科，那么就没有今天长沙工程机械产业集群。

（二）探索以经济利益为纽带的市场化合作机制

区域合作必须使城市群内各方都受益，这样才会激发其积极性，因此以利益为纽带尤为重要。首先，要求各方都受益，任何一方不受益都会影响政策实施，除非有政治任务，否则不受益方合作的积极性则较小。其次，如果某一方在合作中没有获得利益或者看不到利益，那么受益方就要对未受益方给予补偿。如果对政策有异议，那么双方就要在达成共识的基础上推进。因此，建立“区域利益”协调机制重要的是发挥好市场机制的作用，而不是简单的行政命令。市场机制像一只“看不见的手”，要沿着比较利益规则引导资源要素的区域流动，通过资源互补、产品互补、产业互补链条，实现区域优势的共增与传递，实现城市群内的大中小城市和小城镇合理分工、功能互补、协同发展，真正促进城市群纵深发展，实现共赢。比如要加强制度设计，鼓励探索“产业飞地”型跨区域发展合作共享机制，让各省在产业分工的基础上实现互利共赢。

（三）发挥中心大城市在城市群发展中的主导作用

当前，以上海为中心的长三角地区和粤港澳地区是城市群发展中两种不同的格局。长三角地区的上海市是区域的“龙头”，因此在推动区域协调发展方面，作为老大要多作让步，在包容中推进区域一体化发展。比如，20世纪80年代中就有“上海经济区”的规划设想并成立了经济区规划办；20世纪90年代初，县域工业化进程如火如荼展开之际，长三角14个城市成立了经济协调会。该协调会在10年之后开始扩容，最后达到30个城市。2016年5月国务院通过的《长三角城市群发展规划》中最终划定的规划范围，即江浙沪皖的26个城市，基本上涵盖了早期经济协调会的城市成员①。上海的货物流、人客流、技术流、信息流、创新流、金融流等“流体网络”对长三角区域一体化建设具有重要的影响。上海一方面充分借助了这一股“流体推动力”加速长三角城市群的发展，确保自身的“龙头”影响力。同时，“我国经济已由高速增长阶段转向高质量发展阶段”，上海意识到有质量的增长多数情况下是在生产性要素（包括人才）向科技创新产业和现代服务业领域的聚集中实现的。这最终需要让超大城市和城市群在经济发展中扮演最重要的角色，上海开始对其在长三角一体化中的功能定位更为清晰，在产业布局上不再局限于“一亩三分地”，而是放眼区域发展的整个大局，一些制造业开始向合肥等城市疏解，在推动技术、信息、资本等要素流动方面发挥了“主心骨”的作用。相对而言，粤港澳大湾区的包容性发展却没有那么明显，主要问题在于缺乏一个能起到主导作用的“龙头”。当前，香港的经济总量与深圳相当，深圳是全国创新创业最活跃的城市；广州虽是省会城市，但GDP不如深圳；澳门有特区的产业和地理位置，与广州、深圳的产业融合度不高。这四个区域一体化格局亟待进一步提高，应积极培育有包容能力的“主心骨”中心大城市。因此，要加强城市群内中心大城市的培育，使之逐步成长为推动区域协调发展的“主心骨”，在推动形成有活力、有合力、有包容力的区域一体化方面发挥重要作用。

（四）坚定不移深化改革，消除合作藩篱

一是创新考核机制，推动完善相关法律法规完善。要改革目前以GDP为中心的考核制度，探索按照主体功能区的分类考核机制，推动

① 张军．上海在长三角经济一体化中的担当［EB/OL］．第1财经，http://www.yicai.com/news/5396322.html,2018-01-29.

绩效考核与增长质量的内涵挂钩、考核结果与中央的转移支付挂钩，引导区域协调发展。要完善法律法规，提高规划等对区域发展的约束力和强制力，尽快完善与企业退出相关的法律法规，有效实现中心大城市产业集聚与外溢有机互动，推动核心大城市退出产业向有产业基础的周边地区转移。二是探索跨省域城市群合作机制。要逐步形成有明确的合作板块、合作产业、合作方式等合作机制，要稳扎稳打、稳中求进，探索城市群跨省区域合作新模式。三是加强省际交界地区合作。支持晋陕豫黄河金三角、粤桂、湘赣、川渝等省际交界地区合作发展，探索建立统一规划、统一管理、合作共建、利益共享的合作新机制。加强省际交界地区城市间交流合作，从社会民生、交通基础设施、生态环境治理等方面入手，建立健全跨省城市政府间联席会议制度，完善省际会商机制。四是推动建设全国无差异的营商环境。实施全国统一的市场准入负面清单制度，消除歧视性、隐蔽性的区域市场准入限制。深入实施公平竞争审查制度，消除区域市场壁垒，打破行政性垄断，清理和废除妨碍统一市场和公平竞争的各种规定和做法，进一步优化营商环境，激发市场活力。五是提高城市群治理能力。充分发挥大数据、人工智能等现代技术与城市规划建设管理的结合，提高城市群内各城市群交通便利性，不断降低城市生活边界性概念，降低人们对不同城市生活的选择成本和自由度，进一步消融要素自由流动的壁垒。与此同时，顺应产业特色县地、宜居宜业的特色小镇和小城镇的快速发展，进一步推动大中小城市和小城镇协调发展，形成更为完备的城市网络体系，着力拓展城市群发展空间，因势利导推动我国城市群健康稳定发展。

（五）充分调动各方面积极性推动城市群健康发展

充分调动各方面积极性，既是历史传统，也是现实要求。中国特色社会主义进入新时代，习近平总书记指出："在全面深化改革进程中，遇到关系复杂、难以权衡的利益问题，要认真想一想群众实际情况究竟怎样？群众到底在期待什么？群众利益如何保障？群众对我们的改革是否满意？提高改革决策的科学性，很重要的一条就是要广泛听取群众意见和建议，及时总结群众创造的新鲜经验，充分调动群众推进改革的积极性、主动性、创造性，把最广大人民智慧和力量凝聚到改革上来，同人民一道把改革推向前进。”城市群发展涉及多方利益主体，仅发挥政府的主导作用是远远不够的，还要充分调动政府、市场、社会以及基层群众的积极性，尤其要重视发挥民间的力量，民间有很多群体在一起交流合作，思考城市群发展、区域发展问题，这些群体的研究深度、广度远远超过政府和研究机构，充分发挥他们的才智，调动各方面的力量，推动城市群健康可持续发展，把城市群发展能力真正转换为我国经济发展的内生动力，推动城市群积极融入全球产业链、价值链和供应链，不断提升我国城市群的影响力。

（执笔：李娣）

第六章
区域协调发展中的城乡融合发展问题

改革开放以来，我国高度重视“三农”问题，城乡关系总体上呈现出从分割到逐步融合的趋势，但城乡融合的区域差异不容忽视。党的十九大报告将“以城市群为主体构建大中小城市和小城镇协调发展的城镇格局”纳入区域协调发展战略的重要组成部分，而城乡融合发展与城市发展密切相关，城乡融合的区域差异更多表现为不同类型城市周边的城乡融合存在显著差别。因此，以城乡融合为纽带，依托我国城镇体系结构，构建城乡融合发展体系，成为我国推动区域协调发展的重要战略支点。

一、改革开放以来我国城乡关系演变

（一）城乡政策历经城乡统筹—城乡一体化—城乡融合的演进过程

改革开放以来，特别是从20世纪80年代末期开始，我国城乡关系变动激烈，城乡发展不均衡问题受到广泛关注，农业、农民、农村问题长期受到国家重视。1982—1986年中央连续5年发布以农业、农村和农民为主题的中央一号文件，对农村改革和农业发展做出具体部署。进入21世纪，2004年至今连续15年发布以“三农”为主题的中央一号文件，彰显了党中央对“三农”问题的重视，也直接推动“三农”发展进入新的历史阶段。中央一号文件的主题从农村改革、农民增收到新农村建设、农业基础设施、农业科技创新、现代农业发展、农业现代化、乡村振兴，不仅囊括农村制度层面，也涉及农业、农村的发展层面（如表6－1所示）。

表6－1　历年中央一号文件一览

年份	文件名称	主题
1982	《全国农村工作会议纪要》	包产到户、包干到户或大包干
1983	《当前农村经济政策的若干问题》	家庭联产承包责任制
1984	《关于一九八四年农村工作的通知》	土地承包期
1985	《关于进一步活跃农村经济的十项政策》	取消农副产品统购派购制度
1986	《关于一九八六年农村工作的部署》	肯定农村改革的方针政策
2004	《关于促进农民增加收入若干政策的意见》	农民增收
2005	《关于进一步加强农村工作，提高农业综合生产能力若干政策的意见》	提高农业综合生产能力
2006	《关于推进社会主义新农村建设的若干意见》	社会主义新农村建设
2007	《关于积极发展现代农业，扎实推进社会主义新农村建设的若干意见》	现代农业
2008	《关于切实加强农业基础设施建设，进一步促进农业发展农民增收的若干意见》	农业基础设施建设
2009	《关于促进农业稳定发展农民持续增收的若干意见》	农业稳定发展
2010	《关于加大统筹城乡发展力度，进一步夯实农业农村发展基础的若干意见》	统筹城乡发展
2011	《关于加快水利改革发展的决定》	水利改革发展
2012	《关于加快推进农业科技创新，持续增强农产品供给保障能力的若干意见》	农业科技创新
2013	《关于加快发展现代农业，进一步增强农村发展活力的若干意见》	现代农业

续表

年份	文件名称	主题
2014	《关于全面深化农村改革加快推进农业现代化的若干意见》	农村改革
2015	《关于加大改革创新力度，加快农业现代化建设的若干意见》	农业现代化
2016	《关于落实发展新理念加快农业现代化实现全面小康目标的若干意见》	农业现代化
2017	《中共中央、国务院关于深入推进农业供给侧结构性改革加快培育农业农村发展新动能的若干意见》	农业供给侧结构性改革
2018	《中共中央、国务院关于实施乡村振兴战略的意见》	乡村振兴

资料来源：根据相关政策文件整理。

21 世纪以来，城乡发展均衡性问题提上议事日程，2003 年 10 月，党的十六届三中全会明确提出统筹城乡发展，并把它放在五个统筹的首位，核心是要解决城乡收入差距加大、城乡之间发展不平衡、城乡居民享受公共服务不均等等问题，更侧重于政府行为，指导资源配置。2012 年 11 月，党的十八大报告明确提出要“推动城乡发展一体化”，形成以城带乡、城乡一体的新型城乡关系，政策重心依然侧重于城市，通过城市带动乡村的发展。党的十九大报告指出，推动实施乡村振兴战略，要坚持农业农村优先发展，按照产业兴旺、生态宜居、乡风文明、治理有效、生活富裕的总要求，建立健全城乡融合发展体制机制和政策体系，加快推进农业农村现代化。把乡村作为与城市具有同等地位的有机整体，实现经济社会文化共存共荣，表明中国城乡关系发生了历史性变革，城乡发展进入了新的发展阶段。从“统筹城乡发展”到“城乡一体化”，再到“城乡融合发展”，既反映了中央政策的一脉相承，又符合新时代的阶段特征和具体要求（如图 6－1 所示）。

图 6－1　城乡政策演进

（二）城乡关系逐步由分割走向融合

自改革开放以来，随着我国对城乡关系发展不平衡的日益重视，逐步推进城乡政策，我国城乡关系呈现出从分割到逐步融合的趋势。城乡收入比既是衡量城乡收入差距的一个重要指标，也是在某种程度上表征城乡融合的重要标志。从我国城乡收入比变化趋势（图 6－2）可以看出，改革开放以来我国城乡关系大致经历了三个阶段：①1978—1984 年为第一个阶段，即城乡分割走向低水平城乡融合阶段。这一阶段，城乡收入差距呈下降趋势，城乡收入比从 1978 年的 2.56 下降到 1983 年的 1.82，这是改革开放以来我国城乡收入差距的最低点，主要得益于改革开放以后农村的率先改革，使农村要素得以释放，农村活力得以激发。②1985—2002 年为第二个阶段，即城乡分割走向高水平城乡融合的准备阶段。这一阶段，城乡收入差距日益扩大，城乡收入比从 1985 年的 1.86 上升到 2002 年的 3.11，突破了国际警戒线，城乡差距成为我国区域差距的最重要组成部分，无论是廉价原材料的供应还是农村市场的支持，农业、农村在支撑城市工业经济的发展上都发挥了巨大的作用，也为下一步更高水平的城乡融合发展做了充分准备。③2003 年至今为第三个阶段，即向高水平的城乡融合迈进阶段。这一阶段城乡收入比显著下降，前一阶段的城乡收入差距的持续扩大，引起党中央、国务院的高度重视，因此农村工作受到广泛关注，特别是对城乡关系的重新

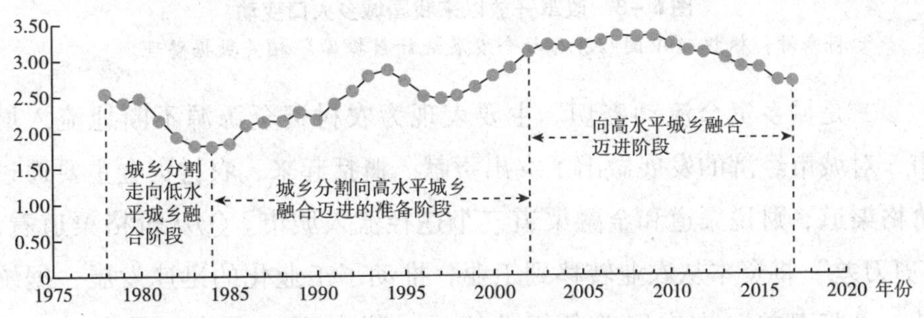

图 6－2　改革开放以来我国城乡收入比变化趋势（1978—2020）

资料来源：根据《中国经济与社会发展统计数据库》相关数据整理。

定位，为向高水平城乡融合发展迈进提供了政策支撑。

伴随着城乡融合的日益推进，城乡经济联系趋于密切，突出体现在以下几个方面。

一是人口在城乡间自由流动加快。自户籍制度松动以来，城镇化率显著提升，1978 年我国城镇人口仅 1.7 亿人，占常住人口的比重为 17.9%，到 2017 年，我国城镇人口数量达到 8.1 亿人，城镇化率达到 58.52%（见图 6－3），城镇人口 2010 年首次超过农村人口。不仅如此，2015 年以来，国务院先后印发《关于支持农民工等人员返乡创业的意见》《关于支持返乡下乡人员创业创新促进农村一二三产业融合发展的意见》，2016 年开始在全国组织 341 个县市区开展支持农民工等人员返乡创业的试点工作，返乡创业蓬勃发展，初步统计全国返乡创业的人数大体达到 740 万人，对带动农村产业发展、增加就业发挥了积极作用。

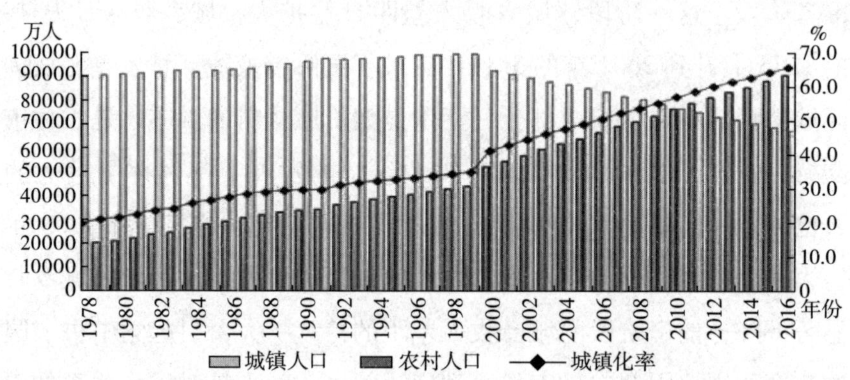

图 6－3　改革开放以来我国城乡人口变动

资料来源：根据《中国经济与社会发展统计数据库》相关数据整理。

二是城乡资金流动密切。主要表现为农村资金源源不断地流入城市，对城市经济的发展做出了突出贡献。概括起来，农村资金主要通过价格渠道、财税渠道和金融渠道三个途径流入城市。①从价格渠道看，“剪刀差”将资本从农业转移到工业，推动了工业化的迅速发展，据统计，“剪刀差”占农民总负担的比重一般在 40% 左右，最高时达到 70%，从 1991 年到 1997 年，农村资本通过价格渠道向城市输送了

12666.00 亿元。②从财税渠道看，政府支农资金不断增加，从 1981 年的 150.70 亿元增加到 2012 年的 12387.60 亿元，同时，农业税和乡镇企业税是国家财政在农村地区的主要收入来源，是农村资金通过财政渠道流出的主要方式。农业个税从 1981 年的 28.40 亿元增长到 2011 年的 3932.60 亿元，乡镇企业税也从 1981 年的 34.28 亿元激增到 2012 年的 12457.62 亿元。③从金融渠道看，城乡资金流动主要以吸收农村存款和向农村发放贷款方式实现，如表 6－2 所示，农村存款余额占社会存款余额的比重始终高于农村贷款余额占社会贷款余额的比重，2013 年的占比分别为 12.03% 和 9.85%。

表 6－2　1978—2013 年中国农村存贷规模以及信贷资金流出的情况

年份	各项存款余额（亿元）	农村存款余额（亿元）	农村存款余额/各项存款余额（%）	各项贷款余额（亿元）	农村贷款余额（亿元）	农村贷款余额/各项贷款余额（%）	农村信贷资金净流出（亿元）	农村存贷款余额占比之差（%）
1978	1154.98	174.83	15.14	1890.38	155.9	8.25	18.93	6.89
1980	1708.17	286.94	16.8	2488.09	249.67	10.03	37.27	6.76
1985	4579.4	764.13	16.69	6271.9	782.9	12.48	－18.77	4.2
1990	13029.3	2234.7	17.15	17680.7	2412.8	13.65	－178.1	3.5
1995	53862.2	7391.8	13.72	50538	3019.1	5.97	4372.7	7.75
2000	123804.4	14998.2	12.11	99371.1	6549.7	6.59	8448.5	5.52
2005	287163.02	30810.15	10.73	194690.39	19431.69	9.98	11378.46	0.75
2010	718237.93	73259.63	10.2	509225.95	49088	9.64	24171.63	0.56
2011	809368.33	87634.33	10.83	581892.5	55459	9.53	32175.33	1.3
2012	917554.77	105815.55	11.53	672874.61	63454	9.43	42361.55	2.1
2013	1043846.87	125573.2	12.03	766326.64	75456	9.85	50117.2	2.18

资料来源：高帆，李童. 中国城乡资本流动存在“卢卡斯之谜”吗［J］. 经济学家，2016（3）.

（三）城乡融合发展存在显著的区域差异

党的十九大报告做出了我国社会主要矛盾转变为人民群众日益增长的美好生活需要同不平衡不充分的发展之间的矛盾的重要论断，目前我国不平衡不充分的发展集中体现在城乡发展的不平衡不充分上，而城乡发展不平衡不充分也体现出了鲜明的区域差异（见图6-4）。从东、中、西、东北地区四个板块差异来看，西部地区城乡发展不平衡程度最大，城乡收入差异最大，2013—2016年，西部地区城乡收入比分别为3.01、2.94、2.91、2.88，和全国城乡收入比持平或略高，东北地区、中部地区和东部地区城乡收入比都低于全国平均水平（如表6-3所示）。城乡发展不平衡不充分的短板主要体现在西部地区，从城乡居民人均可支配收入和农村居民人均可支配收入水平来看，城市的发展水平没有太大的差距，西部地区农村的发展水平与沿海地区农村发展差距较大。要解决城乡发展不平衡不充分问题，就应当聚焦到西部等落后地区农村的发展上，通过缩小城乡发展差距解决发展不平衡不充分的问题。

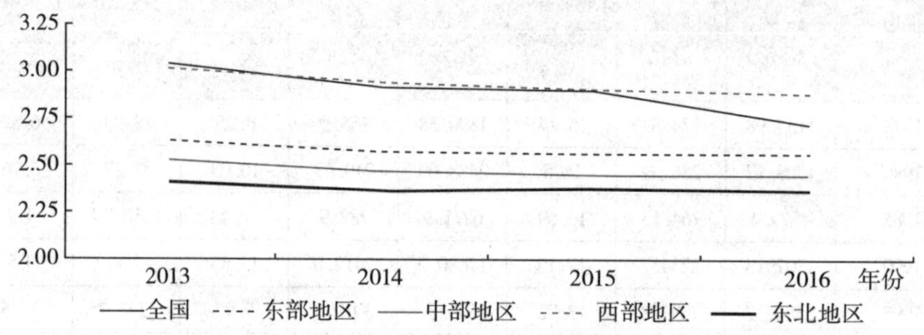

图6-4　2013—2016年我国不同区域城乡差异变动

表6-3　我国不同区域城乡收入比

地区	2013年	2014年	2015年	2016年
全国	3.03	2.92	2.90	2.72
东部地区	2.63	2.58	2.57	2.56
中部地区	2.52	2.47	2.46	2.45
西部地区	3.01	2.94	2.91	2.88
东北地区	2.41	2.37	2.38	2.37

资料来源：根据《中国经济与社会发展统计数据库》相关数据整理。

城乡融合发展与城市发展密切相关，“四大板块”城乡融合存在较大差异，归根结底在于“四大板块”城市群、城市发展状况迥异，城乡融合的区域差异更多表现为不同类型城市周边的城乡融合存在显著差异。具体表现为特大、超大城市和部分大城市周边城乡融合状况较好，且城乡融合水平较高，城乡发展水平也较高，长时间的集聚经济因素累积使各类生产要素对城市经济发展形成了有效支撑，随着以城带乡政策的实施以及市民生活需求的多元化发展，大城市周边农村得到迅速发展的机会，城市的发展也形成了向农村延伸基础设施、公共服务等相关的财力支持。多数大城市和中等城市城乡融合状况较差，城乡差距较大，这些城市对农村要素的积聚还处在初级阶段，对农村而言处于“掠夺式开发”阶段，也没有足够的实力发挥对农村的辐射带动作用。大多数中小城市的城乡融合状况相对较好，但仍处于低水平城乡融合阶段，城乡发展水平较低，“城乡一体化落后”是这些城市的真实写照。

二、我国城乡比较优势的变化

（一）城市先发优势突出，乡村后发优势有待激活

1. 发展优势

从户籍制度松动开始，城市一度成为全国人民竞相追逐的乐土，“农转非”成为一代人的记忆，农民进城成为很长一段时间我国人口迁移的主要表现，《新型城镇化规划》也明确提出我国常住人口城镇化率2020年达到60%的宏伟目标。城市之所以具有如此吸引力，源于其天然拥有的先发优势。城市是产业发展的理想之地，这里拥有较大的人口规模，可以转化成广阔的、多样化的市场需求，跟消费地接近可以使企业更紧密地捕捉到市场需求的变化；这里有丰富的人才储备和先进的技术支撑，接近创新源头，拥有无限活力；这里有利于发挥规模经济效应，最大限度降低生产成本。城市是生活宜居之所，这里拥有完善的交通、供电、供水、供气等基础设施，拥有博物馆、文化馆、图书馆等公共服务设施，可以为城市居民提供最大的便利性，也是现代文明的集中

展示地；这里拥有雄厚的资金实力，可以更好地支撑城市的规划建设，提供更加丰富的教育、医疗、卫生等公共服务。集聚经济的效应是农村地区所不具备的，也是对农村生产要素产生虹吸效应的根本所在。

2. 存在的问题

随着城镇化的大力推进，城市人口规模迅速扩大，但城市精细化管理手段欠缺、管理水平有待提升，交通拥堵、环境恶化、住房紧张、就业困难等“城市病”问题日益凸显，进一步加剧城市负担，制约城市化发展，降低市民宜居体验。特别是生态环境恶化问题越来越成为影响人们空间抉择的关键因素。2016 年，我国 338 个地级及以上城市中，有 84 个城市环境空气质量达标（好于国家二级标准），仅占 24.9%，京津冀区域 13 个地级及以上城市空气质量平均达标天数比例为 56.8%，重污染天气频频出现，尤其是北方冬季雾霾多发、持续时间长、影响范围广，成为我国城镇化发展和城市形象饱受国内外诟病的首要问题，也成为许多人“逃离北上广”的重要影响因素。同时，经过几十年的发展，城市土地资源日益短缺，城市发展空间受限问题日益显现，土地指标置换问题一直没有取得重大突破，使得城市规划和建设存在盲目向周边摊大饼式的扩延趋势，大量耕地被占，使人地矛盾更加尖锐。再加上边际递减规律的影响，城市资本的投资效益、城市土地的产出效率等都呈下降趋势。这些因素使得城市的吸引力显著下降，成为人们从城市到乡村的离心力。

（二）农村具有将劣势转化为后发优势的巨大潜力

1. 农村生产要素源源不断流向城市

长期以来，我国实行的是农村支持城市、农业支持工业发展政策，农村生产要素源源不断地流向城市，这一方面推动了城市文明的进步和工业经济的发展；另一方面使得农业不强、农村不美、农民不富，形成了极为严重的“三农”问题。农村生产要素的流失具体表现为农业劳动力的流失，城镇化的大力推进，大量农业劳动力转入城市，使城镇化率从 1978 年的 17.90% 提升到 2017 年的 58.52%，2017 年农民工总量达到 28652 万人[①]，正因为如此，才造就了城市的人口红利，却为许多农村地区留下了“993861 部队”，农业生产由留守老人、妇女和儿童完成，农村“兼业化、老龄化、低文化”现象普遍，使我国农业现代化发展需要与现实劳动力存量间形成鲜明反差。不仅如此，农村的人才、智力资源也源源不断地流向城市，“知识改变命运”，考学成了农村孩子改变命运的唯一路径。农村孩子通过升学毕业后留在城市，却鲜有回到农村支持农村发展的。我国银行体系也将农民的储蓄、农村的剩余资金源源不断地输往城市支持城市发展建设。再有，农村各种原材料、能源等都从乡村廉价输往城市，城市加工成品，反过来高价卖给乡村，形成巨大的“剪刀差”。可以说过去几十年的发展，乡村几乎所有好东西，如资源、资金、人力、人才都持续流入城市，支撑了城市的“美好”，而城市通过与乡村的不平等交换，对乡村形成了间接性的“掠夺”。

2. 农村的价值逐步显现

进入新时代，随着边际效益递减率在城市的显现以及人们对美好生活的需求发生变化，农村长期以来被低估的价值开始逐步显现，成为农村地区在城乡融合发展中核心的比较优势。

（1）从战略总后方走向战略前沿。长久以来，农业、农村扮演着我国战略总后方的角色，成为我国剩余劳动力的“蓄水池”和贫困人口的“蓄水池”以及产业过剩的“蓄水池”。随着乡村振兴战略的实施，农村地区将会涌现更多的市场需求，市场前景广阔。

（2）生态环境优势正逐步显现。随着生态文明制度建设的深入推进，生态文明建设成为“五位一体”总体布局的重要组成部分，“绿水

① 《2017 年中国农民工监测报告》。

青山就是金山银山”的理念深入人心，人们对“山青、水碧、天蓝”的生态环境日益向往，农村田园风光、清新的空气成为取之不尽、用之不竭的财富。

（3）农业、农村的功能逐步拓展。现代农业不仅能给我们提供粮食蔬菜和工业原料，而且在休闲、旅游、保护环境等方面的功能更加明显，还能给我们提供农田景观、农作乐趣、稼穑教育以及各种创意产品。新型农村不仅是传统的农业生产地和农民聚居地，还有维护自然肌理的生态功能和文化传承的功能。

（4）农村土地资源优势亟待释放。随着大量人口进入城市，城市建设用地大幅增加，土地不足的瓶颈因素正在日益显现，农村土地资源成为尚未开发的宝贵财富，“土地是财富之母”，随着农村土地制度改革的推进，一旦跨地区土地指标交易成为现实，农村地区土地资源优势将会得到极大释放。

（三）不同区域的城乡比较优势梳理

受区域发展差异的影响，各大区域板块城镇化推进程度差异明显，各种类型城市以及与城市距离不同的地区城乡融合状况迥异。西部地区城镇体系结构不完整，城市发展普遍不足，城市对乡村的带动作用有限，城乡差距最大，东、中、东北地区乡村地区或多或少受到城市群、区域性中心城市甚至小城镇的辐射带动作用，区域差异表现为受城市带动作用大小的差距。

1. 城市群地区城乡比较优势双向促进

城市群是我国城镇化的主体形态，党的十九大报告提出以城市群为主体构建大中小城市和小城镇协调发展的城镇格局。尽管我国东、中、西、东北地区各区域城市群发展水平存在差异，但城市群地区总体上城乡间基础设施实现了互联互通、公共服务初步实现均等化，处于向高水平城乡融合迈进阶段，具备城乡高度融合发展的基础条件。城市群地区城乡各自比较优势得到最大限度的发挥，城乡优势是四通八达的交通网络将城市和乡村紧紧联系在一起，城与乡的界线在渐渐模糊，城乡要素自由流动已初步实现，城乡公共服务均等化具备初步的实现条件，城乡双向促进是该地区新的优势，城市的市场、资金、技术、人才优势能最大幅度地服务于农村发展，农村的生态、优质农产品能满足城市美好生活需要，农村的建设用地也可以保障城市居民特别是农民工的住房供给，城乡优势的共同发挥也能催生新业态新模式的诞生，比如田园综合体、共享农庄等形式的产生。

2. 区域性中心城市周边以城带乡作用明显

区域性中心城市（大城市、中等城市）周边近郊区主要指的是省级、地市级中心城市及周边，处在高水平城乡分割向城乡融合发展的准备阶段，区域性中心城市对周边的辐射带动能力较强，以城带乡作用明显。这些地区的城乡比较优势突出表现在城市对乡村的辐射带动，城市基础设施向周边延伸，显著改善城乡环境，城市产业发展为周边提供就业机会，城市周边依托广阔的消费市场发展特色产业，比如农家乐，既成为满足城市居民拓展生活需求的重要场所，也给乡村地区带来繁荣，使农村居民致富。

3. 小县城及镇周边城乡要素流动频繁

小县城及镇周边城乡差距相对较小，发展较为均衡，处于低水平城乡分割走向城乡融合发展阶段，发展模式更多体现为农村提供原材料和劳动力，小县城及城镇发展农产品加工业，城镇工业产品服务农村市场，农村居民到县城及镇买房居住难度较小，城乡要素流动相对频繁，县城及城镇发挥了极好的联系城乡的纽带作用。这些地方的城乡发展优势表现为生产要素的集聚优势明显，县域经济发展具有较好的支撑，同时各个村镇具有较强的特色化优势，有利于“一镇一业”“一村一品”发展思路的落实。

4. 西部偏远农村地区土地制度改革潜力亟待释放

我国偏远农村地区特别是西部偏远农村地区幅员辽阔，距离城市较远，受城市辐射带动作用较小，从城乡融合发展的角度看不具优势。唯一的优势是随着城镇化的推进，闲置土地增多，不管是撂荒的农用地，还是复垦的宅基地，相对于建设用地指标不足的城市特别是东部发达城市而言无异于巨大的财富，其优势的发挥有待农村土地制度改革的深入推进。通过“三权分置”改革推动土地流转为农业规模化经营创造条件，通过落实城乡建设用地增减挂钩、跨地区占补平衡提升偏远农村地区的土地价值，从而最大限度释放发展潜力，增加偏远农村村民的财产性收入。

三、协调联动推动城乡融合发展

围绕发挥城乡比较优势、完善现代化城乡经济体系、完善城乡融合发展体系等，因地制宜、分类推进，统筹实施新型城镇化和乡村振兴战略，促进城乡要素双向流动，加快形成工农互促、城乡互补、全面融合、共同繁荣的新型工农城乡关系，协调联动推动城乡融合发展。

（一）以城带乡，充分发挥城乡比较优势

经过几十年的发展，我国城市和农村地区形成了各自的比较优势，扬长避短、分类指导，深入挖掘农村地区的巨大潜力，切实发挥城市对乡村的带动作用，推动城市资本、人才、创新等优质资源下乡，加快推动农村资源优势向产业优势、经济优势转换，壮大提升农村经济，培育农村发展新动能。

1. 扬长避短，优化利用城市先发优势

城市拥有较大的人口规模，可以转化成广阔的、多样化的市场需求。但随着城镇化的大力推进，城市交通拥堵、环境恶化、住房紧张、就业困难等“城市病”问题日益凸显，特别是经过几十年的发展，城市土地

资源日益短缺，城市发展空间受限问题日益显现，人地矛盾更加尖锐，这些都使城市的吸引力显著下降，成为人们从城市到乡村的离心力。协调联动推动城乡融合发展必须扬长避短，充分利用城市地区的先发优势，深入推进新型城镇化战略，以城镇化为引领，带动农村地区的发展。

2. 优势再造，挖掘农业农村发展潜能

长期以来，我国实行的是农村支持城市、农业支持工业发展政策，农村生产要素源源不断地流向城市，支撑了城市的“美好”，城市通过与乡村的不平等交换，对乡村形成了间接性的“掠夺”。进入新时代，随着边际效益递减率在城市的显现以及人们美好生活需求发生变化，农村长期以来被低估的价值开始逐步显现，成为农村地区在城乡融合发展中核心的比较优势。充分发挥农业农村优势，以深入推进乡村振兴战略为契机，不断激发农村沉睡资本，完善农业农村发展支撑体系，加快农业农村现代化建设。

表 6 – 4　城乡比较优势及存在的问题对比

地区	比较优势	存在的问题
城市	资金、人才、科技、信息等要素集聚，是商品集散中心，消费市场需求大，公共服务水平高，集聚经济效应明显	不同程度地存在各类城市病，人地矛盾日益尖锐
农村	土地、劳动力、农业资源、生态资源、古村落及农耕等文化资源丰富	各类资源闲置、浪费和低端同质化开发，农村经济薄弱，要素投入产出效率低，农村功能单一

（二）城乡联动，完善现代化城乡经济体系

以农业及相关资源深度开发和产业链延伸拓展为依托，以新型农业经营主体为主导，以城乡要素自由流动为保障，推动农村一、二、三产业融合发展，积极拓展延伸农业农村功能，以保障农民充分参与利益分配为出发点和落脚地，完善现代化城乡经济体系，推进农业农村现代化。

1. 协调发挥政府和企业对产业要素的引导和配置作用

发挥好政府在规划和政策引导上的调控作用，持续加强国家层面的顶层设计和政策保障研究制定，确保农村产业融合发展按照既定的科学路线和目标推进，防止和避免政府包揽包办和人为地“揠苗助长”，营造良好的市场环境。同时，突出企业的主体地位，做到发挥市场在资源配置中的决定性作用，按照农业供给侧结构性改革主线的要求，积极培育各种类型新型农业经营市场主体，让企业按照市场需求导向配置资源，充分调动全社会的资金、技术、人才、信息等资源，投入农村一、二、三产业融合发展，激发城乡融合发展的活力和潜力。建立健全引导城市产业、消费、要素向农村流动的政策体系，通过政策要素供给增强乡村经济发展的内生动力，加强对农村的政策支持力度，不断拓展农村增收渠道，引导更多农民创业致富。

2. 着力搭建各具特色的农村产业发展平台

加强农村生产设施建设，培育农业产业主体，建立现代农业生产经营体系，合理布局农村产业，将资源型产品开发、农业初级产品加工业和一些劳动密集型产业以及健康养老等环境友好型产业更多地布局到广大农村地区，增加农村就业机会，活跃农村经济。以国家推动农村一、二、三产业融合发展试点示范等重要的涉农先行先试政策为契机，鼓励和支持规划建设一批具有示范带动效应的农村产业发展平台项目，包括农村产业融合发展示范园、农业主题公园、田园综合体、电子商务平台、特色种养殖基地、乡村旅游景区（点）、休闲观光园区、康养基地、乡村民宿、特色小（城）镇、农村综合服务中心等各具特色和功能的平台。通过农村产业特色发展建设，带动城乡要素整合、催生城乡工农业态融合，积极引导城市人才、资金、技术、信息等要素向农村延伸，统筹配置城乡资源要素。

3. 以保障农民利益为落脚点促进农村产业融合发展

农村产业融合有利于推动以人民为中心的发展理念落地生根，充分体现和实践共享发展理念，促进提高包括贫困地区在内的共享发展水平。农村产业融合发展一定要突出农民参与的重要地位，既要鼓励工商资本进入，发挥其在资本、技术、经营管理理念等方面的优势，带动农民参与乡村产业融合发展，也要防止由于工商资本的进入，进而取代了农民从事农业生产活动的地位，继而把农民的利用分配推向边缘化。具体的，就是要不断创新和完善农村产业融合的利益联结机制，确保形成多种模式，一、二、三产业全产业链参与利益分配的共享发展格局。例如，在农村产业融合发展模式上，有农业产业链向后延伸型融合、农业产业链向前延伸型融合、集聚集群型融合、农业农村功能拓展型融合、服务业引领支撑型融合、农业与互联网联姻型等多种模式，从而促进农民能够全方位、多机会实现增收。

4. 积极拓展延伸农业农村功能

城乡融合发展的短板和关键在农村，需要利用"生态+""互联网+"等模式积极挖掘、拓展和延伸农业农村的多维功能，构建农业全产业链（如表6-5所示）。

一是农产品供给功能。切实保护好耕地资源，提高农业生产效率，进一步巩固和增强农村在农产品生产供给上的主导功能，确保为粮食蔬菜消费和工业原料需要等提供充足的农产品资源保障。

二是生态产品功能。农村地区绿化率高，特别是农业生产本身也具有生态功能。在生态文明建设的大背景下，要进一步凸显农村的生态环境优势，把农村田园风光、清新的空气等作为重要生态产品，并适时体现生态价值。

三是消费市场功能。一方面，农村农业人口多，是一个庞大的消费群体，进一步提高农民的消费能力和激发他们的消费潜力，有利于积极拓展农村市场，增强农村发展新动能。另一方面，农村地区也是文化消费、生态产品消费、农产品消费、旅游消费的重要承载地，要积极拓展这方面的消费供给。

四是文化传承功能。农村地区蕴藏着深厚古老的民间文化资源，民俗文化、耕读文化、民间艺术文化丰富。此外，近年来现代化文化创意等元素也正积极进入和融入农村、农业，农村传统文化和现代文化相得益彰，农村的文化功能日益凸显，有力地支撑了我国建设新时代社会主义文化强国。

五是新经济功能。近年来，以新技术、新模式、新业态和新产业为主要特征的新经济在农村一、二、三产业融合发展上表现出强劲势头。农业农村的农产品供给、文化传承、生态环境等功能都可深度转化为工业经济和服务业经济。如通过拓展生态、景观、休闲、体验、文化、创意、疗养等功能，促进农业产业链条前后双向延伸以及农业与工业、现代物流、手工艺品、文化创意、旅游观光、康养、电商等二三产业融合，可推动农产品精深加工和农村服务业发展。

表 6－5　农业农村功能拓展方向

功能	拓展方向
农产品供给功能	进一步巩固和增强农业农村主导功能，为粮食蔬菜消费和工业原料需要等提供充足的农产品资源保障
生态产品功能	深度开发农村田园风光、清新的空气等作为重要生态产品的生态价值
消费市场功能	提高农民的消费能力和激发他们的消费潜力，增强农村发展新动能；增加农村地区文化消费、生态产品消费、农产品消费、旅游消费供给
文化传承功能	深度挖掘农村民俗文化、耕读文化、民间艺术文化等民间文化资源，与现代文化相得益彰
新经济功能	通过拓展生态、景观、休闲、体验、文化、创意、疗养等功能，促进农业产业链条前后双向延伸以及农业与工业、现代物流、手工艺品、文化创意、旅游观光、康养、电商等二三产业融合

（三）彰显特色，完善城乡融合发展体系

结合我国不同区域城乡的比较优势，西部偏远农村地区要通过与发达地区城市互动实现跨区突破，东、中、东北地区要根据城市群地区、城市群以外区域性中心城市、中小城市城乡优势的区域性特征合理确定

彰显特色的城乡融合发展体系（见图6－5）。

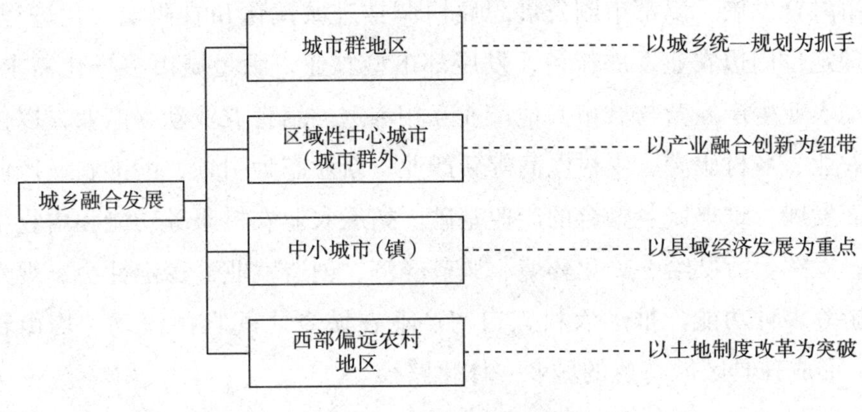

图6－5　城乡融合发展体系

1. 以城乡统一规划为抓手，将城市群地区作为城乡融合发展的主战场

城市群地区总体上城乡间基础设施实现了互联互通、公共服务初步均等化，处于向高水平城乡融合迈进阶段，城乡比较优势双向促进，具备城乡高度融合发展的基础条件，未来一段时间要以城乡统一规划为抓手，推动城市群地区成为城乡融合发展的主战场。加强城市群地区规划一体化建设，推进“多规合一”，将城乡土地利用、经济社会发展、环境保护等纳入统一规划，甚至将乡村特色风貌规划等纳入城市规划统一考量，重点推进城市和乡村地区空间融合、基础设施建设融合、公共服务融合甚至生态环境融合，加强“三区三线”的管控作用，城乡建设用地统筹安排，城乡田园风光总体设计，实现城市和乡村的相互“借景”，用乡村的田园风光和秀美环境点缀城市文明，用城市的现代文明促进乡村发展。重点打造若干田园综合体，作为城乡融合发展的示范工程。

2. 以产业融合创新为纽带，提高城市群外区域性中心城市对乡村地区的辐射带动作用

为满足大城市居民拓展性、改善性生活需求，大城市周边地区可以

利用较好的区位优势和交通连接，以产业融合创新发展为纽带，推动与城市融合发展。以都市圈发展思路协调推进城镇化和农业现代化进程，合理定位周边农业发展特色，发展都市型农业，满足城市多样化需求，推动农业生产经营与城市其他产业互相渗透。培育农业新兴产业，以休闲农业、乡村旅游、农村电商等新产业、新业态为引领，助推农业产业全面发展，筑牢城乡融合的产业基础。拓展农业农村服务功能和增收渠道，发挥生活供给、美化环境、调节经济、创造就业、稳定社会、观光旅游等多种功能。推动农村人口与产业在城乡之间自由流动、均衡转移，形成独具区域特色的城乡一体化路径。

3. 以县域经济发展为重点，提升中小城市（镇）周边城乡整体发展能力

小县城及镇周边城乡差距相对较小，发展较为均衡，处于由低水平城乡分割走向城乡融合发展的阶段，发展模式更多体现为农村提供原材料和劳动力，小县城及城镇发展农产品加工业，城镇工业产品服务农村市场，农村居民到县城及镇买房居住难度较小，城乡要素流动相对频繁，县城及城镇发挥了极好的联系城乡的纽带作用。对于这类地区，要以县域经济发展为重点，推进农村要素向城镇集聚，做大做强小城市周边整体发展能力。大力推进城镇化发展战略，完善农业转移人口市民化的相关政策，推动人口向城镇集中。加强园区建设，推动产业向园区集中，实现集约化发展，提升工业发展效益。大力发展农产品加工业，实现农业产业化与农产品加工业的联动发展，把农产品加工业作为农村剩余劳动力转移及拓宽农民增收渠道的重要举措。

4. 以农村土地制度改革为突破口，释放西部偏远农村地区发展活力

要推动城乡融合，就要统筹利用城乡优势资源。我国西部偏远农村地区幅员辽阔，距离城市较远，受到城市的辐射带动作用较小，在城乡融合发展方面不具优势。唯一的优势是随着城镇化的推进，闲置土地增

多，不管是撂荒的农用地，还是复垦的宅基地，相对于建设用地指标不足的城市特别是东部发达城市而言无异于巨大的财富，要以农村土地制度改革为突破口，依托市场化手段，释放农村地区发展活力，提升城乡融合发展效能。完善土地产权制度，建立同权同价、流转顺畅、收益共享的农村集体经营性建设用地入市制度，允许偏远农村地区特别是贫困地区建设用地指标与沿海等发达地区城市建设用地指标置换，实现跨省交易，实现村社集体、农民分享城镇化、工业化红利。推动宅基地土地"三权分置"改革，适度放活宅基地和农民房屋使用权，鼓励发达地区城市资本、技术等要素有序下乡，为助推农村产业发展创造更大空间。平等保护土地经营权，鼓励多种形式推进农村土地有序流转，积极发展适度规模经营。盘活存量土地，通过村庄整治、农村空闲零散建设用地整理等方式节约出来的建设用地，重点支持乡村振兴。

（四）因地制宜，以中心城区辐射强度差异化推进城乡融合路径

我国农村地区分布广泛且较为分散，根据农村距离中心城区的远近，在推动城乡融合的重点任务和发展路径上也存在显著差异。

1. 推动城中村及中心城区周边农村功能城市化

按照城市建设总体规划导向，以城市战略发展和功能分区为指导，按照城市新型社区的标准要求，积极推动城中村更新改造，完善配套公共服务设施建设，因地制宜建设成为城市新亮点。对于城区周边的乡村，根据城区规划建设的需要，适时纳入城市规划建设的总体框架，有序推进城区部分功能向周边乡村转移，规划建设新的城市功能区，承担城区人口集聚服务功能。对于需要易地搬迁的城中村和城区周边乡村，统筹做好搬迁移民和就业安置工作。

2. 促进县城及镇政区与周边农村一体化发展

县城周边的乡村要围绕县城功能完善及提升需要，适度推动县城空间开发向周边农村地区拓展，统筹推进村民搬迁和县城功能区建设，促

进基础设施规划建设和公共服务供给一体化，因地制宜促进城乡产业项目一体化布局。为满足县城居民消费需要，可选择县城周边有条件的乡村，建设一批以农耕体验、农家乐、蔬菜种植等为特色支撑的美丽乡村。对于镇政区周边的农村，因地制宜推进一体化规划建设，确保镇区及其周边农村基础设施实现互联互通，以及周边农村共享镇区公共服务供给，适度满足城镇功能向外拓展的承载需要。

3. 引导城市经济要素流向人口较多的重点农村区域

对于远离城区、县城和镇政区，且人口较为集中的中心村，要积极引导城市的资金、人才、技术等优质资源下乡，扶持发展这些重点农村区域。按照基础设施城镇化、服务设施社区化的要求，完善道路、水利、信息、文化体育等基础设施配套建设，规划新建或改造升级一批集文化活动中心、村级医疗卫生服务点、健康养老照料中心等服务功能于一身的新农村综合服务中心。对产业发展、文化资源等有一定基础和潜力的特色村，着力推动一、二、三产业融合发展。

4. 积极引导偏远且人口较少的乡村居民点人口市民化

对人口较少、距离城市较远、受到城市辐射带动作用较小的村民点，重点通过加大政府财政资金投入，保障农村道路畅通、网络设施覆盖、自来水等基础设施供给能力，满足人民生活基本需求，同时积极有序地引导农业转移人口市民化进程，引导农业人口就近就业生活进程。此外，对于偏远贫困地区、生态脆弱地区的农村（“空心村”），有序推进移民迁建，规划新建移民搬迁新社区，完善社区配套公共服务设施，积极引导农业转移人口融入城市就业生活环境。

四、城乡融合发展体制机制创新建议

以乡村振兴战略为引领，建立健全“规划体制、城乡利益平等交换机制、公共财政体制、城乡基本公共服务均等化机制、一二三产业融合发展机制”五位一体的城乡融合发展体制机制，推动城乡融合发展。

（一）完善城乡融合发展规划体制

以乡村振兴战略行动计划为总抓手，加强城乡融合发展规划的研究、编制和实施，紧扣破解城乡二元结构，缩小城乡居民收入差距，协调推进农业现代化与新型城镇化等关键环节，建立健全城乡融合发展规划体制。加强城乡统一规划，把工业与农业、城市与乡村作为一个整体统筹谋划，坚持统分结合、分类指导，建立健全城乡“多规合一”、有机衔接的统一规划体系，强化空间用途管制，完善城乡空间布局。统筹城乡在人口布局、人才支撑、公共服务、土地利用、产业发展和生态保护等方面的整体谋划，让“建立健全城乡融合发展体制机制和政策体系”有效落地生根。

（二）建立健全城乡利益平等交换机制

加快构建城乡统一的资源要素市场，畅通“人、地、钱”自由流动渠道。

加快落实农村土地“三权分置”改革，推动农村土地资源向资本转换。健全农村土地流转机制，推动农村资源变资产、资金变股金、农民变股东。一是加快确权，对农村土地承包经营权、集体建设用地和农民宅基地使用权、林权、“四荒”使用权、农村集体经营性资产等农村各类产权权属进行明晰，颁发权证；二是加快赋权，赋予农民对集体资产股份占有、收益、有偿退出及抵押、担保、继承等权利；三是便利易权，通过建立和完善各类农村产权交易平台，让农村各类产权进入市场交易，使其在流动中增值。

推进城乡人口双向流动，实现城乡人力资本平等交换。促进农业转移人口市民化，取缔针对农村转移人口就业歧视性规定和限制，将农村转移劳动力纳入城镇最低生活保障、社会救助等覆盖范围。积极引导人才向农村流动，扶持农民以智力、技术、管理等多种方式返乡创业，以返乡务农的农民工、基层创业的大学生、农村内部带头人等“新农人”为重点，培养懂农业、爱农村、爱农民的“三农”工作队伍，培育新型农业经营主体和新型职业农民队伍。加大乡村干部到主城、区县交流任职，提升农村干部的业务能力。

发展农村普惠金融，鼓励城市资本流向农村。拓宽农村融资渠道，完善服务体系，促进城市资本源源不断下乡进村。把发展普惠金融的重点放到农村，瞄准农户、中小微型农企的信贷需求，整合“政府平台、银行、担保公司”三方优势，降低交易成本和信贷风险。鼓励企业和社会组织采取投资筹资、捐款捐助等多种投资方式积极支持农村发展。通过农村土地制度改革和土地流转的利好政策，鼓励和有序引导工商资本到农村投资兴业。

（三）构建城乡融合发展的公共财政体制

调整优化财政支出结构，合理划分中央与地方财政事权和支出责任，推动财政支出向“三农”倾斜；中央财政通过先建后补的方式继续支持地方专项补助，重点支持乡村基础设施和公共服务配套设施建设；强化对农村义务教育、农村合作医疗等的责任，适度推进扩大农村基本养老保障覆盖面。构建城乡公共服务的多元化供给机制，积极探索和发展乡镇以政府采购的方式提供基本公共服务的新机制。创新财政支农方式，发挥财政资金的带动作用，撬动金融和社会资本更多投向乡村；建立金融机构激励约束机制，吸引金融资本、社会资本补齐农业农村财政投入不足的短板；成立乡村产业培育专项基金，制定相应的推进措施和税收信贷政策支持“三农”的发展。

（四）加快推进城乡基本公共服务均等化

建立和完善城乡基本公共服务供给制度，完善农村基础设施、教育、医疗、养老等公共服务体系，鼓励和引导城镇公共服务资源向农村延伸、辐射，推动城乡服务内容和标准统一衔接，推进城乡公共服务均等化。推动基础设施建设向农村倾斜，提升乡村公路、物流、水利、能源等基础设施的建设，提升农村自来水普及率，扎实推进农村综合环境整治、危房改造，推进“厕所革命”，建成一批美丽宜居示范村庄。优先发展农村教育，建立城乡统一、重在农村的义务教育经费保障机制，基本实现县域校际资源均衡配置，提高乡村学校和教学点办学水平。推进健康乡村建设，通过纵向合作、横向竞争的机制，整合镇、街、村基层医疗卫生机构，加快整合城镇居民医保和新农合，促进城乡医疗卫生一体化、均衡化，不断完善分级诊疗和推动智慧医疗，让城市医疗资源向农村辐射。推进实施农村基本养老保险制度，加快农村社会养老服务体系建设，实施全民参保计划，发展社区养老和智慧养老。

（五）健全一、二、三产业融合发展机制

深化农村土地制度改革，顺应农村“人地分离、农民分业”的新趋势，引导社会资本、工商企业到乡村投资兴业，提高农业集约化和产业化程度，提升农民的组织程度和参与程度，促进家庭农场、农民合作社和农业龙头企业等新兴农业主体的发展，完善紧密型利益联结机制。以特色农业优势区和田园综合体为载体，挖掘和放大乡村产业新功能和新价值，积极发展创意农业、会展农业、休闲农业、生产租赁农业、个性化定制农业等新业态。推进农业由增产向提质转变，大力发展乡村农业的“接二连三”工作，培育发展农产品加工业集群，健全农产品流通体系，发展农产品直供、消费者定制的乡村电商模式，推进农旅结合，形成农业与二、三产业交叉融合的现代乡村产业体系。

（执笔：李爱民）

参考文献

[1]1982—2016 年农村政策的演变之路[Z]. 四川省农业厅,2016－02－14.

[2]陈文胜. 中国迎来了城乡融合发展的新时代[J]. 红旗文稿,2018(8).

[3]发改委:我国返乡创业人数初步统计达到740万[EB/OL]. 中国青年网,http://news.youth.cn/gn/201807/t20180726_11680022.htm,2018-07-26.

[4]李培. 我国城乡间资本流动研究[J]. 全国流通经济,2017(12).

[5]周月书,王悦雯. 我国城乡资本流动研究:1981—2012——基于城乡资本边际生产率的分析[J]. 江淮论坛,2015(1).

[6]高帆,李童. 中国城乡资本流动存在“卢卡斯之谜”吗[J]. 经济学家,2016(3).

[7]张海鹏. 当前城乡融合发展存在的主要问题及对策思考[EB/OL]. 新华网,http://www.xinhuanet.com/sike/2018-01/09/c_129786456.htm,2018-01-09.

[8]湖南省中国特色社会主义理论体系研究中心. 实施乡村振兴战略,走城乡融合发展之路[J]. 求是,2018(3).

[9]郑风田. 利用“城乡融合”新途径实现乡村振兴[N]. 北京日报,2017-11-20.

[10]徐志明. 以城乡融合推动城乡建设高质量[J]. 经济纵横,2018(5).

[11]张锐. 城乡融合:乡村振兴的强劲驱动[N]. 证券时报,2018-01-04.

[12]范恒山. 新形势下推进城乡统筹发展的若干思考[J]. 全球化,2015(11).

[13]黄坤明. 以新型城市化为主导统筹城乡区域发展[J]. 政策瞭望,2010(9).

[14]马德富. 重塑城乡关系,促进城乡融合发展[N]. 湖北日报,2018-07-30.

[15]刘守英. 城乡融合,调整土地权利体系[N]. 中国国土资源报,2017-11-09.

[16]郑新立. 抓住社会主要矛盾,推动城乡融合发展[J]. 中国井冈山干部学院学报,2018(2).

[17]刘合光. 乡村振兴的战略关键点及其路径[J]. 中国国情国力,2017(12).

[18]姜长云. 全面把握实施乡村振兴战略的丰富内涵[J]. 农村工作通讯,2017(22).

[19]海南创新发展共享农庄乡村旅游经营模式进入全新领域[EB/OL]. 中国产经新闻网,http://www.cien.com.cn/2018/0713/27211.shtml,2018-07-13.

[20]郑凤田. 乡村振兴和城镇化如何融合发展[EB/OL]. 搜狐网,https://www.sohu.com/a/229221435_764974,2018-04-24.

第七章
促进我国区域协调发展思路与建议

习近平总书记在2019年中央财经委员会第五次会议上，提出了新形势下促进区域协调发展总的思路，即按照客观经济规律调整完善区域政策体系，发挥各地区比较优势，促进各类要素合理流动和高效集聚，增强创新发展动力，加快构建高质量发展的动力系统，增强中心城市和城市群等经济发展优势区域的经济和人口承载能力，增强其他地区在保障粮食安全、生态安全、边疆安全等方面的功能，形成优势互补、高质量发展的区域经济布局。在2019年底的中央经济工作会议上，习近平总书记又进一步提出，要加快落实区域发展战略，完善区域政策和空间布局，发挥各地比较优势，构建全国高质量发展的新动力源，推进京津冀协同发展、长三角一体化发展、粤港澳大湾区建设，打造世界级创新平台和增长极。两次会议对我国区域经济布局做了面向第二个百年目标的战略性谋划。

区域协调发展是新时代我国区域经济的总体战略。十九大报告首次将区域协调发展上升为国家战略，明确提出坚定实施区域协调发展战略，这既是对原有区域发展总体战略的丰富完善，也是对长期以来坚持区域协调发展的全面提升。新形势下，应立足发挥各地区比较优势，最大限度地创造发展机会、公平的环境，调动各地发展的主动性和创造性，在促进经济发展和提高居民收入水平的过程中逐步缩小区域差距，深化改革开放，坚决破除地区之间利益藩篱和政策壁垒，加快形成统筹有力、竞争有序、绿色协调、共享共赢的区域协调发展新机制，实现区域协调发展。

一、充分发挥“四大板块”比较优势，形成合理分工、优化发展的区域格局

改革开放以来，我国相继实施东部率先、西部开发、东北振兴和中部崛起战略，构成了我国区域发展总体战略。东、中、西和东北“四大板块”是我国区域战略的基础，是对国土面积全覆盖的区域发展战略。充分激发、挖掘和发挥地区发展比较优势，鼓励各地区依托基础条件和特色资源，探索差异化的高质量发展路子，推动区域优势互补，协同提升地区发展竞争力，是改革开放 40 多年来我国区域协调发展的重要经验之一①。基于“四大板块”的区域发展战略形成了我国区域发展的空间平衡机制，但各板块的区位优势和资源条件发展基础差别大，承担的功能不同，战略定位应有所区别。十九大报告对“四大板块”发展战略重点做出了明确论述，要求西部开发重在强化举措、东北振兴重在深化改革、中部崛起重在发挥优势、东部率先重在创新引领。基于新时代新要求，应进一步优化调整“四大板块”各自发展战略方向和重点，坚持不同板块采取不同的发展策略，促进我国区域政策朝着差异化、精准化方向发展，通过挖掘和发挥各板块的比较优势，寻求发展新动能。

（一）东部：发挥“龙头”创新引领作用，支撑国家整体竞争实力

东部地区是我国改革开放先行区，区位优势明显，在全国经济发展

① 郭兰峰．新中国成立以来促进区域协调发展的成效与经验[N]．中国改革报，2019－07－07．

中始终发挥着引领作用。2018 年，东部地区生产总值为 48.1 万亿元，占全国经济总量的一半以上。广东、江苏、浙江等省的地区生产总值超过世界上很多大国，可谓富可敌国。东部地区作为我国经济最发达、创新资源最集中的地区，代表着国家的创新能力和国际竞争力。党的十八大以来，中央确定的新的重大区域发展战略中，京津冀协同发展、粤港澳大湾区、长三角一体化都在东部地区，这充分体现了东部在国家现代化建设大局和全方位开放格局中举足轻重的战略地位，以及作为高质量发展支柱力量，是未来我国经济发展增长带，应发挥稳固我国经济发展大局、全面提升国际竞争力的重要作用。

近年来，东部地区对于资本、人才等要素的吸引力持续增强，先发优势不断得到强化。进入新时代，东部地区要坚持党的十九大要求的“东部率先重在创新引领”的定位，坚持创新驱动，以创新能力带动产业转型升级，为区域经济发展注入新的活力和发展动能。经过 30 多年的高速发展，东部地区发展面临劳动力成本高，土地资源、环境容量资源约束等一系列问题，只有进一步转变发展方式，加大创新投入，使科技进步成为东部地区经济增长的主要动力，才能实现持续的高质量发展，更好地发挥东部地区对我国区域协调发展的引领作用。

第一，发挥东部地区创新带动作用。核心是要发挥好东部地区的教育、科研、人才资源优势和资本、技术聚集力强的优势，突出加强原始性科技创新，抢占前沿科技制高点，真正提升被“卡脖子”的关键核心技术自主化水平，推动核心产业融入国际产业链、价值链中高端，成为国家竞争力的重要保障，引领区域创新发展，逐步建设成为全国乃至世界科技创新的引领区。同时，应与中西部地区加强创新合作，形成差异化分工的国家创新链。由于历史和自然因素，西部地区的社会经济基础比较薄弱，对科技的投入较少，并且对科技成果的转化和吸纳能力较弱，今后要提高科技资源配置效率，同时加大科技投入的规模和力度，特别是要加大科技成果转化资金的投入力度，注重东部科技成果在中部和西部的转化、吸收，推广现有技术的集成开发。"四大板块"错位互补、联动整合，既体现了不同区域在科技创新这条大链条中的差异化分工，又促进了区域融合协调发展。

第二，主动加大产业结构调整力度，与其他地区开展创新合作。着眼于提升经济发展质量的战略目标，提高技术进步对经济增长的贡献份额，推进承接产业转移平台建设，主动推动相关产业向中西部地区有序转移。坚持以市场化方式推动产业转移，明确产业转移的重点领域和重点地区，充分发挥自身优势，尊重产业转移规律。

第三，以都市圈和城市群为核心单元，打造具有国际竞争力的区域空间。从发达国家的发展实践来看，都市圈和城市群最终是区域发展和竞争的主体，体现了国家整体竞争力。东部地区要在京津冀、长三角、珠三角、粤港澳等国家区域发展战略的基础上，充分发挥好要素资源集聚的优势，推动都市圈或城市群高质量引领性发展，主动作为破除行政壁垒，探索城市群内构建统一市场的有效路径，为其他区域和城市群发展提供好的经验。

（二）中部：发挥制造业优势，全力打造国家制造业中心

近年来，中部地区通过发挥自身区位、资源和产业基础优势，经济实现快速发展，正成为未来我国经济发展新的增长极。中部地区是我国重要的农产品、能源、原材料和装备制造业基地。2018 年，中部地区生产总值占全国比重为 21%，虽远低于东部地区，但地区生产总值增速（7.8%）、固定资产投资增速（10.4%）、社会消费品零售总额增速（10.0%）均居"四大板块"首位，为支撑全国经济稳定增长做出重要贡献。中部地区先进制造业迅速发展。2018 年，制造业总产值占全国比重为 25.0%。中部地区是下一个经济周期最具增长潜力的区域，也是未来国家的主要制造业中心，通过产业转移等途径，有机会成为我国未来经济增长的引领区域和支撑地带。要继续实施好中部崛起战略，进一步提升中部崛起战略定位。

第一，夯实中部地区作为国家制造业中心地位。发挥中部地区制造业产业基础和产业特色，通过承接东部地区产业转移，逐步优化产业布局，提升产业集中度和竞争力，把中部地区打造成我国先进制造业基地。强化区位交通优势，加快承接东部产业转移和拓展西部市场，重点培育特色优势产业集群，形成具有竞争优势的制造业产业体系，增强中心城市的集聚功能，促进形成要素顺畅流动和资源高效配置的格局。

第二，有序推动东部产业向中部转移，高效配置不同比较优势区域的发展空间资源。产业转移是优化区域空间格局的主要途径。随着东部地区要素成本大幅提高，产业转型升级压力增大，产业加快向中部地区转移符合经济规律。从主体功能区划分来看，东部地区多属于优化开放区，中部地区多属于重点开放区，而西部地区则以限制和禁止开发区居多，从这个角度来看，制造业向中部地区梯度转移符合区域比较优势。中部地区已经具备相对坚实的制造业基础，但高质量产业集群还不多，产业集聚效应未能有效发挥。应以国家制造业水平的整体提升为目标，推动东部地区制造业有序转移，高效配置不同比较优势区域的发展空间资源。

第三，加强区域层面的互联互通。中部地区承东启西，连接南北，交通网络发达，可依托长江经济带、黄河流域高质量发展等战略构建起四大区域联动发展的空间纽带，加强东西部地区的互动与合作。同时，要充分利用“一带一路”为中部崛起提供的广阔市场和发展空间。

第四，中部地区是我国重要的粮食主产区，对于保障国家粮食安全的重要性要给予充分重视，给予政策保障，部分地区不应再适用经济评价指标，需对保障国家粮食安全和供应的活动给予经济补偿。

（三）西部：维护国家生态安全和边境安全，成为全面扩大开放的重要通道

西部地区是我国经济发展的后备地区，虽然地区生产总值较低，但自 2007 年起，西部地区生产总值增速开始超过东部，并持续到现在，

而且地区生产总值也已占到全国的20.1%，人均地区生产总值相当于全国平均水平的75.4%。特别是西南地区的四川、重庆和贵州等已经进入最快增长省份行列，产业布局完备，特色产业初步形成，成为未来我国发展最具潜力的区域之一。西部地区为保障我国生态安全和边境安全发挥了重要作用，也是我国全面扩大开放的重要通道。

第一，推进国家向西开放水平。依托“一带一路”建设推动西部地区开放步伐，随着国家区域发展战略的调整，西部地区作为推进“一带一路”建设的核心区域和关键节点，将成为未来中国经济增长的“支撑区域”。应发挥西部陆海新通道连接“一带一路”，衔接长江经济带的功能作用，建设铁海联运，实现铁路和港口无缝对接，全面提升西部对外开放层级。同时，应在中西部地区建设一批特殊经济区、国家承接产业转移示范区、沿边重点开发开放试验区、自主创新试验区、重点边境口岸，打造向西开放的桥头堡和内陆型开放经济高地，开拓经济发展空间。

第二，维护生态安全和边境安全。西部地区是能源资源富集区，其经济发展主要靠能源资源投资拉动，制造业基础薄弱，但西部地区是我国重要的生态屏障，生态价值重大，应发挥比较优势，发展特色产业，实现生态价值转化，实现“绿色青山”转化为“金山银山”。由于生态系统脆弱，在主体功能区划分上属于限制开发和禁止开发居多，制造业只能适度布局，因为西部地区作为流域上游和生态屏障，一旦造成生态破坏，其风险和成本就是巨大的。因此，从发挥比较优势的角度看，西部地区的定位应不同于东部创新策源地、中部制造业基地的定位，应以提供生态服务功能为主要定位。通过体制机制改革创新，在资源输出和生态价值输出方面给予西部地区合理收益。另外，西部地区还承担着维护边境安全的重要职能。我国西部地区大多数省份与临国接壤，是国家边境的重要屏障，承担着维护边境安全的重要职责，也是开展国际区域和次区域合作的重要突破口。

（四）东北：推进产业多元化发展，打造对外开放新前沿

东北地区是我国区域经济发展中重要的板块，也面临最大的发展困难。过去东北地区装备工业基础雄厚，但改革开放以后明显落后，跟国际差距持续拉大；东北资源枯竭型城市比较多，是区域发展的主要障碍之一；在创新和开放上的思想观念相对落后，混合所有制进展较慢，民营经济欠发达。东北振兴要针对体制性和结构性矛盾加大改革力度，围绕重工业比重大、民营经济弱、人才流失多等突出问题重点突破，促进政府职能、营商环境、思想观念的转变和市场化水平的全面提升。

第一，解决产业结构单一问题，提升制造业地位。东北地区在大型机械装备制造方面有一定的优势，大型水轮机组、大型风电机组、350千米高速动车组、高档数控机床等先进装备在东北率先实现国产化，高档数控机床产量占全国的1/3。但当前东北地区面临的经济衰退态势，在很大程度上是由产业单一导致的，而内生增长动力缺乏是背后更深层的原因。东北地区必须通过产业多样化，培育产业集群，通过提升内生增长动力，提升经济整体竞争力，重新确立综合制造业基地地位。

第二，发挥面向东北亚开放合作的区位优势。近年来，辽宁沿海经济带、长吉图开发开放先导区、黑龙江沿边经济带开放步伐加快，大连金普新区、哈尔滨新区、长春新区、中德（沈阳）高端装备园、珲春国际合作示范区等重点开发开放平台也加快形成，并发挥作用。“十四五”期间，应充分发挥东北地区向东北亚开放的优势，在东北地区谋划新的开放战略，基于中日韩自贸区谈判的进程，可探索在大连建设自由贸易港，带动整个东北地区开放发展。丹东作为连接东北亚的重要节点，也可进行新的定位，促进“一带一路”向北延伸，加强东三省、内蒙古和山东的合作，共同打造成我国面向东北亚的全面开放平台。

第三，加大改革力度。对东北经济来说，大工业和国有经济是其特点，但改革开放恰好是对大工业和国有经济的组织方式进行了调整，在市场经济条件下，东北工业肯定缺乏优势，但对东北大工业和国有经济

在中国经济中的地位，对政治稳定的作用等优势也应给予合理的定位，并给予应有的政策支持。

二、培育区域增长带，构建高质量发展的新动力源

“四大板块”是我国区域政策的主要载体，基于区域经济发展规律而确定的区域分工体系，对发挥各区域比较优势产生了重要作用。十八大以来，党中央、国务院着眼于国内外发展大局，提出“一带一路”建设、京津冀协同发展、长江经济带发展、粤港澳大湾区建设、长三角一体化发展、黄河流域生态保护和高质量发展等国家重大战略，以及陆海新通道建设和海洋强国建设的提出等，丰富完善了区域总体战略引领体系，标志着东西南北纵横联动、陆海统筹、东西互济的开发开放新格局正在构建和形成。

（一）培育多极经济支撑带，优化区域空间布局

党的十八大以来，京津冀、粤港澳、长三角一体化等新的区域发展战略，更加注重新动力源对高质量区域发展的引领作用。未来必将形成优势互补、高质量发展的区域经济布局，呈现两大主要特点。

一是推动区域发展从以行政区划为主的管理模式，向行政区和功能区并重的管理模式转变。现在各类区域规划和区域战略都是跨行政区划的，以更多地体现功能性的一体化。未来功能区必将成为促进区域经济协调发展的重要模式，带动区域呈现相对均衡的发展态势。

二是推动多极支撑带的培育。我国区域空间格局“多极化”趋势开始显现，逐步形成了多条经济支撑带。京津冀、长三角和珠三角已经形成了一条东部沿海发展轴带，而中原城市群、长江中游城市群则形成了贯穿中部地区的纵向发展轴带，与长江经济带这一横向轴带交叉，共同构成中国经济稳定带和动力带；中部、西南和东南三个片区成为中国经济增长的新黄金三角地带。我国区域经济进入“多极并存”的新时

代。“十四五”时期，应坚持积极培育壮大连贯东西、带动全国的若干经济支撑带，全面推进实施陆海统筹发展，构建行政区与功能区并重、“四大板块”与“多极支撑带”协同的区域发展空间布局。

（二）落实重大区域战略，打造世界级创新平台和增长极

京津冀协同、粤港澳大湾区和长三角一体化是我国区域发展战略中的三个重大战略。京津冀协同发展是以疏解首都非核心功能为抓手，探索人口经济密集地区优化发展的新模式；粤港澳大湾区则立足发挥粤港澳综合优势，深化内地与港澳合作，建成国际一流湾区和世界级城市群；长三角一体化则是为全国区域一体化发展提供示范。三大区域战略承担的功能和职责各不相同，却共同构成了我国区域经济发展的第一梯队，是支撑我国高质量发展最重要的动力源。京津冀、粤港澳、长三角要对标全球最高水平区域，建成国家最高水平、最深层次对外开放的桥头堡，培育成为全球最优质要素资源、最高端产业的集聚地，打造成世界级创新平台和增长极。

一要加强创新投入力度，以创新带发展，实现发展动能的转换。2018年，我国研究与试验发展（R&D）经费投入强度为2.19%，超过2017年欧盟15国平均水平（2.13%）。R&D经费投入强度超过全国平均水平的省份有6个，分别为北京（6.17%）、上海（4.16%）、广东（2.78%）、江苏（2.70%）、天津（2.62%）和浙江（2.57%），均处于三大区域战略覆盖地区。除河北（1.39%）、安徽（2.16%）外，三大区域战略覆盖的所有行政区研发强度都超过了OECD平均水平（2.37%）。再经过一段时间的努力，随着区域一体化程度的提升，区域内创新潜力将有效释放，京津冀、粤港澳和长三角地区都将实现发展动能的根本性变革，真正实现创新驱动的动能转变，达到世界科技创新国家前列的水平，实现打造世界级创新平台和增长极的目标。

二要利用区域内创新要素集聚优势，充分发挥创新平台作用。上海、北京两个全国科创中心，北京怀柔、上海张江、安徽合肥、深圳四

个综合性国家科学中心，都是集聚创新要素和高端人才的高地，对于推动三个重大区域率先实现产业链现代化，打造区域供应链和全球供应链的综合枢纽和跨境网络，提升我国在全球价值链和创新链中的地位意义重大。再加上雄安新区已经对标国际最高水准，必将引领中国创新发展新高度，成为继深圳经济特区和上海浦东新区之后又一区域创新的典范。三大区域最有机会建立一流的创新体系，成为建立世界级创新平台和增长极的主要支撑。

（三）重视流域带区域发展战略，实现区域发展梯度协调

近年来，流域在我国区域协调发展中的地位日益重要。从长江经济带到黄河流域生态保护和高质量发展，这两大战略的共同特征是基于我国最重要的两大流域的带状经济区，经济带横跨东、中、西三大板块，由相对发达的区域与相对不发达的区域结合构成，而且共享流域资源，发展关联性强，都面临着发展权与保护责任的矛盾。这两大经济带是培育搭建区域发展梯队，强化先发地区带动后发地区发展，促进不同梯度区域协调联动发展的重要考量和战略布局。经济带的形成在一定程度上可以优化相对落后区域的生产力布局，推动较大范围区域协同发展。

流域经济带发展战略促使我国经济从主要依靠长三角、珠三角和京津冀等东部引擎带动，向轴带引领、多极支撑的格局转变，区域经济发展多增长极的出现，逐步带动和辐射周边地区发展，实现区域协调发展目标。推动流域经济带发展，推动实现流域治理和高质量发展，可为全国流域保护和治理、区域经济协调发展提供可复制、可推广的成功经验。

一是探索建立流域主体功能区实施机制。流域是我国主体功能区战略落实的重要载体，流域上、中、下游共享流域水资源，但生态承载能力差别极大。上游地区为水源地，承担着重要的生态功能；而中游地区往往是粮食主产区，承担着粮食安全的重要功能；下游地区生态承载能力较强，往往经济较发达。只有实现产业布局与主体功能相匹配，才能

更加有效落实主体功能区战略。

二是探索建立流域上下游责任共担、利益共享机制，构建更加合理多元的财政转移支付体系。从生态产品和生态服务的公共物品属性来看，多元的财政转移支付方式是必要的，不同类型的公共物品应由不同层级的政府主体提供，这是财政转移支付的重要依据。可以在流域部分省区试点试验，推动建立多元化的财政转移支付体系，发挥地方的创新精神和积极性，形成中央政府与地方政府、各级地方政府之间更清晰的权责体系。

三是探索建立流域综合治理机制。流域是典型的山水林田湖草有机生命体，无论是保护、治理还是流域产业布局和城市规模建设等，都需坚持生态系统的整体性原则，统筹规划和实施。将山水林田湖草作为有机整体综合治理和施策，恢复流域生态功能，维护流域生态平衡，对我国流域治理和生态环境修复等都有借鉴意义，是落实生态文明建设战略的重要实践。

（四）发挥“一带一路”作用，重塑区域开放格局

强化国内发展轴带和“一带一路”建设衔接，推动国内发展和对外开放深度融合。充分发挥“一带一路”建设的带动作用，以“六大国际经济走廊”互联互通为突破口，拓展国际经济技术合作新空间。统筹中欧班列、境外经贸区、国际产能合作等布局安排，促进形成重点区域内外开放的良性互动。同时，依托边境经济合作区、跨境经济合作区和境外经济合作区等开放性平台，打造陆地边境地区对外开放新高地。

一是优化区域开放格局，开拓经济发展空间。把扩大对外开放作为促进内陆地区的发展有力抓手，推动增强内外部连通性的大通道建设，重塑我国经济地理格局。通过与世界互联互通，提高内陆地区的发展动力。经济地理区位是区域经济格局的决定性因素，要通过软硬件基础设施建设，从根本上改变内陆地区外部联系、对外开放的条件。比如，中

欧班列改变了重庆和四川的开放条件。2018 年，重庆开行中欧班列超过1000 列，从成都开行的中欧班列达1591 列。2018 年，四川与“一带一路”沿线国家外贸额同比增长 24.4%。“一带一路”正在推动形成“东西双向、海陆联动”的开放格局。要集中更多政策资源和优质要素资源，引导支持中西部欠发达地区融入全球价值链分工体系，以全面开放加快这些区域的发展，在对外开放中实现区域发展。借助构建全方位开放格局的重要机遇，内陆地区要把握不断扩大区域开放发展的有利形势，开拓经济发展空间。

二是进一步扩大沿边开放和向西开放。中西部地区需进一步扩大沿边开放和向西开放，提升对外开放层次和空间，实现内外联动，构建东西联动、全方位的新型开放格局。重点是要深化澜沧江—湄公河国际次区域合作，把长江经济带与中国—中南半岛经济走廊连接起来，深化成渝城市群与云南、贵州的区域合作，把云南建成向南开放的桥头堡。深化我国与中亚地区的合作，发挥丝绸之路经济带的纽带作用，加强中哈、中俄、中蒙合作，把新疆建成向西开放的重要基地。

三是构建以开放促开发的特殊区域发展机制。通过建设一批特殊经济区、国家承接产业转移示范区、沿边重点开发开放试验区、重点边境口岸，打造向西开放的桥头堡和内陆型开放经济高地，开拓经济发展空间。全力推进这些特殊区域进行改革创新，优化开放环境，推进开放模式创新，广泛集聚国内外先进生产要素，促进产业集聚，提高产业集中度，利用区位、政策优势，先试先行，充分发挥示范与带动效应。

（五）关注南北分化，谋划南北连通协调发展经济带

我国现有的区域发展战略，特别是带状经济区是以连通东西为主要目标的，目的是解决东、中、西发展差距问题，但目前南北分化问题已经出现且非常显著，但在区域战略上没有体现出来。南北分化出现后就意味着沿海地区、中部地区和西部三个板块的南北不一样，必然导致区域发展格局需要相应的调整和优化。当前，东部沿海经济带和京津冀城

市群、中原城市群、长江中游城市群相连均构成了纵向轴带，这两大纵向经济带具有建设南北向经济带的基础，可以考虑以此为基础建设多个南北向经济带，应对南北分化态势，优化区域协调发展格局。同时，无论是谋划相应的区域战略还是制定区域政策，都需建立在认清南北分化产生的根源的基础上。从区域发展历程看，东西差距和南北差距的内涵不完全一样。东西差距从根本上说是生产力布局的差距，而南北差距主要是开放和创新的差距，对此应系统考量，增强政策的针对性和精准性。

三、提高中心城市和城市群综合承载能力，打造区域增长极

中央财经委员会第五次会议指出，中心城市和城市群正在成为承载发展要素的主要空间形式，要增强中心城市和城市群等经济发展优势区域的经济和人口承载能力。随着新经济的发展，要素空间布局形成新的态势，创新要素不断向中心城市集聚，中心城市和由中心城市辐射带动而产生密切经济联系的周边城市集合体，即城市群，正成为经济发展的重要支撑。区域协调发展不是要平衡布局区域资源，而是要按照经济规律通过培育增长极带动区域发展，城市群和中心城市就是未来我国经济发展的增长极。

（一）城市群成为区域协调重点的新趋势

城市群作为城镇化的主体形态是全球普遍趋势。长期以来，我国的发展差距具有城乡间和地区间双重特征，地区间差距包括沿海和内地之间、东中西三大地带之间、“四大板块”之间等。近年来，城市群内部由于其更强的要素集聚和配置能力、科技创新能力、人才吸引能力等，拥有更高端的产业和就业机会，而城市群外的区域则缺少发展机会，城市群间的差距更加突出，这将成为新时代我国区域经济发展面临的新挑战，需要将区域协调发展的重心向城市群转移。城市群实力的增强，使

城市群所在地区发展成为区域经济的支点，这些区域创新产业形式、延伸产业链条、促进产业转移，通过融入更大区域，在更大区域内整合资源而实现快速发展。城市群的意义在于分工与合作，变单个城市的竞争力为城市群整体的竞争力，城市群内部需形成更加专业化的分工，整合优势要素资源，形成合力，共同实现城市群整体的高质量发展。

（二）强化城市群内产业集群

城市群的目的是要变中心城市的虹吸效应为扩散效应，带动周边城市发展，提升整体竞争力。首先，城市群内部的中心城市与中小城市的规模对比要合理，只有中心城市有吸引力、承载力和集聚力，才有能力辐射带动周边中小城市，使大中小城市能各自发挥好作用。但如果中心城市过大，而周边城市规模很小，则意味着中小城市不仅承载能力不足，也影响城市群发展。对处于不同发展阶段、不同战略地位的城市群加强分类引导，提升经济功能，不断优化城市群空间结构，以城市群为单元，形成大中小城市协调发展的城镇发展格局。其次，要在城市群内形成产业集群，使各类型城市有合理的定位和分工，实现优势互补，最终形成强大的产业竞争力和抗风险能力。城市群中的中心城市和大城市有能力吸引优质生产要素向其集中，不断产生创新成果，形成主导产业，而这些创新成果的应用和生产制造，以及与主导产业配套的大量零部件企业、生产性服务业等均在周边的中小城市内布局，在市场机制作用下形成合理分工，整个城市群内所有城市共享产业集群带来的红利。这种以产业集群为基础形成的大中小城市合理分工的城市群，是未来我国经济发展重要的动力源和增长极。

（三）培育区域性中心城市和城市群

由于自然条件和资源环境承载力的差别，胡焕庸线以东的城市群和都市圈未来仍将分布着我国主要的城镇人口。与东部地区已经形成的中心城市带动城市群、城市群带动区域发展的格局相比，西部地区城市的体量较小，是典型的“小马拉大车”，如果把西部的中心城市培育得更大一些，通过把“小马”换成“千里马”，带动产业和各类资源聚集，产生规模效应，为经济持续健康发展培育新动能。因此，现阶段培育和支持后发地区中心城市和城市群发展，是拉动中西部地区发展的关键手段。另外，还需支持区域性中心城市提升创新能力。提升创新能力是真正帮助欠发达地区实现造血功能，实现区域协调发展目标的关键。但欠发达地区由于对创新资源的吸引力有限，且研发基础较差，因此必须集中本区域优质创新资源，优先在区域性中心城市建设各类创新中心，加强东部地区创新成果在欠发达地区的创新中心进行成果转化和产业化。国家应加强对这些创新中心的政策倾斜，通过重大产业项目和创新平台的统筹布局，吸引更多人才流向欠发达地区，制定有针对性的人才政策。通过创新中心培育欠发达地区中心城市的创新能力，辐射带动周边城市提升创新水平。同时，可以在中西部地区开展创新驱动改革试点，形成一批具有创新示范和带动作用的区域性中心城市创新中心。

（四）优先在城市群开展区域一体化试点

中心城市和城市群是经济发展的重要动力源。在市场机制的作用下，中心城市和城市群发挥作用的机理应该是吸引优质生产要素向其集中，不断产生创新成果，在成本比较和市场助力的作用下，创新成果的应用和生产制造等环节将向中心城市周边布局，最终形成合理分工。但目前面临的障碍是，行政力量阻碍了要素向外流动，只有向内集中的单向流动，中心城市创新发展产生的是虹吸效应而非辐射效应。这其实也是我国区域经济协调发展需要解决的重要体制机制问题。要想实现区域经济一体化，首先就要从更小单元的城市群一体化开始，在这个经济功能区范围内先探索解决行政隔离导致的市场隔离问题，创新体制机制，促进生产要素的自由流动，形成统一市场。在这个空间范围内可以开展一系列制度创新，比如统一财政税收政策、土地资源配置等。

一是探索以城市群为单元的区域财政共享机制。加大地区间财政能力均衡力度，促进地区间共享增长。我国地区间功能分工深化首先出现在大都市区或城市群内部，城市群内部的不平衡也是当前区域发展不平衡在地理空间上最为突出的表现，是当前促进区域平衡发展过程中首先要解决的问题，可借鉴德国、日本等国家经验，探索建立以城市群为单位的地方税共享体系，弱化城市群内部税源竞争，更有效地平衡区域内部的财政收入差距。随着跨地区经济活动强度越来越大，需要对跨地区的经济活动在税收方面进行一些合理的规定，激发地方政府之间加强合作的内在动力，可在城市群研究设计一套合理的跨区域横向分税机制，在目前行政协商为主的合作机制基础上，建立相对完备的利益分享机制。开展一体化的城市群公共设施融资机制试点，满足区域内不同功能区的融资需求。同时，加强对开展以税收和经济统计为突破口的跨省市利益共享机制研究，探索建立有利于产业跨省市重大项目迁移的分税和统计机制，加强区域税收优惠政策的规范管理。

二是建立以城市群为单元的土地资源统一配置机制。土地要素对平衡产业的空间布局，促进区域更加平衡发展具有最基础的引导作用。因此，需要适时调整当前土地指标更多参照地区经济总量的配置方式，按照区域国土空间规划的总体设计，通过对区域内土地资源的平衡引导其他要素资源在空间上更加均衡地流动，为实现更加平衡的空间布局奠定基础。同时也可以提高土地资源利用的整体规模效率。

三是推动基础设施互联互通。城市群各城市内部的地铁、城市道路，以及连接各城市的高速公路、高铁枢纽、城际铁路，都应按城市群的要求做好一体化的规划，这是比较容易实现的互联互通，因为这对各个城市自身发展都是有益的。还有一些重要的基础设施，比如海关口岸和港口等，其互联互通也很重要。比如口岸的一体化，要尽快推动关检互认、信息共享，推进城市群内部口岸一体化，便利企业就近报关，提高城市群内部运行效率。再如，港口一体化。当前由于城市群内部各城市港口间合理的利益分配机制并未真正形成，各地政府部门围绕 GDP 与税收统计以及地方行政管辖权等问题意见不统一，港口群的基础设施体系效率有待提高，现有的自贸区离真正意义上的自由贸易港还有相当大的距离，尚未形成区域内自贸区之间的协同发展。应打破行政区划限制，促进跨省市港口战略合作加快落地，鼓励港口间互相参股、利益共享，实现城市群内部港口统筹布局和业务协同。

四、落实主体功能区战略，形成有序的空间发展格局

主体功能区战略是我国国家治理体系的重要组成部分，是国家现代空间治理和区域经济协调发展的基础性制度。习近平总书记在中央财经委员会第五次会议上的讲话中提到新形势下促进区域协调发展总的思路时，提出发挥各地区比较优势，增强中心城市和城市群等经济发展优势区域的经济和人口承载能力，增强其他地区在保障粮食安全、生态安全、边疆安全等方面的功能，形成优势互补、高质量发展的区域经济布局。

我国主体功能区划正是按照不同地理空间的自然属性和承载能力来确定各自的主体功能。虽然国土空间往往具有多种功能，但必有一种主体功能，因此，主体功能区按开发内容分为城市化地区、农产品主产区和重点生态功能区，分别以提供工业品和服务产品、农产品和生态产品为主体功能。在关系全局生态安全的区域，应把提供生态产品作为主体功能，把提供农产品和服务产品及工业品作为从属功能，否则，就有可能损害生态产品的生产能力。同样，在农业发展条件较好的区域，应把提供农产品作为主体功能，否则，大量占用耕地就可能损害农业的生产能力。区分不同国土空间的主体功能，就是要确定其比较优势，要给予保障国家粮食安全、生态安全和边疆安全的地区相应的政策支持，保障其更好地发挥比较优势。

（一）发挥主体功能区划对促进区域协调发展的重要功能

主体功能区规划基于经济发展和生态建设的双重目标，通过功能区划确定该地区在国土空间分工中承担的任务和发展目标，与我国区域发展战略共同成为实现区域协调发展目标的重要支撑。

一是加强区域间分工与合作。主体功能区划的确定和实施明确了区域间基于各自比较优势，特别是在经济发展和生态保护方面的不同分工。不同的主体功能区从事经济开发活动的范围和程度是受到约束的，需要根据功能定位进行产业布局和产业调整，特别是在限制开发区和禁止开发区的产业准入标准极为严格，这些区域往往资源环境承载能力较弱，需将生态保护和修复作为主要任务。而这些生态涵养区往往对于一定区域范围内整体生态系统的安全稳定至关重要，一旦生态破坏将累及整个区域，从这个角度看，区域内不同主体功能区发展息息相关，必须加强区域间合作，最终实现整体区域的均衡、可持续发展。

二是保护落后区域发展权利。我国重要的生态功能区集中在西部地区，特别是西部经济较为落后的地区，意味着是限制和禁止开发区，与欠发达甚至是贫困地区高度重叠。这些地区生态脆弱、环境承载能力差、不适宜经济开发活动，恰恰是其欠发达或贫困的重要影响因素，而其还承担着生态环境保护的重要任务。近年来，国家在区域协调发展目标上提出的基本公共服务均等化，目的正是保护落后区域发展权，逐步缩小区域间收入差距和公共服务水平的差异，保证不同主体功能区的人民获得大体均等的就业、住房和教育机会，享有大体均等化的公共服务和生活环境，享有大体相当的生活水平。

三是多元视角衡量区域发展成效。长期以来，我国以 GDP 为核心导向衡量区域发展水平，对于社会发展和生态环境保护等问题虽然也较为关注，但并没有真正纳入区域和地区发展的评价体系，导致各地过分追求经济发展速度，忽视了发展质量和发展目的。主体功能区规划为衡量区域发展提供了多元化评价指标，承担不同功能的区域，自然对应不同的评价标准，对于形成多视角的区域发展评价体系，推动我国经济高质量发展有着重要意义。

（二）针对不同功能区制定细化、差异化政策

深化细化区域政策，更有力地支持区域协调发展。当前主体功能区的分类管理政策虽然对我国区域产业布局有重要的指导作用，但总体看主体功能区的配套和细化政策还未形成，各类区域的产业进入门槛、城市和人口规模、生态红线和环境容量等规定比较模糊，且各类政策呈现“碎片化”，未形成统一的规范。比如，主体功能区战略是由地方政府负责落实的，对于优化开发区域和重点开发区域，地方在具体落实上并没有明确的产业布局的差别，特别是优化开发区域往往是经济基础好的地区，本身对于优势生产要素的吸引力就很大，但环境容量已经无法支撑更多的产业和人口的集聚，在这种情况下，应该进一步明确优化开发区域的产业、人口和生态环境等标准，推动部分产业向重点开发地区转移，实现产业布局与主体功能的匹配。

（三）建立有效的财政转移支付制度

主体功能定位不同必然会导致地区经济发展水平和财政收入的差距，通过财政转移支付，保障区域基本公共服务均等，这是区域协调发展的重要思路。完善现行转移支付制度。一是继续调整和完善财政转移支付结构，通过法律等手段规范完善财政转移支付资金、项目资金安排。加大一般性转移支付，特别是均衡性转移支付的比例，同时规范专项转移支付的使用，提高资金使用的规范性、安全性、有效性。二是对重点生态功能区、农产品主产区、困难地区的转移支付要形成有效的机制，确定合理的水平。三是探索建立地区间横向转移支付制度，更加公平地体现不同功能区产生的价值，也更有效地推动基本公共服务均等。对于建立较为完备的财政转移支付体系，还需要通过推动试点试验，发挥地方的创新精神和积极性，探索更加科学合理的多元化体系，形成中

央政府与地方政府、各级地方政府之间的权责利较清晰的体系。

（四）全面建立健全生态补偿制度

生态补偿是调整区域利益失衡，保障生态脆弱地区发展权的重要手段。经过多年实践，我国主体功能区规划得到较好落实，形成了以生态补偿为主导的实施机制，推动了绿色发展和区域均衡目标的实现，在重点生态保护区域的生态环境价值逐步得到体现，并改变了“唯 GDP 论”的评价体系，形成了科学、综合的评价体系。但仍存在一些问题，比如，政府主导的生态补偿仍是目前最主要的补偿方式，在市场化补偿、生态价值核算等方面还缺乏大量的成功案例；政府补偿也存在精准性不够，一般性转移支付少、专项转移支付多，纵向转移支付多、横向转移支付少等情况；经济评价状况虽然有所改善，但仍然在隐性地起着作用，会对地方政府行为选择产生影响。目前，应更好地发挥生态补偿作用，落实主体功能区规划，推动实现区域协调发展。

一是实施“精准补偿”。未来我国生态补偿政策应提高对补偿效率问题的关注，逐步转向“精准补偿”，对于补偿对象、补偿方式和补偿资金等的选择和安排要科学精准，提高欠发达地区自我造血能力和参与的积极性，提高财政资金使用效率。同时，也应避免过于追求效率导致公平性缺失，影响政策效果，产生生态破坏等恶劣后果等。公平与效率是公共政策的双重目标，两者缺一不可，优化生态补偿机制，需寻求综合衡量政策效率和公平性的方法，形成兼顾效率和公平的补偿政策体系。

二是构建多元化补偿机制。财政资金是目前生态补偿中主要的资金来源，由于生态价值难以完全科学定量核定成经济价值，特别是生态环境保护具有长期效应，甚至是代际效应，这些都是难以准确量化的，即使利用现有各种通行核算方法得到定量数据，也难以得到各利益相关方的共同认可，再加上政府财政能力所限，导致目前政府补偿资金越来越难以满足补偿地区生态环境保护和地区均衡发展的需要。从长期看，我国主体功能区规划要得到更好的落实，离不开市场机制的作用，只有社会资金和市场主体主动参与和投入生态环境建设，才能摆脱目前政府资金内循环的状况，形成自然资源资产交易市场，在市场中使得自然资源价值得到一定程度的实现。

三是建立自然资源价值核算机制。自然资源价值的核算是生态补偿制度有效性的重要保障，无论是政府主导生态补偿还是市场化补偿机制前提都是自然资源的可资产化。在自然资源价值核算问题上，我们过去要么是不算账，完全忽视生态系统的价值；要么是核算出的结果是天文数字，完全无法用于支持进一步的实践。生态资产的价值核算在全世界都面临难以形成广泛共识的困难，但好的方面是价值核算的理论和方法体系是较为完备的。在国家编制自然资源资产负债表、领导干部离任审计等要求下，各地实践也为这项工作提供了可借鉴的成功经验，使生态补偿机制有“数”可依。未来应支持更多地区根据自身生态系统的特色寻求符合各自实际的自然资源价值核算方式，并与生态补偿机制有效结合，推动生态系统的价值实现，探索从“绿水青山”到“金山银山”的多元化实现路径。

五、落实区域协调发展战略的政策保障

当前，我国推动区域协调发展过程中面临的核心问题，背后的根源在于区域间的关系。为实现区域协调发展目标，需要构建有利于区域间开展合作、利益共享、实现市场一体化的体制机制。为落实区域协调发展战略和思路，实现区域协调发展目标，需要推动相应改革，提供相关政策保障。

（一）增强区域政策的针对性和精准性

当前，我国区域经济分化态势越发明显，且很有可能进一步加剧。从目前分化情况看，“四大板块”内部出现明显分化，以西部地区为

例，西南六省发展态势明显好于西北六省，已逐步形成具有特色的产业体系，进入高速发展梯队；同时，南北分化继续扩大，经济增速上表现为“南快北慢”，经济总量占比上“南升北降”。未来以互联网和智能制造为特征的新经济业态，具有更强的积聚效应，先发地区的优势会继续被强化，区域分化态势很有可能持续下去。由于区域经济发展形势、区域间关系日趋复杂，对于区域政策的差异性和精准性的要求更高，因此制定更小尺度、更有针对性的区域政策，是应对区域分化态势的有力工具。

一是在坚持“四大板块”区域总体战略的前提下，基于更小的区域划分尺度完善区域政策。京津冀、粤港澳、长江经济带、长三角等战略的提出，是在逐步缩小区域划分尺度，这些战略针对某一区域发展过程中的特定问题，制定更加精准、更有针对性的区域政策，对于提高政策有效性是很有必要的。未来在这些重大区域战略基础上，还需针对特定功能区或问题区域出台相关政策，比如粮食主产区、生态涵养区、资源枯竭区、老工业基地等，统筹解决区域协调发展过程中的问题，挖掘这些区域特殊的比较优势，探索区域发展的不同路径。

二是构建差异化富有弹性的区域政策体系。我国区域间差异极大，决定了不可能实施“一刀切”的区域政策，需要根据区域实际构建差别化的区域政策体系。而且近年来，虽然区域发展差距有所缩小，但随着新技术新经济发展，先发地区对优质要素的吸引力更强，只有依靠国家出台具有差异化的区域政策，包括在财税、产业、土地、环保、人才等，才能改变不同地区集聚要素的条件，推动后发地区获得发展机会，缩小区域差距。

三是加强不同层次区域战略的协同。目前，我国的区域战略和规划至少可分为三个层次，①重大战略，包括京津冀、长江经济带、粤港澳大湾区、雄安新区、海南自贸试验区和深圳中国特色社会主义先行示范区等；②重要战略，是指由国务院印发文件确定的重要区域，比如天津滨海新区等；③一般战略，即纳入国家各个五年规划的、全国基本全覆盖的区域规划。这三个层次的战略和规划的关系应加强协调，对于已出台和即将出台的一些区域发展战略在内涵上有哪些异同点和特色，对于区域经济发展能发挥怎样的作用，这些问题对于促进区域协调发展至关重要，避免最优质的资源完全向重大战略区集聚的趋势，形成新的虹吸效应。

四是加强法治化手段规范区域制度。我国已经形成东西互动、南北联通的区域空间格局，也出台了许多区域发展政策，但由于区域政策缺乏强制性，在区域合作过程中很多阻碍区域市场一体化的问题始终得不到解决。随着我国区域空间格局的构建，强化区域政策的法律效力，通过法治化确保区域政策的贯彻落实并取得成效。

（二）构建有效的跨区域产业合作机制

当前，我国区域产业关联度不高，区域合理分工、优势互补的产业格局尚未充分形成，产业创新力和全球竞争力有待提升，“飞地经济”、共建园区在经济指标统计、农用地占补平衡以及税收分成等利益关系方面尚缺乏一套行之有效的制度性安排，跨区域利益共享机制有待探索，公共性、基础性、通用性的跨区域产业项目，尚缺乏有效投融资机制保障，建设运营机制有待创新完善。

一是以产业合作带动区域一体化。产业发展是经济社会发展最重要的支撑，如果区域间或区域内能实现产业的合理布局和一体化发展，自然就会形成对基础设施、社会保障、市场体系一体化的带动，最终实现区域一体化。从发达国家实践来看，区域是产业集群的理想载体。长期以来，我国的产业布局受制于行政区划的约束，区域内、区域间产业布局都缺乏统筹规划，各自为政，自成体系，产业同质化和无序竞争日益严重。各地单独布局，还会导致设定的发展目标往往与国家对该产业的总体发展规划目标相去甚远，也是产业规划无法成为产业发展有效支撑的重要原因。因此，在区域范围内，根据各地产业基础，优化产业布局，构建科学合理的分工体系，实现良性互动，是区域协调发展的根本保障，而推动区域协调发展也是突破行政边界，实现产业优化布局的机会。

二是以产业规划推动产业协同。当前无论是区域之间还是区域内部产业趋同现象都很明显，特别是区域内部由于资源禀赋和区位条件相近，各地对有发展前景的产业不顾产业基础等比较优势一拥而上，抢占市场的现象还普遍存在。以长三角为例，上海、江苏和浙江在战略性新兴产业上的布局重合度很高，需从区域一体化视角开展产业规划，优化产业布局，以避免重复建设和无序竞争，提高区域竞争力。在目前地区间行政分隔情况下，要统筹区域产业布局，实现产业协同，不仅要发挥市场机制作用，也要更好地发挥政府的规划引领作用。应从国家层面或区域层面制定具有法律效力的中长期产业发展规划，根据地区比较优势和区域发展定位，发挥规划引领作用，从根本上解决低水平无序竞争、重复建设等问题。通过规划形成区域的核心区、辐射区和支撑区大中小城市间的功能互补、产业集聚的一体化发展格局。

三是把飞地产业园作为产业一体化重要载体。“飞地经济”是当前跨区域合作的常见模式，飞地产业园是产业一体化发展的重要载体。“飞地经济”是国际上普遍采取的平衡区域经济发展的办法，在我国也有很多较为成功的实践，在城市间利益分配、职能分工和考核方式等方面都探索出了不同的模式。区域间或区域内城市共建飞地产业园是实现产业协同发展的有效方式，应鼓励先发地区在产业转移过程中根据现实条件选择与后发地区共建飞地产业园，通过建立多方认可的利益共享机制，实现优势互补、互利共赢。鼓励高成本园区与其他区域的低成本园区建立合作机制，推动一体化发展，实现人力资源双向流动，形成“反向”飞地经济。

（三）形成全国统一开放、竞争有序的商品和要素市场

促进区域协调发展最终仍需要发挥市场机制的作用，通过深化改革，打破影响区域间要素自由流动的壁垒，建设全国统一大市场，全面

提高资源配置效率。全国统一市场的建设，应加快清理废除妨碍统一市场和公平竞争的各种规定和做法，营造规则统一开放、标准互认、要素自由流动的市场环境。

一是统一规则标准。协调统一的规则标准是促进区域间要素自由流动、推动区域统一大市场建设的重要支撑。在信用、金融、信息、产品质量、公共服务、食品安全等领域均需要加强法律法规和标准规范的协同。

二是统一市场准入标准。全面实施全国统一的市场准入负面清单制度，消除歧视性、隐蔽性的区域市场准入限制，建立市场准入负面清单动态调整机制和信息公开机制。建立都市圈市场监管协调机制，统一监管标准，推动执法协作及信息共享。加快完善都市圈信用体系，实施守信联合激励和失信联合惩戒。

三是构建技术市场一体化。支持联合建设科技资源共享服务平台，鼓励共建科技研发和转化基地。探索建立企业需求联合发布机制和财政支持科技成果共享机制。清理城市间因技术标准不统一形成的各种障碍。建立都市圈技术交易市场联盟，构建多层次知识产权交易市场体系。鼓励发展跨地区知识产权交易中介服务，支持金融机构开展知识产权质押融资、科技型中小企业履约保证保险等业务。加强跨区域创新战略联动、创新规划协同，统筹创新资源配置；形成区域创新生态体系，充分发挥不同区域内创新平台的作用，形成从科学研究、技术研发到产业转化等梯次衔接的共建共享机制，建立与之相配套的利益分配机制。聚焦关键核心技术，实现合力攻关，在区域内建立长期、稳定的联合研究和攻关形式，尽早解决“卡脖子”的关键核心技术。

四是尽快实现人口充分流动。人口自由流动对区域协调发展目标的实现是至关重要的，也是建立统一市场的最大挑战之一。从发达国家的经验看，在自由流动机制下，人口会向着那些适宜集聚的地区流动，经济集聚的地方人口才会集聚，人口和经济集聚是均衡的，而那些人口承载能力有限的贫困区未来人口是要减少的。只有人口可以自由流动，要素才能按照区域比较优势进行配置。

（四）加快实现养老保险全国统筹

养老保险全国统筹对维护全国统一大市场、促进企业间公平竞争和劳动力自由流动具有重要意义。目前，我国职工基本养老保险以省级为单位进行管理，由于各省市间经济发展水平、人口结构以及劳动力流动情况极不平衡，以省为单位统筹造成各地养老保险基金收支水平差异巨大，养老保险费率和费基也存在较大差异。养老金结余较多的省份往往通过降低基本养老保险费率、缩小费基以减少结余，省际缴费水平的差异导致不同地区企业人力成本出现差异，严重影响企业间公平竞争。2019 年《降低社会保险费率综合方案》公布后，大部分费率超过 16% 的省份已出台降费率政策，将企业社保费率降至 16%，但之前费率低于 16% 的省份，目前尚未出台费率调整方案，也就是说全国范围内仍然存在费率不一致的情况。费率不一致意味着不同地区企业用工成本不一，严重影响着全国统一市场的建立和劳动力的流动。

对于解决这一问题的方法已经有广泛共识，也是世界上大多数国家的做法，那就是实施基本养老保险全国统筹，由国家统收统支，统一费率和费基。目前看来，应尽快开始全国统筹的准备，下决心建立全国统一的养老保险信息系统，在此基础上统一收入、支出标准和政策，统一征收队伍，经过两年多的准备，到 2022 年二十大召开时，一步到位实施统收统支的基本养老保险全国统筹，确保养老保险制度的区际公平。到 2022 年前的过渡时期，为了解决地区间基金的不平衡，继续施行 2018 年开始的中央调剂金制度，暂时解决部分地区养老金收不抵支和区域发展不公平问题。

（五）增强土地管理制度的弹性

建设用地资源是优势地区最稀缺的资源。为了使优势地区有更大的发展空间，在土地资源集约节约利用原则下，应适当增强土地管理制度的弹性，包括建设用地节余指标可以跨省域调剂，或建设用地供应指标使用更多由省级政府统筹，都有助于形成全国统一的建设用地市场，有利于实现土地的市场价值，从而释放出土地的巨大潜力，对于促进优质资源集聚，发挥更大效益大有裨益。对完善建设用地指标供应的建议是：一要建立全国统一的建设用地调节市场，既有利于形成市场发现价格机制，也有利于需要建设用地指标的地区以较低的价格获得建设用地指标。二要建立以粮食平均亩产为标准当量的土地交易单位。高于平均亩产的土地市场折价高，低于平均亩产的土地市场折价低，避免土地占优补劣，有利于保证耕地和粮食安全。同时，建立土地质量评价监督的第三方机构。三要支持优势地区优先开展基本农田规划调整试点和耕地占补平衡指标跨省份交易试点。四要对部分跨区域重点项目在土地指标分配上予以统筹。

（六）完善能源消费总量和强度“双控”制度

我国持续实施的能源消费总量和强度“双控”制度，对于倒逼产业转型升级，开展技术改造，提质增效，发挥了重要作用，也是我国能源转型和应对全球气候变化的重要制度保障。从全国情况看，2018 年全国能源消费总量 46.4 亿吨标准煤，距离 2020 年能源消费总量控制在 50 亿吨标准煤的目标仍有一定空间，但部分发达省份的能源消费总量已经趋近“天花板”，江苏、浙江、山东等省内多市未能完成控制目标。以浙江省为例，其 2018 年能源消费总量为 2.17 亿吨标准煤，距离 2020 年 2.199 亿吨标准煤的目标值只有 290 万吨标准煤的增量空间。

下一步，既要坚持对能源消费强度的执行力度，又要对总量指标分配的科学性加强研究。可考虑对经济发展较快地区在能耗强度达标的基础上，对总量目标给予弹性空间。同时，经济发达地区要加快推进产业转型升级，对于传统高耗能产业应适当转移，保持战略定力，坚定地走创新驱动道路，实现产业转型升级，抢占全球产业链高端。

（七）加快形成推动落实区域协调发展战略的区域间行政协作、协同的体制机制

探索建立跨行政区域重大发展战略、重大生产力布局、重大政策联动的党政主要领导会商制度；建立区域协同发展中重要政策协调、重大项目建设协调、具体产业分工布局建设中协调落实机制；探索建立协同解决跨行政区域的经济矛盾纠纷，以及合资共建、要素合作配置实现产出的利益分享机制；探索建立跨地域的经济核算、税收分配分成等财税、会计、统计核算制度。

（执笔：陈妍、马庆斌）

参考文献

[1]孙志燕.中国制造业空间布局的新趋势及对策建议[J].区域经济评论,2014(4):10-13.

[2]马庆斌.新时期:应把优化生产力布局作为推动我国区域协调发展的重要抓手[J].中国经贸导刊,2014(21):28-30.

[3]郑新立.《土地管理法(修正案)》应成为推动改革的利器[J].农村工作通讯,2017(17):47.

[4]贾若祥.新发展理念下横向生态补偿与区域合作融合互动[J].中国经贸导刊,2017(28):67-70.

[5]韩永文.推动经济高质量发展的制度环境研究[J].全球化,2018(12):5-23,131.

[6]孙久文. 建立区域协调发展新机制[N].中国社会科学报,2018-01-12(005).

[7]孙久文.论新时代区域协调发展战略的发展与创新[J].国家行政学院学报,2018(4):109-114,151.

[8]贾若祥.完善我国区域政策体系[J].中国发展观察,2018(Z2):70-73.

[9]韩永文.抓住“一带一路”建设新机遇打造内陆改革开放新高地[J].全球化,2019(11):108－111.

[10]韩永文.发挥城市群在经济高质量发展中的引领和辐射作用[J].全球化,2019(5):8－12,134.

[11]韩永文.加快中部地区全面崛起[J].全球化,2019(2):19－23,134.

[12]贾若祥.生态产品价值实现的新途径[J].中国社会科学报,2019(7).

[13]贾若祥.以更加有效的新机制保障区域协调发展[N].经济日报,2019－06－03(012).

[14]贾若祥,张燕,王继源,汪阳红,窦红涛.我国实施区域协调发展战略的总体思路[J].中国发展观察,2019(9):24－27.

[15]孙志燕,侯永志.对我国区域不平衡发展的多视角观察和政策应对[J].管理世界,2019,35(8):1－8.

[16]肖金成.“十四五”时期区域经济高质量发展的若干建议[J].区域经济评论,2019(6):13－17.

我国区域协调发展问题研究

专题报告

专题报告一

积极运用财政金融手段支持区域协调和城乡融合发展

以习近平同志为核心的党中央，立足国情、应对世情、基于现实、面向未来提出明确要求，要大力推进区域协调和城乡融合发展，破解我国新时代主要矛盾。推动区域协调和城乡融合发展是实现“两个一百年”宏伟目标的有效手段，只有切实解决我国区域协调和城乡融合发展问题，才能实现我国整体高质量发展。积极推进我国区域协调和城乡融合发展是我国经济社会发展的长期问题，涉及大量相关主体和影响因素，只有汇聚多方力量综合施策才能取得较好成效。财政政策和金融政策是宏观调控政策体系的重要组成部分，是实现经济社会预期发展目标的有效手段和工具。中国长期的实践证明，我国财政金融政策在各领域建设中均发挥了重大作用，科学制定运用财政金融政策支持区域协调和城乡融合发展势在必行，理应充分重视。

一、我国区域协调发展中存在的突出问题

我国幅员辽阔，区域间自然禀赋、经济社会资源和发达程度差异较大。尽管我国在区域协调发展方面已取得了不少成绩，但仍有大量长期存在的深层次矛盾尚未得到根本解决，主要包括：

（一）区域间人均 GDP 差距大且加速分化

目前，不同区域间经济发展速度分化加剧，特别是“南快北慢”[①]问题凸显。西南、中部的南方省区及东南沿海地区的增长态势普遍好于西北、中部北方省区以及东北地区。2018 年经济增速排名前十的省级行政单位，南方占据 9 个，北方仅有陕西省，而排在后五位的省份均在北方。从国际比较角度看，以人均 GDP 最高和最低的行政区比值来衡量地区间经济发展情况，2017 年美国是 2.26，德国是 2.41，而在我国 31 个省（自治区、直辖市）中，人均 GDP 最高的北京市与人均 GDP 最低的甘肃省之间的比值为 4.41（见表 1）。与发达国家相比，我国在区域协调发展方面存在一定差距。

表 1　2017 年美国、德国、中国内部人均 GDP 差异情况　　单位：美元

人均 GDP 情况	美国		德国		中国	
人均 GDP 最高省（州）	纽约州	85747	汉堡	73899	北京	19102
人均 GDP 最低省（州）	密西西比州	37949	萨克森—安哈特州	30606	甘肃	4332
人均 GDP 最大省（州）/人均 GDP 最小省（州）	2.26		2.41		4.41	

（二）区域间人口数量与经济规模不相称

从三大城市群来看，京津冀、长三角和珠三角的地区生产总值占全国 GDP 的 41%，人口仅占全国总人口的 22%；沿海 11 省（自治区、直辖市）地区生产总值占全国 GDP 的 61%，人口仅占 43%。较少人口占有了较多的经济社会资源。

---

① 南方省份包括：江苏、安徽、湖北、重庆、四川、西藏、云南、贵州、湖南、江西、广西、广东、福建、浙江、上海、海南；北方省份包括：山东、河南、山西、陕西、甘肃、青海、新疆、河北、天津、北京、内蒙古、辽宁、吉林、黑龙江、宁夏。

(三) 优质经济产业资源区分布南北差距加大

在产业发展及经济结构转型升级方面，“南高北低”和“南快北慢”格局依旧。2016年，南方省份资本密集型产业与技术密集型产业①在全国的占比分别达到60.02%与76.74%（见图1、图2），而北方服

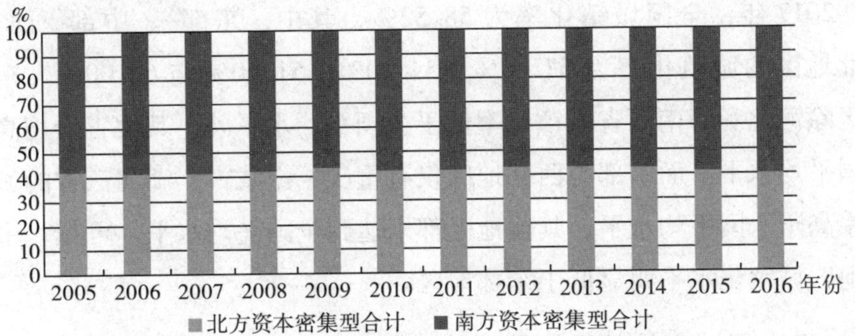

图1　南北方资本密集型产业占比变化情况

资料来源：《中国工业经济统计年鉴》。

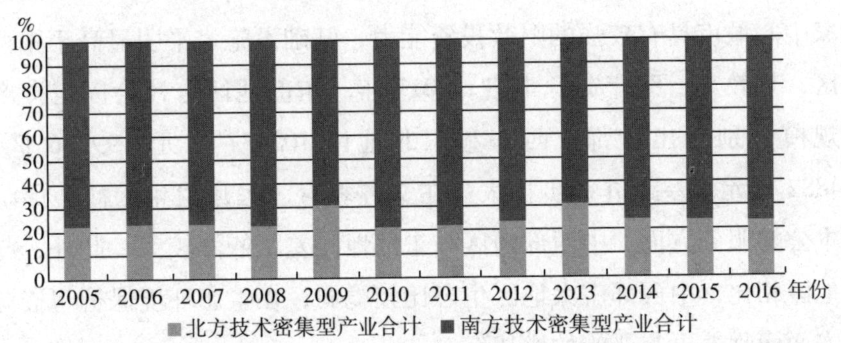

图2　南北方技术密集型产业占比变化情况

资料来源：《中国工业经济统计年鉴》。

---

① 考虑到数据的可得性，本研究采用的不同类型产业数据仅集中在制造业细分行业。劳动密集型产业包括：食品加工制造业，饮料制造业，烟草制造业，纺织业，纺织服装、鞋、帽制造业，皮革、毛皮、羽毛绒及其制造业，木材加工及木、竹、藤、棕、草制品业，家具制造业，造纸及纸制品，印刷业和记录媒介的复制，文教体育用品制造业，橡胶制品和塑料制品业，非金属矿物制品业，废弃资源综合利用业，工艺品及其制造业。资本密集型产业包括：石油加工、炼焦及核燃料加工业，化学原料及化学制品制造业，化学纤维制造业，黑色金属冶炼和压延加工业，有色金属冶炼及压延加工业，金属制品业，通用设备制造业，专用设备制造业，交通运输及设备制造业，电气机械及器材制造业。技术密集型产业包括：医药制造业，计算机、通信和其他电子设备制造业，仪器仪表制造业。数据源于《中国工业经济统计年鉴》，最新数据为2016年。

务业发展缓慢、传统工业占比过高，科技革命和产业变革能力相对落后，新产业、新业态和新商业模式培育不足，进一步加大了南北方经济和产业资源差距。

（四）区域间城镇化水平差距较大

2017 年，全国城镇化率为 58.52%，其中，东部[①]、中部、西部、东北地区的城镇化率为 67.00%、54.30%、51.60%与 62.00%。东部地区除河北和海南两省城镇化率低于全国平均水平外，其他省份均高于全国平均水平。而中部与西部地区仅有重庆、内蒙古、湖北三省的城镇化率高于全国平均水平，其他地区都未达到全国平均水平。可见，中西部地区城镇化水平明显低于东部地区。

（五）区域间基础设施和公共服务水平存在较大差距

在基础设施建设方面，东部地区尤其是北京、上海、广州、天津等国家中心城市具有较强的财政投资能力，基础设施水平明显高于中西部地区，且教育、医疗资源丰富。2017 年，东部地区全社会固定资产投资规模分别超出中部、西部和东北地区 102437 亿元、99266 亿元、234882 亿元，差距进一步扩大。在义务教育、医疗卫生、社会保障等基本公共服务方面，中西部地区与东部地区差距依然较大。此外，与东部地区相比，中西部广大地区生态比较脆弱，在生态环境保护与资源开发方面面临着更为严峻的挑战[②]。

---

① 根据《中共中央、国务院关于促进中部地区崛起的若干意见》《国务院发布关于西部大开发若干政策措施的实施意见》以及党的十六大报告精神，我国七大区域的划分标准如下：东部地区包括北京、天津、河北、上海、江苏、浙江、福建、山东、广东及海南；中部地区包括湖南、湖北、安徽、江西、山西、河南；西部地区包括重庆、四川、陕西、内蒙古、宁夏、新疆、西藏、甘肃、青海、云南、广西、贵州；东北地区包括辽宁、吉林、黑龙江。

② 林传忠．经济新常态下推进我国区域协调发展的路径及对策［EB/OL］. http://theory.people.com.cn/n1/2017/0622/c40531 - 29354850.html，2017 - 06 - 22.

二、我国城乡融合发展中存在的突出问题

从历史角度看，城乡协调发展问题贯穿我国从传统农业国到逐步转变为工业化国家的全部过程。总体而论，在过去的70年中，随着我国工业和农业等领域的发展，我国城乡协调发展水平已有长足进步，但距我国人民日益增长的美好生活需要、城乡融合高质量发展需求仍有较大差距，主要体现在以下六个方面。

（一）城乡收入差距依然较大

伴随我国科技教育、市场化和农业现代化水平不断上升，我国农民收入不断提高，自2013年以来，我国农村居民人均可支配收入增速持续超过城镇居民。2018年，我国农村居民人均可支配收入名义增长率为8.8%，而城镇居民人均可支配收入名义增长率为7.8%。

需要格外重视的是，即使在上述情势良好的条件下，我国城乡居民间人均可支配收入仍有较大差距。2018年，城乡居民经营净收入比为0.83，城镇居民的财产净收入、工资性收入、转移净收入分别是农村居民的11.78倍、3.97倍、2.39倍。2018年农村居民人均可支配收入为14617元，城镇居民人均可支配收入为39251元，城乡收入比为2.69。总体来看，我国城乡收入差距依然较大。

（二）城乡基本公共服务均等化水平有待提升

党的十八大以来，我国格外注重城乡基本公共服务均等化发展，不断提高全国公共财政等支持“三农”发展力度。从2012年到2016年，全国公共财政支出中用于支持农村社会发展、农村综合改革和乡镇卫生院发展的占比不断提高，其中，用于农村社会发展等方面的支出增长了390%。

需要格外重视的是，一是从基本公共服务角度看，即使我国基本公共服务不断向乡村延伸，城乡居民在医疗保障、义务教育等方面实现了

制度全覆盖，但城乡基本公共服务标准依然差距巨大。在医疗和教育等方面，2017 年城市每千人医疗机构床位数为农村的 2.1 倍，城市每万人拥有卫生技术人员数是农村的 2.5 倍，城市幼儿园专任教育人数为农村的 2.8 倍，差距之大可见一斑。二是从社会保障的角度看，城市低保和农村低保的人均补助标准存在较大差异。2017 年城市低保平均标准为人均 540.6 元/月，农村人均 358.39 元/月，差额达 182.21 元；2016 年城市低保人均补助水平为 333.4 元，农村仅为 170.8 元。城乡保障水平差距虽然日益缩小，但依然明显。

（三）农村人居环境改善面临较大制约

近 20 年来，我国格外重视乡村基础设施建设，不断加大投入力度，使我国农村人居环境获得明显改善，在某种程度上缩小了城乡差距。

需要格外重视的是，面向新时代城乡融合高质量发展新目标和新任务，我国农村人居环境水平仍严重滞后。例如，2017 年，农村集中供水的行政村比例和村内自建集中供水设施的行政村比例分别为 71.95% 和 15.39%，整个城市地区比农村地区供水普及率高 33.19 个百分点。在能源和信息基础设施建设方面，2017 年农村地区仅有 22.52% 的村落开通了燃气，远远落后于城市地区 96.26% 的燃气普及率，农村地区互联网宽带接入用户约为城市地区的 36%。在生态环境整治方面，2016 年城市污水处理率和生活垃圾无害化处理率达到 93.44% 和 96.62%，而农村地区仅为 20.00% 和 65.00%，分别低于城市 73.44 个百分点和 31.62 个百分点。总体来看，农村人居环境远远落后于城镇，在很大程度上长期制约了我国农村居民共享我国现代化建设成果，成为城乡发展不平衡的重要症结。

（四）城乡间要素高效便捷合理流动存在制度性障碍

长期以来，受我国历史因素、人口因素、生产力落后因素和国际因素等客观条件制约，我国“三农”在服务国家工业化大局中，既做出了巨大历史性贡献，又付出了不得不付出的代价。近年来，党中央、国务院不断加强城乡统筹和城乡一体化建设，使“三农”领域的发展得到实质性改善，在一定程度上提高了城乡间要素高效便捷流动水平。

需要格外重视的是，目前我国城乡间要素高效便捷合理流动与充分融合发展机制远未形成，乡村在我国经济社会发展中的巨大潜能并未得到有效挖掘。相关制度性障碍主要体现在：一是从户籍制度上看。尽管户籍制度改革、城市就业制度改革等使农民流入城市的环境有所改善，但促使农民家庭整体迁入城市的制度环境依然没有建立，特别是城市的住房、子女教育等与之密切关联的配套制度成为制约农民在城市定居的最重要因素，极大程度地推高了农民在城市就业、居住和定居成本。二是从金融体制上看。我国金融服务体系由商业金融、政策金融、开发金融与合作金融构成。在以往的40年中，随着我国经济金融市场化程度不断上升，我国商业金融机构不断发展壮大，开发金融也曾一度大力推动市场化和商业化改革。出于金融资本逐利天性，县级以下地区的商业金融机构的数量显著下降，大量合作金融机构名存实亡，或改制为农村商业银行，或相对处于经营乏力状态；与之相应，我国开发金融和政策金融在县以下的乡村区域极少乃至不设置分支机构。乡村乡镇尚存信用社、贷款公司和村镇银行等服务“三农”的金融机构在资本实力、业务能力和人员素质等方面捉襟见肘，实力相对薄弱。较高比例的“三农”资本通过城乡金融机构合作流向城市金融市场和机构，并未专注服务“三农”，进一步加剧了“三农”领域资本供给不足。此外，我国农村的涉农产业，包括现代农业发展不足，也进一步阻碍了金融资本进入“三农”领域、与“三农”领域结合的广度和深度。三是从土地制度上看。城乡土地二元市场、土地财政依赖和货币政策，刺激了城市占地面积蔓延，使土地城镇化速度显著快于人口城镇化速度。这不仅催生了土地价格泡沫，而且导致了大量土地荒废和浪费使用，还在很大程度上推动了地方政府高债务杠杆的形成。更为严重的是，大量农民很少或根本无法分享我国城镇化发展成果，进而加剧了城乡发展不平衡和“三农”发展不充分的矛盾。四是从教育制度上看。教育培训资源高效便捷合理流动与分布制度有待完善。人力资源是人类经济社会发展的首要资源，教育培训是升级人力资源质量的基础性和关键性手段。区域间、城乡间人才和人力资源发展的不协调和低层次融合制约了我国区域协调与城乡融合发展。实现我国区域协调与城乡融合发展，需要我国不同区域和城乡间教育培训事业协调发展。虽然近年来教育制度已对特定区域和乡村教育培训条件予以改善，但仍需更好地促进我国教育培训资源向特定区域和乡村倾斜，利用现代数字信息技术实现远程教育培训与本地化辅导相融合等手段在我国教育制度中发挥更大作用。低端劳动力总体过多，各层次高质量人才不足，制约了我国区域协调和城乡融合发展水平，制约了我国乡村振兴和农业现代化发展水平。

（五）城乡融合发展水平区域性差异明显

近年来，我国各区域均在积极推进城乡融合发展，加快提高城镇化发展水平，积极推动乡村振兴。优化生态环境、精准扶贫和改善民生等举措，以及城镇经济辐射，均在一定程度上促进了城乡融合发展。但同时，受各种主客观和区域内外部因素影响，各大区域板块城镇化推进程度差异明显，不同类型城市群内和距城中心远近不一地区的城乡融合发展水平差异迥然。例如，东部城市群地区城乡间基础设施基本实现了互联互通和公共服务初步均等化，已经具备了城乡高度融合发展的基础条件，正在向高水平城乡融合发展阶段迈进；而中西部地区幅员辽阔，城市辐射能力相对薄弱，加之农村距离城市较远，致使城市辐射带动乡村发展水平较低，乡村资源向城市集中的虹吸现象较为普遍，在某种程度上扩大了城乡发展差异，制约了城乡融合发展。

（六）中小城镇城乡融合进展缓慢

在破解我国不平衡不充分发展的主要矛盾的过程中，区域协调和城乡融合发展关系密切、互为条件。从城市和城镇发达程度不一的角度看，城市群中的区域性中心城市（大城市、中等城市）及其郊县区域，主要指省级、地市级中心城市及周边区域，已经基本进入城乡分割向高水平城乡融合发展的起步阶段，上述城市辐射带动周边能力强，以城促乡效果明显；而小县城及镇周边城乡，虽然城乡发展差距较小，城乡融合度较高，比较顺利地度过了城乡分割向低水平城乡融合发展阶段，但其发展方向与模式大多体现为农村提供原材料和劳动力，小县城及城镇发展农产品加工业，城镇工业产品服务农村市场需求等方面的内容。这种城乡要素流动相对频繁，虽然可以较好地发挥县城及城镇联系城乡的纽带作用，但由于受小县城和城镇自身条件制约和经济发达城市虹吸现象影响，近年部分小县城和城镇发展动力有所衰减。小县城和城镇自身发展边缘化问题在一定程度上不利于带动促进周边农村实现高水平城乡融合发展。

三、新时代党中央对区域协调和城乡融合发展提出明确要求

区域发展不平衡和城乡发展差距大是我国区域城乡发展的总体现状和突出矛盾，党中央、国务院高度重视并长期致力于解决相关问题。中国特色社会主义进入新时代后，以习近平同志为核心的党中央，基于对国内外发展大势和主要矛盾的高瞻远瞩和英明判断，对新时代中国特色社会主义建设进行了总体规划和部署，并对区域协调和城乡融合发展工作做出了重要指示，提供了发展指南。

（一）新时期有关区域协调发展的论述

党的十八大以来，习近平总书记亲自谋划、亲自部署、亲自推动形成了以“一带一路”建设、京津冀协同发展、长江经济带发展三大战

略为引领，以西部大开发、东北振兴、中部崛起和东部率先发展“四大板块”联动的区域发展格局。在党的十九大报告中，习近平总书记基于对国际局势、我国不平衡不充分发展国情的深刻认识和对我国主要矛盾的精准判断，明确要求实施区域协调发展战略，并为我国新时代区域协调发展勾画了宏伟蓝图。特别是，粤港澳大湾区发展战略，在国家重大战略层面，再次丰富完善了我国区域协调发展战略。2018 年政府工作报告强调，要“认真贯彻以习近平同志为核心的党中央决策部署”“扎实推进区域协调发展战略”。区域协调发展战略已成为推进我国实现高质量发展、构建现代经济体系、激发区域发展活力、挖掘地区发展潜力、突破我国国内外发展瓶颈的关键战略举措之一，成为当前乃至今后一个时期指导我国区域经济发展的重要方针和关键任务。2018 年，中央经济工作会议进一步指出，要统筹推进西部大开发、东北全面振兴、中部地区崛起、东部率先发展，增强中心城市辐射带动力，形成高质量发展的重要助推力。同时，也要推动城镇化发展，抓好已经在城镇就业的农业转移人口的落户工作，督促落实 2020 年 1 亿人落户目标，提高大城市精细化管理水平。

（二）新时期有关城乡融合发展的论述

党中央、国务院高度重视“三农”发展，党的十七大、十八大、十九大报告等重要纲领性文件特别强调了要进一步提高城乡发展一体化水平，不断解放和发展农村社会生产力、改善和提高广大农民群众生活水平。党的十九大首次提出乡村振兴战略，并指出要坚持农业农村优先发展，按照产业兴旺、生态宜居、乡风文明、治理有效、生活富裕的总要求，建立健全城乡融合发展体制机制和政策体系，加快推进农业农村现代化。其中，建立健全城乡融合发展体制机制和政策体系，是对未来新型城乡发展关系做出的重大战略部署，既切中了当前城乡发展关系的要害，又为新时代乡村振兴指明方向，是加快推进农业农村现代化，实现乡村振兴的重要指导方针。2018 年，中央经济工作会议进一步提出，要扎实推进乡村振兴战略，坚持农业农村优先发展，重视培育家庭农场、农民合作社等新型经营主体，改善农村人居环境，提升村容村貌，深化农村土地制度改革等。

自2004年以来，每年的中央一号文件均明确提出加强农业农村建设有关内容。2018年中央一号文件《中共中央国务院关于实施乡村振兴战略的意见》提出："坚持城乡融合发展，坚决破除体制机制弊端，使市场在资源配置中起决定性作用，更好发挥政府作用，推动城乡要素自由流动、平等交换，推动新型工业化、信息化、城镇化、农业现代化同步发展，加快形成工农互促、城乡互补、全面融合、共同繁荣的新型工农城乡关系。"2019年中央一号文件进一步强调指出："要优先满足'三农'发展要素配置，坚决破除妨碍城乡要素自由流动、平等交换的体制机制壁垒，改变农村要素单向流出格局，推动资源要素向农村流动。"这些文件再次明确了城乡融合发展的总体方向。各省、自治区、直辖市纷纷出台乡村振兴方面的专项规划和重要措施，进一步夯实了农业农村发展的政策基础。一系列重大政策的出台为破除体制机制障碍、推动乡村振兴、助力城乡融合发展提供了强有力的政策支持。

四、新时代党中央对财政金融发展提出明确要求

（一）新时期有关财政政策的论述

党的十九大报告明确提出了财政制度改革的方向与要旨，报告指出，加快建立现代财政制度，建立权责清晰、财力协调、区域均衡的中央和地方财政关系。健全财政、货币、产业、区域等经济政策协调机制。建立全面规范透明、标准科学、约束有力的预算制度，全面实施绩效管理。深化税收制度改革，健全地方税体系。

在此基础上，"十三五"规划则明确提出了建立现代财政制度的基

本途径，主要包括：加快财税体制改革、完善地方税体系，确立合理有序的财力格局、建立事权和支出责任相适应的制度，建立全面规范公开透明的预算制度，建立税种科学、结构优化、法律健全、规范公平、征管高效的现代税收制度等。

党的十八大以来，为应对经济下行风险，历年中央经济工作会议均指出要加大积极财政政策的实施力度。2016 年以来，中央经济工作会议进一步提出积极的财政政策要更加有效，强化逆周期调节，通过实施更大规模减税降费的方式激发微观主体活力。

2018 年政府工作报告更加有的放矢，提出要加大预算公开改革力度，推进中央与地方财政事权和支出责任划分改革，稳步推进房地产税立法。2019 年政府工作报告提出要实施更大规模的减税，明显降低企业社保缴费负担，确保减税降费落实到位。同时，为有效发挥地方政府债券作用，2019 年安排地方政府专项债券 2. 15 万亿元，既为重点项目建设提供资金支持，也为更好防范化解地方政府债务风险创造条件。

（二）新时期有关金融政策的论述

十九大报告提纲挈领地指出要深化金融体制改革，增强金融服务实体经济能力，提高直接融资比重，促进多层次资本市场健康发展。健全货币政策和宏观审慎政策双支柱调控框架，深化利率和汇率市场化改革。健全金融监管体系，守住不发生系统性金融风险的底线。

在此基础上，“十三五”规划明确提出了金融体制改革的基本途径，主要包括：深化金融监管体制改革、提高金融服务实体经济效率和支持经济转型的能力，有效防范和化解金融风险，提高直接融资比重、降低杠杆率，改革并完善适应现代金融市场发展的金融监管框架，明确监管职责和风险防范处置责任、构建货币政策与审慎管理相协调的金融管理体制。

2013 年以来，为在稳定经济增长的同时防范化解金融风险，历年中央经济工作会议均提出实施稳健的货币政策这一目标。特别是2016年以来，货币政策将防控金融风险放在更加重要的位置，强调货币政策要保持稳健中性，守住不发生系统性金融风险的底线。同时，货币政策还更加突出结构性调节的重要性，强调要提高直接融资比重，解决好民营企业和小微企业“融资难、融资贵”问题。

2019年政府工作报告将激发微观主体活力作为宏观调控的根本目标，保持经济运行在合理区间，进一步稳就业、稳金融、稳外贸、稳外资、稳投资、稳预期。金融改革的着力点在于缓解企业“融资难、融资贵”问题。改革完善货币信贷投放机制，适时运用存款准备金率、利率等数量和价格手段，引导金融机构扩大信贷投放、降低贷款成本，精准有效支持实体经济，不能让资金空转或脱实向虚。加大对中小银行定向降准力度，释放的资金全部用于民营和小微企业贷款。支持大型商业银行多渠道补充资本，增强信贷投放能力，鼓励增加制造业中长期贷款和信用贷款。切实使中小微企业融资紧张状况有明显改善，综合融资成本必须有明显降低。2013—2018年中央经济工作会议重要金融政策概览见表2。

五、财政金融支持区域协调和城乡融合发展存在的问题与成因

我国自实施区域经济发展战略以来，适时制定了与之相配合的财政金融政策。这对加快欠发达地区经济社会发展、缩小区域发展差距和促进区域协调发展起到了促进作用，但也存在一定的缺陷。

（一）财政支持区域协调和城乡融合发展存在的问题与成因

1. 财政在支持区域协调发展过程中存在的问题与成因

第一，分税财政体制仍不完善。当前中国税制中，增值税仍为第一大税种，约占我国总体税收收入的四成，其次为企业所得税、个人所得税和消费税；资源税占比很小，仅为总税收收入的约1%。而且，消费税

表 2　2013—2018 年中央经济工作会议重要金融政策一览

政策分类	2013 年	2014 年	2015 年	2016 年	2017 年	2018 年
财政政策	继续实施积极的财政政策。要进一步调整财政支出结构，厉行节约，提高资金使用效率，完善结构性减税政策，扩大营改增试点行业	继续实施积极的财政政策，积极的财政政策要有力度	积极的财政政策要加大力度，实行减税政策，阶段性提高财政赤字率	财政政策要更加积极有效，预算安排要适应推进供给侧结构性改革、降低企业税费负担、保障民生兜底的需要	积极的财政政策取向不变，调整优化财政支出结构，确保对重点领域和项目的支持力度，压缩一般性支出，切实加强地方政府债务管理	积极的财政政策要加力提效，实施更大规模的减税降费，较大幅度增加地方政府专项债券规模
货币政策	继续实施稳健的货币政策。要保持货币信贷及社会融资规模合理增长，改善和优化融资结构和信贷结构，提高直接融资比重，推进利率市场化和人民币汇率形成机制改革，增强金融运行效率和服务实体经济能力	继续实施稳健的货币政策，货币政策要更加注重松紧适度	稳健的货币政策要灵活适度，为结构性改革营造适宜的货币金融环境，降低融资成本，保持流动性合理充裕和社会融资总量适度增长，扩大直接融资比重，优化信贷结构，完善汇率形成机制	货币政策要保持稳健中性，适应货币供应方式新变化，调节好货币闸门，努力畅通货币政策传导渠道和机制，维护流动性基本稳定。要在增强汇率弹性的同时，保持人民币汇率在合理均衡水平上基本稳定。把防控金融风险放到更加重要的位置，确保不发生系统性金融风险	稳健的货币政策要保持中性，管住货币供给总闸门，保持货币信贷和社会融资规模合理增长，保持人民币汇率在合理均衡水平上的基本稳定，促进多层次资本市场健康发展，更好为实体经济服务，守住不发生系统性金融风险的底线	稳健的货币政策要松紧适度，保持流动性合理充裕，改善货币政策传导机制，提高直接融资比重，解决好民营企业和小微企业“融资难、融资贵”问题

属于中央税，所得税仅有40%、增值税仅有50%归属地方政府。中央与地方共享税存在收入分享比例“一刀切”的缺陷，税收累退效应明显，削弱了调节区域间财力分配的作用，不易于缩小地区城乡间的财力差距。

一是中西部和东北地区没有税收收入优势。从广义上讲，其本级财政收入在全国地方财政收入中占比累计为42.7%，远不及东部十省份的57.3%，可参见表3。从产业结构看，当前中西部地区第一产业比重仍然较高，第二产业附加值较低，第三产业发展较为落后，税收贡献率较低，加大了地区财力差距。具体来说，第一产业的主要税收来源是对农业产品征收9%低税率的增值税，其他涉农税收较少，如2014年青海、新疆等的烟叶税为零。第二产业主要涉及增值税、消费税和资源税等税种，但是只有资源税完全作为地方财政收入（除海洋石油资源税作为中央税外）。但目前中西部地区因资源税征收范围较窄、税负较低，无法将其转化为地方财力的优势。第三产业的主要税收来源是增值税和企业所得税，但较落后的发展现状制约了税收的增长。而且，西部地区的宏观税负水平较高，不利于微观经济活力的释放。2017年，我国西部、中部、东北、东部（除北京、上海外）地区的宏观税负分别为16.1%、13.6%、12.9%和15.2%。[①]

表3　2017年各地区的财政收支及占地方财政收支比重

地区	财政收入		财政支出	
	绝对额（亿元）	占比（%）	绝对额（亿元）	占比（%）
东部	52495.27	57.3	72869.22	41.9
中部	16339.87	17.9	36957.87	21.4
西部	17787.28	19.7	50155.04	29
东北	4846.99	5.3	13246.22	7.7

注：本表财政收支均为地方本级收支；四舍五入可能会造成细微数据误差。
资料来源：《中国财政年鉴（2018）》。

① 该宏观税负为财政收入占地区生产总值的比重。各地区宏观税负值为其中各个省级行政单位宏观税负的简单加权平均。其中，东部地区剔除北京、上海二市，因总部经济可能会导致其税负虚高；若不剔除，东部地区税负为18%。数据来源于《中国财政年鉴(2018)》。

二是政府事权与财权不匹配。“事权向下转移，财力向上集中”导致政府事权与财力相互不匹配。目前，基层政府事权、职责的事实扩大与其财权、财力有限性之间的矛盾越发突出。隐性下移的政府间事权关系，造成上级政府事权被隐性地下移给下级政府，超出了下级政府财权和财力所能支撑的范围。例如，跨流域大江大河的治理、跨地区的环境污染防治工作，都事关国家利益，也涉及多个省份，本应该由中央统一管理，却交给地方政府负担管理，导致地方政府的事务管理压力越来越大。基础教育、公共卫生、社会保障等具有较强外溢性的公共服务本应以中央为主管理，却由中央和地方政府共同承担，中央按比例划拨一定的财政资金补贴给地方政府。政府间责权划分不够清晰，共同管理使得地方管理的积极性不高，公共服务制度碎片化。此外，地方税体系建设严重滞后，地方政府缺乏稳定的收入来源，这导致县乡财政困难、土地财政和“跑部钱进”等问题多有存在。财权与事权不匹配造成基层财政困难，财政支出更多依靠中央的转移支付，使得地方政府债务风险增大。

第二，税收返还和转移支付制度调节效果不显著。我国近年来不断完善财政转移支付制度，加大财政转移支付力度，但因缺乏充足的财力支持，均等化效果不明显，没有起到缩小区域经济发展差距的作用。其缺陷主要体现在：

一是税收返还计算不合理。如我国现行增值税、消费税基数增长的税收返还政策实际上是默认了“起点”的不公平，使发达地区更加富裕，而中西部地区因增值税、消费税增长缓慢享受税收返还利益较少。一般性转移支付虽逐步倾向于中西部地区，但东部地区获取转移支付财力的比重仍旧较大，从而导致了中西部地区与东部发展差距的进一步扩大。

二是转移支付标准不规范。我国现行转移支付制度并没有一套规范、合理的计算程序与方法，造成转移支付的盲目性和随意性，并演变为中央与地方之间的博弈行为，加之财政转移支付资金监督的不规范和非公开性，从而降低了转移支付的效率，这不仅未能有效解决地区间经济发展的不均衡问题，而且加剧了其公共服务水平的差距。

三是横向转移支付的缺失。世界各国转移支付模式有纵向、横向、纵向与横向混合转移支付三种，我国属于第一种，既缺少独立、规范的转移支付法律，更无解决区域经济发展极不平衡问题的横向或纵向与横向混合转移支付办法。因此，建立一种长效的横向财政转移支付制度，对平衡地区财政收入差异和实现经济协调发展意义重大。

第三，税收优惠政策仍需优化。税收优惠政策是国家对特定的纳税人和征税对象或特殊地区给予税收激励或照顾的方法和措施。我国较长时期的税收优惠政策更多地偏重于东部沿海发达地区，而不利于中西部地区的经济发展，导致了对区域经济协调发展的逆向调节作用失灵。其缺陷主要表现在：

一是优惠倾斜东部地区。近年来，税收优惠政策调整并未使中西部地区获得比东部地区更多的税收优惠，甚至反而更少。如东部地区因高新技术和外资企业众多而享受的税收优惠政策也相应较多，税收优惠政策目标诱导了资源向经济发达地区流动，导致更多的外商直接投资流入东部地区。

二是优惠忽视产业方向。我国注重区域性税收优惠政策效应，也体现了对农业、基础设施和先进技术产业的扶持，但优惠的重点与手段不够清晰，未能充分体现产业政策的导向功能。此外，产业税收优惠政策与中西部地区鼓励发展的产业不完全协调，更缺少针对其产业发展特点与优势的特定优惠，因此未能真正缓解中西部地区产业失衡的矛盾。

三是优惠方式过于简单。如税收优惠政策注重企业利润的调节，且以减免税收等直接优惠为主，缺乏间接税收优惠的激励效应，更缺少有效的税收监管。中西部地区企业由于投资规模大、投资回报期长和盈利水平低等产业特点而难以享受到优惠，因而税收优惠政策的倾斜加剧了中西部地区与东部实际宏观税负的不均衡状态。

2. 财政在支持城乡融合方面存在的问题与成因

近年来，我国财政资金的投入重点逐步向农业、农村和农民倾斜，但在推进城乡融合发展的过程中财政政策还存在诸多体制机制障碍。

一是支农资金使用效益低下。近几年，财政促进城乡统筹发展的资金总量不断增加，但财政资金总量投入占整个财政支出的比重仍然偏低。我国先后出台了一系列支农、惠农、富农政策，要求用于支持农业发展的资金总投入增长幅度要高于财政经常性收入的增长幅度；新增的教育、卫生、文化领域资金支出主要用于农村；国有土地出让金用于农业土地开发的比重不得小于15%等，但实际中这些政策在缩小城乡发展差距的过程中效果并不是很理想。虽然国家高度重视，支农资金投入在总量上逐年递增，但与解决“三农”问题的现实资金需求相比，还有很大差距。

二是财政资金支出存在结构性问题。当前，支农资金缺乏一个明确的、稳定的投资方向，对非生产性投入高于生产性投入，行政性资金支出比重偏高，对农业基础设施建设、农业科技、农村社会化服务体系的资金投入相对缺乏，一些基础性、全局性、公益性的项目资金投入不足。财政投入的相对匮乏在很大程度上抑制了支农资金整体功能的发挥，导致了对农村产业结构优化的导向力度不够，对社会资金吸引力小。

（二）金融支持区域协调和城乡融合发展存在的问题与成因

该领域文献较少，且极为碎片化，相关研究亟待创新。

1. 我国金融体系基本构成

从金融细分行业及其监管角度看，我国金融机构体系由银行业、证券业和保险业构成，并形成了与之对应的以分业监管为主的监管体系。

银行业是现代金融业的主体，是国民经济的枢纽，一般包括在细分市场上运作的专业银行，以及提供广泛的银行和其他金融产品（如存款账户、贷款产品、房地产服务、股票经纪和人寿保险）的综合银行①。证券业是为证券投资活动服务的专门行业。各国定义的证券业范围略有不同，按照美国的“产业分类标准”，证券业由证券经纪公司、证券交易所和有关的商品经纪集团组成。保险业是指将通过契约形式集中起来的资金，用以补偿被保险人的经济利益业务的行业。按照保险标的不同，保险主要分为财产保险和人身保险两大类。

目前，我国金融业监管体系为“一委一行两会”，即国务院金融稳定发展委员会、中国人民银行、中国银行保险监督管理委员会与中国证券监督管理委员会。国务院金融稳定发展委员会主要承担统筹协调职责；中国人民银行主要承担货币政策职能与宏观审慎管理职能；中国银行保险监督管理委员会及中国证券监督管理委员会主要承担微观（分业）审慎监管和行为监管职能。

从金融服务经济社会活动的特定属性角度看，党中央、国务院的相关文件指出，我国的金融体系主要由商业性金融、政策性金融开发性金融、政策性金融、合作性金融构成。

商业性金融是指在国家产业政策的指导下，运用市场法则，引导资源合理配置和货币资金合理流动等经济行为而产生的一系列货币商业性金融活动的总称。商业性金融服务的受众最广，一切有金融需求的机构及个人均可称为商业性金融服务的对象。我国商业金融机构主要包括商业银行、保险公司、证券公司和信托公司等非银行金融机构。政策性金融是指在政府支持下，以国家信用为基础，运用特殊融资手段，严格按照国家法规限定的业务范围、经营对象，以优惠性存贷利率，直接或间接为贯彻、配合国家特定的经济和社会发展政策，而进行的一种特殊性

① 希拉·赫弗兰．现代银行业[M]．北京：中国金融出版社，2007.

资金融通行为。我国政策性金融机构主要包括中国进出口银行、中国农业发展银行和中国出口信用保险公司等。开发性金融是政策性金融的深化和发展。开发性金融是实现政府发展目标、弥补体制落后和市场失灵，有助于维护国家经济金融安全、增强竞争力的一种金融形式。开发性金融一般为政府拥有、赋权经营，具有国家信用，体现政府意志，把国家信用与市场原理特别是与资本市场原理有机结合起来。我国开发性金融机构主要是指国家开发银行。合作性金融伴随合作经济的发展而发展，是一种以互助融资方式为基础的特殊的金融资源分配方式。合作性金融组织具有金融业的一般属性和特征，同样办理存贷款、支付结算和其他金融业务，发挥着信用中介、支付中介以及信用创造的功能；也具有商业性金融与政策性金融不具有的附属性、互助性、补充性、金融稳定性。合作性金融主要服务于商业性金融主流群体以外的客户。我国合作性金融机构主要包括农村信用社和农村信用银行等。

2. 我国金融机构的市场化功能与政府作用

改革开放后，我国逐步从计划经济体制过渡到市场经济体制。与之相适应，我国金融体系中的商业性金融、政策性金融、开发性金融与合作性金融，也在中国特色社会主义经济发展中发挥着不同的市场作用和政府作用。总体来看，伴随着金融业的市场化进程，市场逐步发挥决定性作用，促进了资源的合理配置和流动性提高，降低了资金的流动成本。同时，不同属性金融机构的市场化程度也在不断提升。其中，商业性金融的市场化程度最高，开发性金融与政策性金融次之，合作性金融最低。

商业性金融是以盈利为主要目的的金融机构，是市场运行的产物，其产品体系全面，服务相对高效便捷，可针对不同需求量身定制产品服务。政策性金融为国家宏观调控的工具，是财政政策与金融的有机结合，其存在便是为商业银行的市场化创造了条件。而开发性金融作为政策性金融的深化与发展，是政策性金融的一种方法。开发性金融不依托于政府指令，而是依据市场业绩原则来实施对特定领域支持的政策性金融活动，因此开发性金融较政策性金融更具市场化。合作性金融具有不同于商业性金融的抗风险能力，同时力求互惠互助，以成员的利益最大化为目标，因此其市场化程度相对较弱。

3. 金融支持区域协调和城乡融合发展中的问题与成因

一方面，金融支持区域协调发展中存在的突出问题与成因。区域间金融业发达程度和服务实体经济能力差距大，与区域协调发展实际需要间矛盾突出，是金融支持区域发展中的关键问题。表 4 至表 5 列示了 2013—2018 年我国各区域社会融资规模总量及分布情况。整体来看，东部地区占比远高于中部、西部、东北部，甚至超过其总和，且呈现出整体上升的趋势。2013—2018 年，东部地区总社会融资规模占全国平均比例超过一半，为 54.66%；西部地区次之，占比为 21.46%，中部地区和东北地区依次为 18.14% 和 5.74%。针对各地区包含省份数量有差异，计算各地区平均每省融资规模占比情况，结果如表 6 所示。调整后，东部、中部、东北和西部地区平均每省融资规模占比依次为 5.47%、3.02%、1.91% 和 1.79%。东部依然遥遥领先，西部降为最低。

根本原因在于，在我国金融体系中，金融资本与商业金融的基本属性是追求金融资源配置效率最大化和资本收益最大化。不同区域的经济规模、发达程度和经济社会运行效率差异巨大，在一定程度上决定了我国金融业区域发展的不平衡格局。国内外实践表明，在一定条件下，市场机制可有效将资源配置到效率较高的区域、领域和环节，同时实现金融资本和商业金融自身的利益最大化，但不会自发形成效率与公平之间的平衡合理。这种效率与公平之间的失衡表现在区域空间的配置上，就是区域发展不够协调。因此，从经济社会全面发展的角度看，市场经济存在缺陷，市场机制存在失灵失效，因此宏观调控和社会治理不可或缺。

表 4　2013—2018 年各地区社会融资规模情况　　　单位：亿元

年份	东部	中部	西部	东北	全国
2013	84763	28538	37899	11159	162359
2014	79099	27909	38844	11166	157018
2015	78661	23843	32537	10941	145982
2016	97002	29161	30963	9424	166550
2017	96423	36101	38784	7899	179206
2018	107719	34836	34466	6523	183545
合计	543667	180388	213492	57112	994660

表 5　2013—2018 年各地区社会融资规模占比情况　　　(%)

年份	东部	中部	西部	东北
2013	52.21	17.58	23.34	6.87
2014	50.38	17.77	24.74	7.11
2015	53.88	16.33	22.29	7.49
2016	58.24	17.51	18.59	5.66
2017	53.81	20.14	21.64	4.41
2018	58.69	18.98	18.78	3.55
平均值	54.66	18.14	21.46	5.74

表 6　2013—2018 年各地区平均每省社会融资规模占比情况　　　(%)

年份	东部	中部	西部	东北
2013	5.22	2.93	1.95	2.29
2014	5.04	2.96	2.06	2.37
2015	5.39	2.72	1.86	2.50
2016	5.82	2.92	1.55	1.89
2017	5.38	3.36	1.80	1.47
2018	5.87	3.16	1.56	1.18
平均值	5.47	3.02	1.79	1.91

另一方面，金融支持城乡融合发展中存在的问题与成因。农村金融服务能力严重滞后，未能大幅提升农村生产力水平，满足城乡融合发展实际需要，是金融支持城乡融合发展的关键问题。2018 年末，我国全

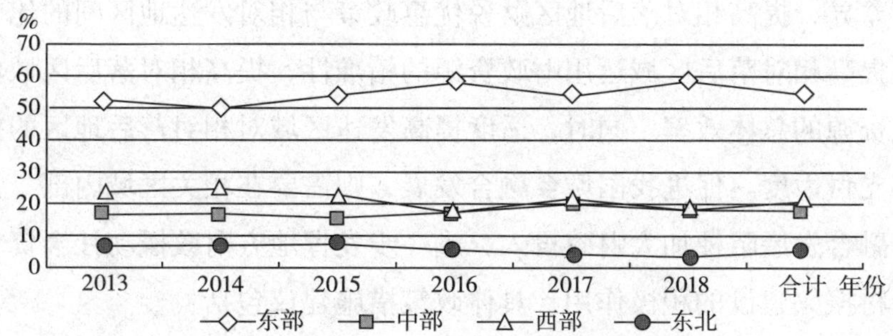

图 3　各地区社会融资规模占比情况

部金融机构新增人民币贷款累计值为 16 万亿元，其中农村金融机构（农村信用社、农村合作银行、农村商业银行等）新增人民币贷款累计值仅为 2 万亿元①。此外，相比于城市保险市场，我国农村保险市场仍然面临保险种类单一、费用标准过高、供给主体数量少等问题。根本原因还是在于金融资本的逐利性。与区域协调发展问题相似，我国城市与乡村间经济发展效率差异过大，金融资本和商业金融基于资本和商业固有属性，更乐于进入城市或在金融体系内循环，在很大程度上造成了城市金融高度发达、农村金融相对滞后、金融服务脱实向虚现象。

综上发现，金融支持区域协调和城乡融合发展的关键问题在于我国金融资源主要由市场配置，政府宏观调控未充分有效发挥作用。

六、财政金融支持区域协调和城乡融合发展的政策建议

（一）财政支持区域协调和城乡融合发展的政策建议

促进我国区域协调发展，应更科学地坚持“效率优先、兼顾公平”原则，同时提高我国区域发展战略的均衡性，更大幅度提升中央财政支持落后区域发展的力度，逐步缩小中西部地区与沿海发达区域间的优惠

① 数据来源：Wind 数据库。

政策差异，提高相对落后地区财税优惠政策与相对发达地区间的比较优势，提高相对落后区域运用财政资源的精准性，提高相对落后区域使用财政资源的总体效率。同时，适度提高发达区域对相对落后地区的横向转移支付力度。促进我国城乡融合发展，则需要在相关区域内部，针对城乡融合发展阻梗加大财政投入，进一步发挥地方财政撬动社会资本推进乡村振兴建设的积极作用。具体政策措施建议包括：

1. 完善财政转移支付制度

从社会经济发展角度看，要提高区域间和城乡间均衡发展水平，需实现各地区公共服务的均等化。调整完善转移支付政策，需要突出促进落后区域发展和乡村振兴，缩小区域差距和城乡差距的重要作用。针对落后地区和农村公共服务水平低、人力资源匮乏、基础设施落后等情况，应更加注重解决其发展中的财力问题以及公共服务均等化问题。可从四个方面完善现行转移支付制度。一是继续调整和完善财政转移支付结构，通过法律等手段规范完善财政转移支付资金、项目资金安排。加大一般性转移支付，特别是均衡性转移支付的比例，同时规范专项转移支付的使用，提高资金使用的规范性、安全性、有效性。二是加大中央财政对中西部、东北地区和老少边穷地区的转移支付力度，中央预算内投资向欠发达地区倾斜，在增量分配的基础上适当调整存量分配。特别是均衡性转移支付应优先用于增强财力困难县区的托底保障能力，并确保实现地方财政收支平衡。对省以下基本公共服务均等化努力程度较好的地区，可考虑当年测算情况给予奖励。三是优先保障农业农村的建设发展，确保支农资金总量的稳定增长，创新农村综合改革转移支付投入和使用方式。积极采用以奖代补、民办公助、先建后补、政府与社会资本合作等方式，引导社会资金参与农村综合改革发展有关事项。建立涉农资金统筹整合长效机制，提高资金配置效率。四是建立健全专项转移支付定期评估机制、项目退出机制和预算绩效管理体制，提高资金使用效益。财政部驻各地财政监察专员办应严格履行工作职责，开展专项转移支付有关预算监管和资金使用的监督检查工作。

2. 营造更为宽松的财税政策环境

一是完善税收制度，吸引资本与人才流入。要继续清理集中在东部地区的各种税收优惠政策，制定更有利于落后地区吸引投资的税收政策，有选择地通过企业与人力两个方面，给落后地区以税收优惠。鼓励中小企业和民营企业发展，可对在该地区新办并经营的企业给予比过去给予经济特区更为优惠的税收政策，如减免所得税和增值税、再投资退税等。二是基于不同区域的产业特色和发展要求，提高税收优惠政策的针对性和可行性。如西部各省份可根据《西部地区鼓励类产业目录》，切实将各项优惠政策落到实处。同时，可复制推广自贸试验区、保税区、现代农业园区等的成功财税经验，支持战略新兴产业、现代农业和创新创业企业的发展，为产业转型升级保驾护航。三是继续执行服务“三农”的税收优惠政策，对金融机构在县级及以下营业单位的经营收入，尤其是涉农贷款收入酌情给予税收优惠，并探索涉农贷款财政风险补偿机制。完善农村金融财政奖补政策，通过涉农贷款增量奖励、新设农村金融机构经费补助等政策，引导金融资源向农村倾斜。四是据《实施更大规模减税降费后调整中央与地方收入划分改革推进方案》，后移消费税征收环节并稳步下划地方，拓展地方收入来源。经改革调整，消费税的增量部分原则上将归属地方。财税部门应尽快研究制定具体的改革方案，并稳步推动落地实施。五是税务机关要认真贯彻“放管服”改革，简化优化报税流程，降低企业的纳税遵从成本。

3. 规范完善地方政府债券的发行管理

目前我国地方债务问题尤为严重，再加上中央转移支付有限，缺乏资金是地方政府目前遇到的最大难题。2017 年，我国县人口约 6.7 亿人，其就业与收入问题跟县级经济发展紧密相连。目前我国中西部和东北地区的很多县级城市财政赤字严重，阻碍了基础设施建设以及公共服务的提供，抑制了当地经济的发展。改革完善县级基本财力保障机制，对缓解困难地区财政运转压力意义重大。随着经济增速的放缓和减税降费政策的深入实施，地方财政对地方政府债券的依赖性将会增强。对各省份重点建设项目投资，尤其是农村基础设施投资，须做好地方政府专项债券的发行管理和项目配套融资，并防范化解地方政府债务风险。专项债券的融资金额、期限应与项目的偿债能力和实际需要相匹配，鼓励发行中长期专项债券。提升地方政府债券发行定价市场化程度，丰富其投资群体。推动地方政府债券通过商业银行柜台在本地区向个人和中小机构投资者发售，并鼓励引导商业银行、保险公司、基金公司、社保基金等机构投资者参与投资。对实行企业化经营管理的项目，鼓励通过银行贷款、保险机构融资、发行信用类债券等方式进行市场化融资，引导社会资本共同参与城乡基础设施项目建设。

4. 根据主体功能区的划分制定优惠政策

我国将地区划分为优化开发区、重点开发区、限制开发区和禁止开发区四大功能区域。而我国东部发达地区，涵盖了三大优化开发区，开发强度高，工业化、城镇化发展已经趋于饱和，应率先转变经济发展方式，促进产业结构的优化升级，可通过减税降费等手段，吸引先进制造业、现代服务业的集聚发展。同时政府应通过绿色采购政策，引导全社会发展循环经济。对于重点开发区，中西部和东北地区应该注重基础设施投融资，加快工业化城镇化步伐，并施行减税政策，承接国际及国内优化开发区域产业转移，建立健全现代产业体系。鼓励中小企业和民营企业的发展，并择优进行财政贴息和政府担保。对于限制开发区和禁止开发区，应该保护其生态，持续加大转移支付。在限制开发区也可因地制宜地发展特色产业，促进农村一、二、三产业融合，实现乡村经济多元化和农业全产业链发展。对于人口搬迁，中央政府和发达地区应该加大资金支持，并且持续关注移民的生活经济状况，进行持续补贴与再就业培训等。同时加大生态资源的补偿力度，并对破坏生态的行为加大罚款力度。

5. 加强财政资金管理与监督，提高资金使用效率

一是各级财政要规范财政资金使用管理，建立健全激励和约束机制，提高财政资金使用效益。对转移支付和政府性基金等财政拨款，要完善落实全流程动态监控手段，严格防止资金被挤占、挪用、闲置，保证财政资金安全和精准使用。二是预算编制应精细化、科学化，结合国家发展战略和本地发展实际，优先、重点安排资金解决本地区亟待解决的问题，如教育医疗和社会保障体系的完善、城乡基础设施互联互通等。三是提高财政系统从业人员的业务水平和思想素质，建立健全多层级的问责体系，严禁滥用职权、玩忽职守、徇私舞弊等现象。广泛参考专家智库的意见建议，积极研究相关财税优惠政策，吸取借鉴成功的预算管理经验。

6. 合理安排土地供应，深化土地改革

一是综合考虑落后地区资源环境承载能力、经济社会发展水平和规划空间等情况，在基本农田和耕地保有量不减少的前提下，适度增加土地规模、优化土地使用审批，完善土地指标下达方式和节奏，新增建设用地计划指标继续适当向中西部地区倾斜。探索创新土地合作开发模式与收益共享机制，将落后地区的土地空间潜力，切实转化为可合作开发的土地资源与共享收益的来源，为汇集大规模长期资本创造条件。二是在促进城乡融合发展方面，调整土地出让收入使用范围，提高农业农村投入比例。可建立耕地流转基金，对于转入土地用于粮食种植的农户或企业给予一定补贴，推进农地规模经济实现，确保国家粮食安全。三是建立健全农村产权交易市场，推动农村土地产权有序流转，实现已入市集体土地与国有土地在资本市场同地同权。

7. 利用财税制度支持人力资本开发

一是扶持中西部和东北地区的人力资源开发，改善其人力资源流失现状，创造吸引和培养人才的条件。由中央补贴加大教育支出，就像目

前中央对南疆地区实行免费高中的优惠政策，鼓励落后地区开展教育培训工作，提高人民的文化素质、水平。二是支持乡村基础教育的发展。完善农村基础教育经费保障机制，县级政府要继续加强对农村家庭困难学生的资助工作。切实提高农村教师工资待遇，建立健全由中央、省、县三级政府共同负担的工资保障机制，并逐步提高中央和省级的负担比例。三是支持农民工、大学生和退役士兵等人员返乡创业，可实施定向减税降费、财政购买和财政补助等政策。

8. 建立健全农业转移人口市民化的配套制度

建立健全农业转移人口市民化的政府、企业与个人成本分摊制度，建立完善相关公共服务成本与财政转移支付挂钩机制，确保财政转移支付向贫困地区倾斜，逐渐实现义务教育、医疗卫生、社会保障、保障性住房等基本公共服务常住人口全覆盖。建立财政性建设资金对城市基础设施补贴数额与城市吸纳农业转移人口落户数量挂钩机制，特别是加快制定中央预算内投资安排向吸纳农业转移人口落户数量较多的城镇倾斜的政策。另外，针对失地农民建立制度化保障。可设立失地农民社会保障制度专项资金，确保失地农民养老保险制度的可持续运转。

（二）金融支持区域协调和城乡融合发展的政策建议

我国金融体系的市场化、国际化进程，使得我国金融体系总体实力不断上升，国际化水平不断提高。但金融资本逐利性显著，我国发达地区和城市金融，对相对落后的地区和乡村的辐射作用远低于虹吸效应，金融资源因自由流动而集聚在东部和城市，导致相对落后区域和农村的金融资源与服务长期不足，马太效应显著。总体来看，单纯依靠市场机制无法快速提升我国金融体系对相对落后区域和农村的金融服务水平。与此同时，我国经济社会发展主要依靠间接融资模式的基本格局短期无法扭转，因此应突出政策性、开发性金融机构对相对落后区域和农村的金融服务。区域协调和城乡融合发展问题，不应简单视为一般性的经济活动，其潜在经济社会价值具有超常意义。因此，不宜简单将促进区域协调和城乡融合发展的金融服务视为一般性的商业金融活动行为。如不跳出有变化的市场化和商业化视角，改善对上述区域和领域的金融服务将存在巨大障碍。具体政策措施建议包括：

1. 明确和优化我国商业金融、政策金融、开发金融、合作金融职能定位

国内外历史实践证明，市场机制存在缺陷和失灵现象。在特定历史社会阶段和特定条件下，市场机制缺乏有效的自我纠偏机制，不仅会加剧经济金融风险，酿成经济金融危机，而且使效率与公平的系统性失衡，引发社会危机。因此，经过长期实践探索，我国逐步形成了发挥市场决定性作用、更好发挥政府作用的体制机制。近几十年来，我国金融体系市场化极大提高了我国金融资源配置效率，以商业金融为主体的金融体系有力地促进了我国经济社会发展。但同时，我国金融体系也同样存在金融资源和金融服务脱实向虚、金融资源宏观运用低效率、市场作用与政府作用匹配仍需优化等问题，在一定程度上助长了区域发展失衡和城乡发展脱节。从我国发展的阶段性特征和今后一段时期发展需要看，进一步优化我国金融体系结构已成金融改革的重要问题，而进一步优化我国商业金融、政策金融、开发金融、合作金融职能定位是优化我国金融体系结构的基础。建议完善现有金融法规，明确商业金融机构服务市场化商业活动的核心职能，明确政策金融机构服务强政策性经济行为的核心职能，明确开发金融经营范畴及其商业性和政策性属性，明确合作金融在“三农”领域的基础性地位。

2. 普遍增强政策金融机构服务区域协调和城乡融合发展能力

长期实践证明，商业金融机构在市场化和商业化的活动中发挥了重要积极作用，表现较为出色，较好地承担了促进经济效率较高行业、领域、区域、部门和环节的经济发展任务。但同时，鉴于金融资本固有的逐利属性，及其与之相应的经营管理机制，其很难在服务经济效率相对

较低的相对落后区域和“三农”领域长期持续发挥有效作用，金融服务在区域间、城乡间分布差距过大已证明商业金融机构的市场化服务导向难以适应相对落后和“三农”领域发展的需要。涉及脱实向虚、非法集资、非法吸收存款巨额资金的存在，说明原有商业金融体系已经很难有效将资本配置到实体经济领域，大量脱实向虚资金本质上是资本浪费，是我国金融体系市场化存在本源迷失、失灵失效的具体表现。只有更好地发挥政府作用才能纠正市场失灵现象。加快壮大政策性金融机构实力是金融领域更好发挥政府作用的有效手段。建议优化重塑我国政策金融体系，快速壮大我国政策金融机构资本实力，国有商业金融机构股权收益应成为壮大政策性金融机构资本的重要来源之一，科学制定政策金融机构考核标准，经营区域、业务范围、使其与商业金融经营取向形成显著差异，重点支持相对落后区域的经济社会发展，加强对乡村振兴战略的金融服务。将相关金融资源配置到效率相对较低的领域，在宏观效果上应优于资本浪费。

3. 重点加强对农发行、国开行和合作金融的宏观指导与支持

适应研究适度增加农业发展银行资本规模、融资来源、经营范围和分支机构数量，系统提高其服务“三农”的能力。强化国开行为相对落后区域提供金融服务的导向，进一步明确国开行的政策性与商业性分界。积极探索在相对落后区域，设立区域性政策金融机构和开发性金融机构，并实施有别于商业金融的监管标准和制度安排。加强统一协调，倡导鼓励在全国广大农村兴办合作金融机构和其他服务“三农”的金融机构。

4. 适度降低商业金融体系在我国总体金融资源中的占比

当辩证看待我国金融业发展现状时，会发现我国金融机构，特别是商业银行、保险公司和部分以民营为主的金融集团已在规模上位居全球前列，但与之相反，我国实体经济中的产业集团并未像金融行业一样位居全球先进行列。这种现象，既说明我国金融业发展取得了一定成就，

也说明我国金融业与实体经济发展严重脱节。在社会资金资本规模总体稳定的情况下，将商业金融体系脱实向虚和低效率、高成本占用资金资本，向相对落后区域和“三农”领域转移，既有利于提高我国区域协调和城乡融合发展水平，也有利于从根本上降低我国系统性金融风险。大量研究表明，脱实向虚是系统性金融风险的主要根源。高成本、低效率高红利的商业金融体系在客观上挤压了我国实体经济发展空间，在此条件下，金融资本过度集中于商业金融体系，进一步扩大了我国区域间发展差距，恶化了我国城乡经济社会发展脱节程度。事实上，商业金融体系薪酬过高，运营成本过高，经营效率过低已经造成大量金融资源体制性浪费。

5. 金融开放政策应适度向相对落后区域和“三农”领域倾斜

长期以来，我国金融开放重点领域与区域主要侧重发达地区和城市，相对落后区域和“三农”领域的金融开放程度相对较低，下一步应研究探索促进国际资本和国际金融机构进入相对落后区域和农村的金融开放政策，尝试推动国际资本进入相关区域和领域，力求提升相对落后区域和“三农”领域运用国际资源的能力，提高相关区域和领域金融服务供给。国际实践表明，金融开放政策与其他相关开放政策有机融合，可对国际资本流动形成一定影响。

6. 探索丰富金融宏观调控方式，尝试适度强化货币调控工具的区域和领域导向性

一般情况下，货币当局主要通过价格型和数量型两种方式调节货币供给，且主要依靠商业金融体系发挥作用，基本上不针对区域和领域的货币供给施加直接干预。下一步在改革完善原有金融风险宏观调控手段和工具的基础上，积极探索利用政策性金融机构，针对特定区域和领域实施货币调控供给，政策性金融机构面向相对落后区域和“三农”领域发展金融服务所形成的呆坏账，并不简单等同于商业金融体系造成的呆坏账，其潜在经济价值和社会意义已经超过一般的商业化和市场化经

济金融活动，其核销也应实施差别性政策和制度。

7. 大力发展数字普惠金融

数字普惠金融通过应用移动互联网、大数据、云计算、智能终端等数字技术，摆脱了时间和空间的限制，促进了信息共享，降低了金融服务的成本，能有效扩大金融服务的覆盖面。银行机构应该充分发挥数字普惠金融在实现区域协调发展方面所起到的积极推动作用，利用移动互联网技术，发展线上、线下一体化的金融服务网络，扩大服务覆盖面；利用“互联网+”，改进服务模式和服务手段，实现业务流程的批量化、标准化、流程化、自动化，提高服务效率，控制服务成本；应用大数据等技术，建立开放协作平台，降低信息不对称，提高小额高频融资业务的风险识别、信用评价和审批效率。顺应金融科技趋势，推进农村金融服务手段数字化和便利化，推广手机银行、移动支付等业务。

8. 推动实现城乡金融服务基本均等化

城乡区域协调发展是区域协调发展的重要组成部分。党的十九大报告进一步明确了实施新型城镇化战略、推进形成城镇发展新格局的重点任务。银行机构应积极探索城乡一体化的金融改革措施，构建金融组织架构、创新金融产品和服务方式，进一步加大对农村地区的资源倾斜。建议涉农银行机构进一步完善农村金融服务体制机制，大力支持新型城镇化和农业现代化，助力县域经济发展，推动实现城乡金融服务基本均等化。同时，银行机构应加大对乡村振兴、美丽中国、幸福产业、扶贫脱贫等领域的信贷支持力度，支持银行业金融机构发行专项用于“三农”的金融债券。鼓励涉农金融机构进一步加大农村金融产品营销力度，扩大对农村贫困地区的金融服务覆盖面。鼓励拥有网点优势的涉农金融机构大力拓展收费类和服务类资金归集等中间业务，积极开展农村金融咨询、代理保险销售和涉农理财业务。支持通过市场化方式设立城乡融合发展基金，引导社会资本培育一批国家城乡融合典型项目。

9. 创新贷款担保方式，扩大有效担保品范围

基于农民贷款缺乏担保、抵押物以及贫困农户生产发展资金短缺的现实，建议进一步推进农村土地承包经营权、宅基地使用权、集体林权等抵押贷款试点，积极探索创新农村贷款抵押担保方式，创设无抵押、无担保的农业信贷产品。鼓励各类信贷担保机构通过再担保、联合担保以及担保与保险相结合等多种方式，加大对农村的融资担保服务。探索建立合作性的农业信贷担保基金，鼓励有条件、有需求的地区按市场化方式设立担保机构。鼓励金融机构根据农业资金需求的季节性特点，围绕形成订单农业的合理定价机制、信用履约机制和有效执行机制，积极推动和发展“公司＋农户”“公司＋中介组织＋农户”“公司＋专业市场＋农户”等促进农业产业化经营的信贷模式。同时，应健全农村信用评估机制，规范农村信用秩序，加快农户信用信息管理系统和农村征信数据库建设，推动金融知识、服务和诚信文化下乡。

10. 推动涉农保险产业的发展

鼓励各类商业保险机构加大农业保险开发力度，逐步扩大特色农产品保险试点，充分发挥保险的经济补偿功能。可借鉴西方国家经验，推广农作物巨灾强制保险条款，并由财政给予大量保费补贴。推动政策性保险“扩面、增品、提标”，降低农户生产经营风险。

（执笔：王冠群、杨白冰）

专题报告二

主体功能区规划与区域协调发展研究

改革开放以来，我国经济持续快速发展的同时，产生了区域发展失衡问题，同时过度开发带来了严重的生态破坏。《全国主体功能区规划》的出台既是生态文明建设的重要保障，也是实现区域协调发展目标的有效支撑。从根本上解决限制和禁止开发区公平发展权和发展动能问题是区域协调发展的重点内容之一，而生态补偿作为国际通行的区域利益平衡的重要政策工具，应通过区域实践丰富其内涵，成为促进区域协调发展的政策和法律保障。

一、我国主体功能区规划的基本情况

主体功能区规划是在统筹考虑未来我国人口分布、产业布局、国土资源条件和城镇化进程的基础上，将国土空间划分为优化开发、重点开发、限制开发和禁止开发四类主体功能区，是对区域协调发展战略的丰富和深化。

（一）主体功能区划分

根据《全国主体功能区规划》，我国国土空间分为以下主体功能区：按开发方式，分为优化开发区域、重点开发区域、限制开发区域和禁止开发区域；按开发内容，分为城市化地区、农产品主产区和重点生态功能区；按层级，分为国家和省级两个层面（如图1所示）。优化开发区域、重点开发区域、限制开发区域和禁止开发区域，是基于不同区域的资源环境承载能力、现有开发强度和未来发展潜力，以是否适宜或如何进行大规模高强度工业化、城镇化开发为基准划分的。

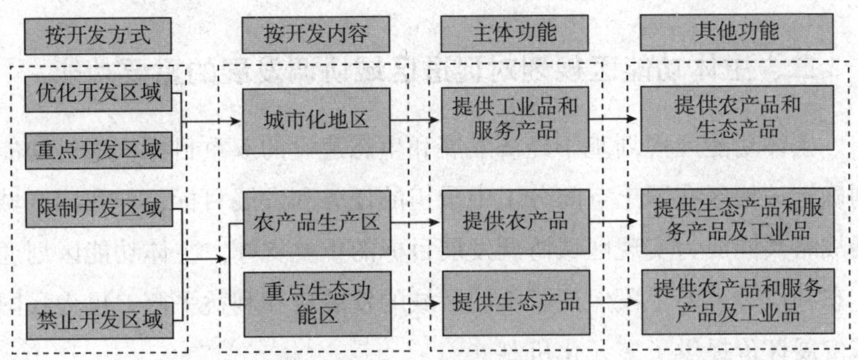

图1　主体功能区分类及其功能

资料来源：《全国主体功能区规划》。

（二）与区域发展总体战略的关系

《全国主体功能区规划》强调，各类主体功能区在全国经济社会发展中具有同等重要的地位，只是主体功能不同，开发方式不同，保护内容不同，发展首要任务不同，国家支持重点不同。对城市化地区主要支持其集聚人口和经济，对农产品主产区主要支持其增强农业综合生产能力，对重点生态功能区主要支持其保护和修复生态环境。

从与区域发展总体战略的关系看，推进形成主体功能区是为了落实好区域发展总体战略，深化细化区域政策，更有力地支持区域协调发展。规划明确提出，把环渤海、长江三角洲、珠江三角洲地区确定为优化开发区域，是要促进这类人口密集、开发强度高、资源环境负荷过重的区域，率先转变经济发展方式，促进产业转移，从而也可以为中西部地区腾出更多发展空间。把中西部地区一些资源环境承载能力较强、集聚人口和经济条件较好的区域确定为重点开发区域，是为了引导生产要素向这类区域集中，促进工业化城镇化，加快经济发展。把西部地区一些不具备大规模高强度工业化城镇化开发条件的区域确定为限制开发的重点生态功能区，是为了更好地保护这类区域的生态产品生产力，使国家支持生态环境保护和改善民生的政策能更集中地落实到这类区域，尽快改善当地公共服务和人民生活条件。

二、主体功能区规划对促进区域协调发展的重要功能

主体功能区规划基于经济发展和生态建设的双重目标，通过功能区划确定该地区在国土空间分工中承担的任务和发展目标，与我国区域发展战略共同成为实现区域协调发展目标的重要支撑。主体功能区划通过生态补偿等重要手段保证了不同区域的发展权和利益平衡，也为我国区域发展评价提供了多元化机制。

（一）加强区域间分工与合作

主体功能区划的确定和实施是明确了区域间基于各自比较优势，特别是在经济发展和生态保护方面的不同分工。不同的主体功能区从事经济开发活动的范围和程度是受到约束的，需要根据功能定位进行产业布局和产业调整，特别是在限制开发区和禁止开发区的产业准入标准极为严格，这些区域往往资源环境承载能力较弱，需将生态保护和修复作为主要任务。而这些生态涵养区往往对一定区域范围内整体生态系统的安全稳定至关重要，万一生态被破坏将累及整个区域，从这个角度看，区域内不同主体功能区发展息息相关，需通过生态补偿等方式，给予以生态保护为主要任务的区域以经济补偿，加强区域间合作，最终实现整体区域的均衡、可持续发展。

（二）推动解决区域利益失衡矛盾

近年来，国家重视加强国土空间治理能力，将主体功能区划作为统筹区域发展的重要战略。不同主体功能区分工不同，重点开发区和优化

开发区通过不断聚焦资源，提高发展质量和效益，发挥着经济增长极作用，代表国家竞争力，但难免形成对其他功能区发展空间的“挤占”和“剥夺”，致使区域间利益失衡。生态补偿机制被作为解决区域外部性问题的重要手段，通过生态补偿，平衡区域经济发展与生态环境保护关系，解决区域协调发展矛盾。党的十九大报告中提到的“形成节约资源和保护环境的空间格局、产业结构、生产方式、生活方式，还自然以宁静、和谐、美丽”，描绘了对我国区域空间格局的总体要求，而生态补偿在国内外实践中都被证明是区域间利益调整和合理分配的重要政策工具，有助于推动解决区域间因分工不同带来的利益失衡问题。

（三）保护落后区域发展权利

我国重要的生态功能区集中在西部地区，特别是西部经济较为落后的地区，意味着限制和禁止开发区与欠发达甚至是贫困地区高度重叠。这些地区生态脆弱、环境承载能力差、不适宜经济开发活动，恰恰是其欠发达或贫困的重要影响因素，而其还承担着生态环境保护的重要任务。当前虽然生态补偿机制对其承担的生态功能给予了弥补，但由于生态价值核算和分摊上存在困难，这些区域发展权的损失没办法得到科学的计算，自然导致补偿不足等问题。

近年来，国家在区域协调发展目标上提出的基本公共服务均等化，目的正是保护落后区域发展权，逐步缩小区域间收入差距和公共服务水平的差异，保证不同主体功能区的人民获得大体均等的就业、住房和教育机会，享有大体均等化的公共服务和生活环境，享有大体相当的生活水平。生态补偿是推动这一目标实现的重要政策手段，通过对生态价值进行较为科学清晰的界定，保障落后区域的发展权。

（四）多元视角衡量区域发展成效

长期以来，我国以 GDP 为核心导向衡量区域发展水平，对于社会发展和生态环境保护等问题虽然也较为关注，但并没有真正纳入区域和地区发展的评价体系，导致各地过分追求经济发展速度，忽视了发展质量和发展目的。主体功能区规划为衡量区域发展提供了多元化评价指标，承担不同功能的区域自然对应不同的评价标准，对于形成多视角的区域发展评价体系，推动我国经济高质量发展有着重要意义。

三、生态补偿：落实主体功能区规划的重要政策工具

经过20多年的发展，我国生态补偿政策体系逐步形成。2007年，原国家环保总局发布《关于开展生态补偿试点工作的指导意见》，标志着我国生态补偿工作进入新阶段。2009年，财政部印发《国家重点生态功能区转移支付（试点）办法》，中央财政在一般转移支付项下设立对国家重点生态功能区的转移支付。2016年，国务院办公厅印发《关于健全生态保护补偿机制的意见》，要求到2020年实现重点领域和重要区域的生态补偿全覆盖，补偿水平与经济社会发展状况相适应，跨地区、跨流域补偿试点示范取得明显进展，多元化补偿机制初步建立。

（一）政府补偿：基于财政转移支付手段

生态补偿已经成为政府通过环境财政向社会提供公共服务的重要领域，政府间纵向转移支付和横向转移支付是当前生态补偿最重要的方式。

1. 纵向生态补偿

2009年财政部印发《国家重点生态功能区转移支付（试点）办法》，这是当前我国纵向生态补偿的重要依据。国家重点生态功能区是指生态系统脆弱或生态功能重要，资源环境承载能力较低，需要限制大规模高强度工业化、城镇化开发，以保持并提高生态产品供给能力、保障国家生态安全的区域。由于重点生态功能区为实现其主体功能承担了巨大的生态保护直接成本和发展机会成本，因此按照主体功能区要求和基本公共服务均等化原则，加大对重点生态功能区的均衡性转移支付力度，是形成科学开发的利益机制、保障主体功能区布局形成的重要举

措。国家重点生态功能区转移支付是设立在中央财政一般性转移支付项下，对属于国家重点生态功能区的区县给予均衡性转移支付，是我国规模最大的区域生态补偿政策，2019 年这项转移支付的计划金额达到 648.89 亿元。

2. 横向生态补偿

横向财政转移支付是指同级地方政府之间财政资金的相互转移。近年来，除了中央政府对地方政府、地方上级政府对下级政府的纵向转移支付外，各同级政府之间因处于流域上下游或共同维护区域生态环境的要求等，开始实践形式多样的横向财政转移支付，也称横向生态补偿。横向生态补偿作为我国生态补偿制度中的有机组成部分，对于调整因生态系统相互关联而产生的利益关系，促进生态保护的经济外部性内部化，平衡区域利益发挥了重要作用。横向生态补偿的大量实践体现了我国生态补偿政策在平衡区际利益方面的精准性和针对性的不断增强。

在跨省流域上下游生态补偿实践中，新安江流域是最初的“试验田”，所形成的成功经验在许多流域被复制应用。2010 年新安江流域成为全国首个流域跨省水环境补偿试点。在安徽、浙江两省份跨界断面设置水质监测点，在科学合理认定监测数据基础上，设立新安江流域水环境补偿资金，把街口断面水污染综合指数作为上下游补偿依据，采用财政专项转移支付形式，补偿资金额度为每年 5 亿元，其中中央财政出资 3 亿元，安徽、浙江两省分别出资 1 亿元。断面水质达到双方约定，则中央财政资金和浙江省资金合计 4 亿元支付给上游的安徽省，作为治理补偿。反之，则将 4 亿元资金支付给浙江省，作为污染补偿。无论哪个省获得补偿资金，都需专项用于新安江流域产业结构调整和产业布局优化、流域综合治理、水环境保护和水污染治理、生态保护等方面。经过几年试点实践，不仅流域的水环境得到较大改善，流域范围内的产业布局和产业结构也得到极大优化，实现了经济效益和环境效益的双丰收，同时对流域内居民的环保意识也产生了积极影响，为未来区域内生态文明建设奠定了良好的基础。

在区域综合生态补偿方面，湖北省鄂州市有积极的探索①。鄂州明确将水流、森林、湿地、耕地、大气作为生态补偿的五大重点领域，构建起市域内生态保护者与受益者良性互动的多元化补偿机制。鄂州市有着全国十大名湖之一的梁子湖，为了保护梁子湖，从2013年起，湖区全域500平方千米全面退出一般性工业，每年减少近4000万元的税收，而当地全口径财政收入只有2亿余元。退出一般性工业后，鄂州开始在发挥生态资源价值上做文章，从2016年起率先在全域开展自然资源资产负债表编制工作，盘点“绿水青山”家底并打上价格标签，将生态价值作为生态补偿的科学依据。以2017年市域内生态补偿为例，按照各区向其他区溢出的生态服务价值综合测算后，梁子湖区应分别从鄂城区和华容区得到21466万元和3693万元。鄂州市先按实际提供生态服务价值20%的权重实施生态补偿，即5031万元。同时，市财政承担70%，区级负担30%。最终，鄂城区支出1288万元，华容区支出221万元。按照鄂州市的规划，生态服务价值的权重比例将逐年增加，同时市财政的补贴比例也将逐年降低，直至完全退出。生态补偿的金额或许未必能补偿梁子湖区的发展损失，但却体现了市政府的决心，生态优势地区只要保护好生态环境，推动生态服务价值溢出，就可以用环境效益置换经济效益。这是“绿水青山”转化为“金山银山”的有效实践。

（二）市场补偿：跳出财政资金内循环

我国的生态补偿一直是以政府主导为主，多使用行政手段，由政府确定补偿对象和范围，通过财政的手段，进行生态服务的购买，属于财政资金的自我循环，虽然在很多地区都取得了很好的成效，但也难以避免出现了低效率的问题。十九大报告提出要推进市场化生态补偿机制的建设。这是解决当前我国生态补偿过度依赖于财政资金的重要方式，利

① 王立．生态价值实现的鄂州实践[J]．环境保护，2017，45(10)：32－35.

用市场机制作用既可极大提高生态补偿效率，也可吸引更多资金进入，促进生态资源价值实现，真正把“绿水青山”变为“金山银山”。

各地区在实践过程中也意识到充分发挥市场机制作用，在交易市场发现生态资产价格，有助于更充分地实现生态资源价值，而这方面有更大的市场空间。这方面的实践包括排污权交易、碳排放权交易等试点试验。排污权交易是以污染物排放总量控制为前提，建立环境成本合理负担机制和污染减排激励约束机制，构建排污权交易体系。碳排放交易是在一些重点行业企业，以碳为标的，以温室气体排放报告制度等为基础，建立交易市场，实现碳价发现功能。除这些已开展多年的试点工作外，也有地区尝试以自然资源资产评估价值为贷款额度依据，对产权主体进行银行授信，使自然资源资产货币化并进入市场流转。未来还可以探索建立自然资源资产交易市场等。

（三）生态价值实现：主体功能区划的最终目标

生态价值实现是主体功能区划的最终目标。理论上，如果生态资产的真实价值得以实现，就不再需要进行生态补偿。现实中，由于存在生态资源的产权界定较为困难、生态服务的价值量化方面仍缺乏广泛共识等问题，自然资源的交易市场是难以自发形成的，或者说“绿水青山”也不会在市场中自动实现向“金山银山”的转变。即便如此，生态价值核算仍是政府主导生态补偿和市场引导生态交易的重要基础，无论是财政资金提高使用效率，还是市场机制发挥作用，都必须基于可资产化的自然资源。

生态价值实现是各国生态资源保护的目标。美国纽约 90% 的饮用水都来自西北部的特拉华流域，从 20 世纪 80 年代开始，纽约每年向集水区交 4000 多万美元，用于转变农业发展方式和修建污水处理厂等，这就保障了纽约的清洁用水问题。如果纽约支付这笔钱，就要用 60 亿美元来建净水厂。这就是地区间生态价值的交换方式。前文提到的我国新安江流域的生态补偿，上下游之间进行的也是生态价值的交换。

生态资产的价值可以部分通过政府生态补偿实现。生态补偿是政府对生态服务功能的购买，政府的支付就是部分实现了生态价值。当然，生态资产的价值也可以通过市场实现，比如生态旅游、碳交易、水权交易等就是对生态价值的付费，反映的也是部分的生态价值。生态价值实现路径如图 2 所示。

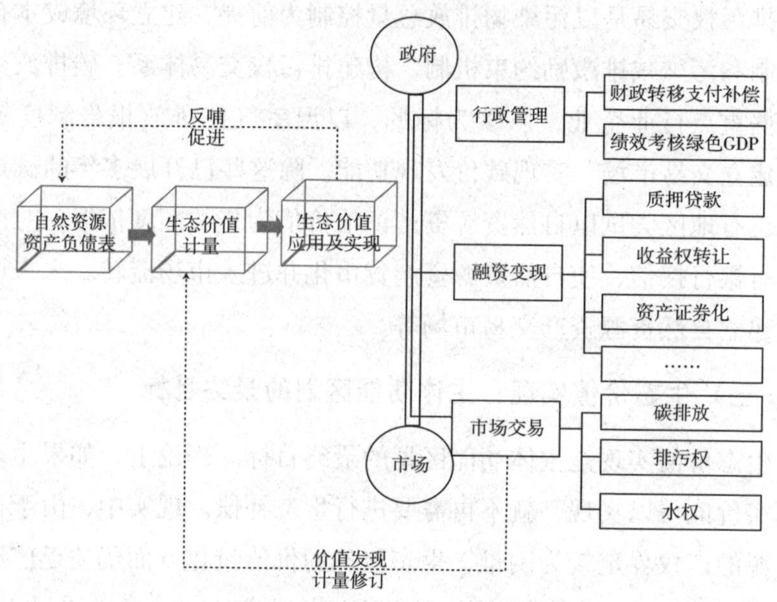

图 2　生态价值实现路径示意

资料来源：王立．生态价值实现的鄂州实践［J］．环境保护，2017，45（10）：32 – 35.

四、更好发挥生态补偿机制对区域协调发展的促进作用

经过多年实践，我国主体功能区规划得到较好落实，形成了以生态补偿为主导的实施机制，推动了绿色发展和区域均衡目标的实现，在重点生态保护区域的生态环境价值逐步得到体现，并改变了“唯 GDP 论”的评价体系，形成了科学、综合的评价体系。但仍存在一些问题，比如，政府主导的生态补偿仍是目前最主要的补偿方式，在市场化补偿、生态价值核算等方面还缺乏大量的成功案例；政府补偿也存在精准性不

够，一般性转移支付少、专项转移支付多，纵向转移支付多、横向转移支付少等；经济评价状况虽然有所改善，但仍然在隐性地起着作用，会对地方政府行为选择产生影响。目前，应更好地发挥生态补偿作用，落实主体功能区规划，推动实现区域协调发展。

（一）从关注公平转向兼顾公平与效率

生态补偿是调整区域利益失衡，保障生态脆弱地区发展权的重要手段。对重点生态功能区进行一般性转移支付，显然政策重点放在了平衡地区间财政能力上，而对这些地区的考核，也是以生态环境指标为最核心的评价指标，就连“基本公共服务”指标都剔除出考核体系，目的就是通过中央帮扶，使地方政府专注于生态环境保护工作，保障国家生态安全和生态资产保值增值。

在我国 20 多年的实践中，生态补偿政策的目标更多是关注地区间公平问题，但随着我国生态补偿机制的不断完善，以及财政转移支付金额的不断增加，需要考虑和评估财政资金的使用效率问题，而且提高财政资金使用效率对于生态补偿机制的完善和补偿效果的优化将有很好的促进作用。

未来我国生态补偿政策应提高对补偿效率问题的关注，逐步转向“精准补偿”，对于补偿对象、补偿方式和补偿标准等要科学精准，提高欠发达地区自我造血能力和参与的积极性，提高财政资金使用效率。同时，也应避免过于追求效率导致公平性缺失，影响政策效果，致使生态破坏等恶劣后果等。公平与效率是公共政策的双重目标，两者缺一不可，优化生态补偿机制，需寻求综合衡量政策效率和公平性的方法，形成兼顾公平与效率的补偿政策体系。

（二）探索建成多元化财政转移支付体系

当前针对主体功能区划的财政转移支付，以纵向转移支付为主，横向转移支付为辅，而纵向转移支付又以一般性转移支付为主要方向，配合专项转移支付，横向转移支付则多为同级政府之间因处于流域上下游或共同维护区域生态环境的要求等自我探索的利益补偿机制。

从生态产品和生态服务的公共物品属性看，这种多元的财政转移支付方式是必要的，不同类型的公共物品供应就应由不同层级的政府主体来提供，这是财政转移支付的重要依据。从全国层面来看，几大重要生态屏障带来的生态价值是全国人民共享的，属于全国性公共物品，因此要为其支付一定比例甚至是全部的费用，中央政府责无旁贷，比如国家划定的重点生态功能区，就是中央财政直接转移支付的体现。对于自然保护区、退耕还林等行为，中央财政也承担了相关责任，由中央财政专项转移支付，意味着资金只能专项用于某一类工作。现在地方政府之间实践较多的横向转移支付，是对区域性公共物品的责任分担，两地甚至多地间通过协商确定各自的责任，对流域来说，就是上游保证水质达标的责任，下游对上游污染治理和产业结构调整的投入给予补偿的责任，进而形成利益共同体，化解生态破坏和环境污染的负外部效应。对于建立较为完备的财政转移支付体系，还需要通过推动试点试验，发挥地方的创新精神和积极性，探索更加科学合理的多元化体系，形成中央政府与地方政府、各级地方政府之间的权责利较清晰的体系。

同时，财政资金还应发挥引导生态产品或服务市场形成的作用。充分发挥财政资金杠杆作用，推动市场化补偿机制，培育生态产品和服务市场，形成生态产品和服务价格机制，构建市场化补偿体系，使之成为政府补偿的有益补充。

（三）创建政府引导的市场机制

财政资金是目前生态补偿中主要的资金来源，由于生态价值难以完全科学定量核定成经济价值，特别是生态环境保护具有长期效应，甚至是代际效应，这些都是难以准确量化的，即使利用现有各种通行核算方法得到定量数据，也难以得到各利益相关方的共同认可，再加上政府财政能力所限，导致目前政府补偿资金越来越难以满足补偿地区生态环境保护和地区均衡发展的需要。从长期来看，我国主体功能区规划要得到更好的落实，离不开市场机制的作用，只有社会资金和市场主体能主动参与并投入到生态环境建设中来，才能摆脱目前政府资金内循环的状况，形成自然资源资产交易市场，在市场中使自然资源价值得到一定程度的实现。

由于生态环境保护行为具有显著正外部性，生态产品和服务具有典型的公共物品属性，使其在这一领域市场不可能自动发挥作用，政府的政策引导至关重要。比如，碳交易市场、水权交易市场的形成，是基于政府对于碳排放和水资源使用的政策约束，这才有了交易需求及市场的形成。因此，市场化的生态补偿机制是需要政府引导，通过对相关利益主体形成有效的激励机制，吸引社会资本和市场主体参与，逐步形成政府引导的市场机制。但同时要注意防范市场风险。生态环境建设和保护需要形成相对稳定的补偿关系，需要长期、持续的资金投入，但市场的波动属性可能会对这种补偿关系造成影响，最终加大生态破坏风险，因此需建立相应的防范机制。

（四）优化自然资源价值核算机制

自然资源价值的核算是生态补偿制度有效性的重要保障，无论是政府主导生态补偿还是市场化补偿机制，前提都是自然资源的可资产化。在自然资源价值核算问题上，我们过去是要么不算账，完全忽视生态系统的价值，要么核算出的是天文数字，完全无法用于支持进一步的实践。生态资产的价值核算在全世界都面临难以形成广泛共识的困难，但好的方面是价值核算的理论和方法体系是较为完备的。在国家编制自然资源资产负债表、领导干部离任审计等要求下，各地实践也为这项工作提供了可借鉴的成功经验，使生态补偿机制有“数”可依。

前文提到的湖北鄂州市在自然资源资产价值化方面就做了有益探索。鄂州采用当量因子法进行自然资源资产价值化，将土地、水域、森林等自然资源资产对生态的服务贡献统一度量为无差别、可交换的货币单位，最终核算出梁子湖1平方千米水域的生态服务价值是3700万元左右，湖的总面积是271平方千米，由此认定梁子湖的生态服务价值达到100亿元。这一数据成为各级政府给予梁子湖区生态补偿的重要依据。

未来应支持更多地区根据自身生态系统的特色寻求符合各自实际的自然资源价值核算方式，并与生态补偿机制有效结合，推动生态系统的价值实现，探索从“绿水青山”到“金山银山”的多元化实现路径。

（五）完善主体功能区生态绩效评估机制

中央提出的自然资源资产负债表、领导干部离任审计等政策，推动了主体功能区生态绩效评估机制的建立。但不同地区的经济发展能力、自然资源条件差异较大，需要制定差异化生态绩效评估机制，既能推动主体功能区规划发挥更加重要的指导作用，也能推动生态价值核算等相关科学工作的快速发展。比如，国家重点生态功能区就是将生态环境指标作为最核心的评价指标，甚至是单一的评价指标，“基本公共服务”的考核都可以放宽，以突出区域定位和功能，给地方政府以明确信号。相较于过去多目标考核的方式，这是很大的进步。因此，下一步应加强差异化生态绩效考核机制的建立，将其作为转移支付的重要依据，提高激励约束作用。

（执笔：陈妍）

参考文献

[1]兰秉强,叶芳．生态产品价值实现机制的“丽水样板”[J]．浙江经济,2018(18):44－45.

[2]吴健,郭雅楠,余嘉玲,等．新时期中国生态补偿的理论与政策创新思考[J]．环境保护,2018,46(6):7－12.

[3]王德凡．内在需求、典型方式与主体功能区生态补偿机制创新[J].

改革,2017(12):93－101.

[4]吴健,郭雅楠．精准补偿:生态补偿目标选择理论与实践回顾[J].财政科学,2017(6):78－85.

[5]王金南,苏洁琼,万军．“绿水青山就是金山银山”的理论内涵及其实现机制创新[J].环境保护,2017,45(11):13－17.

[6]王立．生态价值实现的鄂州实践[J].环境保护,2017,45(10):32－35.

[7]欧阳志云,郑华,岳平．建立我国生态补偿机制的思路与措施[J].生态学报,2013,33(3):686－692.

[8]贾康．推动我国主体功能区协调发展的财税政策[J].经济学动态,2009(7):54－58.

[9]高国力．美国区域和城市规划及管理的做法和对我国开展主体功能区划的启示[J].中国发展观察,2006(11):52－54.

我国区域协调发展问题研究

调研报告

调研报告一

湖南省区域协调和城乡融合发展调研报告

中部地区是我国重要粮食生产基地、能源原材料基地、装备制造业基地和综合交通运输枢纽，在区域协调发展中具有重要的战略意义。为了深入了解中部地区在区域协调、城乡融合等方面的现状、面临的挑战和困难，中国国际经济交流中心课题组于 2019 年 5 月 13 日至 17 日赴湖南省进行调研，先后走访了长沙、岳阳、郴州、怀化、湘潭、株洲等 6 个城市，重点了解了湖南省区域协调、城乡融合、环境治理、承接产业转移等问题，研究了相关对策，形成调研报告。

一、湖南省概况

湖南省地处东部沿海地区和中西部地区过渡带、长江开放经济带和沿海开放经济带接合部，是我国中部地区中心省份。2018 年，湖南省地区生产总值达到 36425.8 亿元，在全国 31 个省中排在第 8 位，名次较 2013 年上升 2 位。城乡居民人均可支配收入分别增长 8.1% 和 8.9%，高于同期地区生产总值增长率。城乡居民收入比有所降低，由 2013 年的 2.7 下降至 2018 年的 2.6。从产业结构来看，近年来湖南省三次产业结构不断调整优化，第一、第二产业的占比分别由 2013 年的 12.1% 与 46.9% 下降至 2018 年的 8.5% 与 39.7%，第三产业占比由

2013年的40.9%上升至2018年的51.8%。2018年，全省工业增加值为11916.4亿元，比上年增长7.4%，其中装备制造、农产品加工、材料产业规模达到万亿级，千亿级工业产业达到11个，新产业、新业态、新经济占地区生产总值的比重达到16.9%，新旧动能转换成效显著。

与中部其他5省相比，湖南省区域面积大，人口密度相对较小，经济增速较快，第三产业占比较高，城镇化率较高，城乡收入差距较大。2018年，湖南省地区生产总值为36425.8亿元，在整个中部地区占比18.9%，GDP增速为7.8%，低于安徽省与江西省，与湖北省持平。从产业发展情况来看，湖南省第三产业发展较快，广电、出版等优势产业在全国保持领先地位，广播影视、动漫卡通、文化创意、出版、旅游等产业迅速崛起。从城乡居民收入水平来看，湖南省城镇居民人均可支配收入是农村居民的2.6倍，仅低于山西省，在中部地区属于较高的水平。

总的来看，湖南省处于中部核心位置，近年来，湖南省以“两型”社会试验区、国家级新区、国家自主创新示范区等为依托，加快规划、基础设施、产业发展、公共服务、要素市场、环境保护一体化，打造具有国际竞争力的全国重要先进制造业中心、高技术产业基地和中部地区现代服务业中心，实现经济较快增长，成为引领中部地区高质量发展的重要引擎。

二、湖南省区域协调政策效果评估

（一）湖南在实施中部崛起战略中的主要做法和成效

湖南在实施中部崛起战略中的主要做法与所取得的主要成效总结如下。

第一，区域板块协调发展。①长株潭城市群，以“两型”社会试验区、国家级湘江新区、国家自主创新示范区为依托，加快规划、基础设施、产业发展、公共服务、要素市场、环境保护一体化，共同建设具有国际竞争力的全国重要先进制造业中心、高技术产业基地和中部地区现代服务业中心，成为引领全省高质量发展的重要引擎；②洞庭湖生态经济区，突出生态优先，着力推进水域生态修复、产业转型发展、宜居家园建设、民生事业改善和基础设施建设，努力建设全国大湖流域生态文明建设试验区和全省“五化同步”发展先行区；③湘南地区，加强与粤港澳大湾区、长三角地区对接，完善产业布局，创新园区平台，推进产业转型升级、绿色发展和创新发展，打造中西部地区承接产业转移的“领头雁”；④大湘西地区，着力打好精准脱贫攻坚战，突出生态优先、绿色发展，加快资源型城市转型，统筹推进经济和生态建设。

第二，区域空间格局不断完善。实施“一核三极四带多点”区域发展战略，即做大做强长株潭核心增长极，建设岳阳、郴州、怀化新增长极，支持岳阳市建成大进大出临港产业基地，支持郴州市建成承接产业转移新增长点，支持怀化市建成五省边区生态中心城市、生态文化旅游区、绿色经济样板区、脱贫攻坚示范区和向西开放桥头堡，推动京广经济带、环洞庭湖经济带、沪昆高铁经济带、张吉怀生态旅游经济带“四带”联动，依托国家级新区、国家级经济技术开发区、高新技术开发区和产业园区，形成核心引领、板块联动、极带互动、多点支撑的区域空间新格局。

第三，全面开放格局加快构建。积极推进“一带一路”建设，依托重要交通干线和中欧快线国际运输通道，以中国—非洲经贸博览会、长江—伏尔加河合作、境外经贸合作园区、友好州省、友好城市等合作平台，加强与北部湾、东盟、非洲及“一带一路”沿线国家和地区政府间合作交流。着力推动长江经济带发展，加强与长江经济带沿线城市，特别是与长三角城市群、长江中游城市群、成渝城市群的联动合作，推进完善长江经济带省际协商制度，共同推进环境治理、基础设施对接、市场统一，加快融入沿江产业发展链。全面对接粤港澳大湾区建设，以泛珠三角区域合作、湖南—粤港澳大湾区投资贸易洽谈周、湖南异地商会等为平台，大力发展飞地经济，促进要素自由流动和承接产业转移，推动形成梯度发展、分工合理、优势互补的产业协作体系。加强省际交界地区合作，建设湘赣边区域合作示范区，支持通（城）平（江）修（水）次区域合作示范区、龙凤经济协作示范区等边界地区结合实际开展多领域合作。

（二）城乡融合发展的现状与做法

2018 年，湖南省城镇居民人均可支配收入和农民人均纯收入分别为 36698 元和 14093 元，城乡居民收入绝对差额为 22605 元，收入比由 2014 年的 2.64∶1 下降至 2.60∶1。

第一，农业转移人口市民化加速推进。一是完善人口管理政策。出台《湖南省推动农业转移人口和其他常住人口在城市落户实施方案》，全面放开高校和职业院校毕业生、技术工人、留学归国人员等重点群体在城镇落户限制。2018 年，全省共办理农业转移人口落户城镇 27.43 万人，发放居住证 58.25 万张。二是加快建立农业转移人口市民化推进机制。出台《关于实施支持农业转移人口市民化若干财政政策的通知》，建立农业转移人口市民化奖励机制，分配市县市民化奖励资金 18.06 亿元。制定《湖南省城镇建设用地增加规模同吸纳农业转移人口落户数量挂钩机制实施细则》，优先保障进城落户人口用地需求，依据市县实际需要及时追加指标。完善农业转移人口退出机制，浏阳市开展农村宅基地“三权分置”改革试点，积极探索在进城落户农民自愿的前提下有偿退出“三权”试点。三是推进基本公共服务常住人口全覆盖。保障农业转移人口随迁子女平等受教育权利，重点推进普惠性民办幼儿园建设、义务教育保障、化解大班额工作；出台促进就业工作二十条措施，抓好高校毕业生、贫困劳动力等重点群体就业创业；扩大农民工保障覆盖面，依法将与用人单位建立劳动关系的农民工纳入城镇职工基本养老保险和基本医疗保险，逐步将稳定劳动关系的农民工纳入住房公积金制度覆盖范围。

第二，深化土地管理制度改革。规范城乡建设用地增减挂钩。盘活农用闲置、低效利用存量土地，累计批复增减挂钩项目 123 个，复垦农用地 11.80 万亩，新增耕地 2.86 万亩。完善农村“三块地”改革。浏阳市推进“三块地”改革试点，形成了农村房屋县域内交易、集体经营性建设用地网上挂牌出让、返乡人员和当地农民合作改建自住房、建设用地增减挂钩指标跨市流转、工矿废弃地复垦等试点经验。逐步建立城乡统一的建设用地市场。对耕地等资源性资产确权到户，对非经营性资产建立集体统一经营的运行管护机制。累计颁发不动产登记证书 285 万本，不动产登记证明 236.7 万份。

第三，培育建设特色产业小镇。特色产业小镇大多位于城郊地区，以生产、生活、生态“三生融合”的优势集聚企业、创业者和本地居民，实现公共服务共享和农村人口转移就业，是打通城乡融合“最后一公里”的有效抓手。为加快推进特色产业小镇建设，按照省委、省政府领导的有关指示精神，2019 年 1 月，湖南省发展改革委启动实施特色产业小镇专项，准备用 3 年时间，在全省建设一批有活力、有竞争力、有影响力的示范型特色产业小镇，带动培育一批有资源优势和发展潜力的特色产业小镇，并拟连续 3 年每年从省预算内安排 2 亿元专项资金，支持小镇“两平台、三基础”项目建设。2019 年，第一批已经评选出 12 个示范型特色产业小镇和 6 个拟培育小镇。

（三）湖南在对接长江经济带发展中的主要做法与成效

湖南地处长江中游，以洞庭湖连接湘、资、沅、澧四水入江达海，是长江流域经济发展的要地。近年来，湖南按照“生态优先、绿色发展”的要求，坚持把修复生态环境摆在压倒性位置，着力把“共抓大保护、不搞大开发”落到实处。

第一，深入推进四大整治行动。一是岸线保护和修复。在非法砂石码头专项整治的基础上，2018 年 5 月湖南省启动了长江岸线码头清理整治行动，已关闭拆除长江岸线湖南段 42 个泊位，关闭渡口 13 道，5

家单位 11 个泊位的建设全部暂停，正在开展统一经营等工作。二是饮用水水源地保护。纳入省政府为民办实事工程的 322 个县级饮用水水源地环境问题全部整治完成。三是固体废物排查整改。完成了对湖南省长江干流和重要支流、重点湖泊固废存量排查，清理固废存量点位 64 处。四是入河排污口整改提升。截至 2019 年 2 月 28 日，全省位于饮用水水源一、二级保护区内的 183 个入河排污口整改销号 182 个，剩余 1 个正在进行综合整治；自然保护区、核心区、缓冲区内 59 个入河排污口已全部整改销号，正待进一步现场复核，全省规模以上入河排污口已完成设置登记审批手续 783 个。

第二，全面实施“4 +1”工程。一是城镇污水垃圾处理。2018 年以来，全省新建（扩建）城镇污水处理厂 22 座，提标改造污水处理厂 38 座。二是化工污染治理。移送化工企业环境违法案件 17 起，处罚存在环境违法问题的化工企业 118 家、化工园区 1 次，化工园区污水集中处理建设全面完成。三是船舶污染治理。报废船舶 1725 艘，对 166 艘 400 总吨以下货运船舶加装生活污水处理装置，建成 18 个洞庭湖生态经济区船舶污染物收集点，大力推动港口岸电建设。四是农业面源污染治理。对 3.2 万个规模养殖场治污设施进行升级改造，累计建成 29 个无害化处理中心、65 个收集储存转运中心，主要农作物测土配方施肥率达到 92%，农作物化肥农药使用量实现负增长。五是尾矿库污染治理。严格审批管理，不再审批“头顶库”和“头顶库”加高扩容项目，全面完成 47 座“头顶库”病库隐患治理。

第三，纵深推进洞庭湖生态环境综合治理。2016 年以来，湖南省把洞庭湖水环境综合治理作为全省水污染治理的主战场，先后开展沟渠塘坝清淤增蓄、畜禽养殖污染整治、河湖围网养殖清理、河湖沿岸垃圾清理、重点工业污染源排查等“五大专项行动”，启动实施《洞庭湖生态环境专项整治三年行动计划（2018—2020 年）》，全面推进洞庭湖生态环境十大重点领域和九大重点区域整治，组织实施农村黑臭水体治理、沟渠清淤疏浚、农业面源治理、农村人居环境改善以及湿地生态修复“五结合”工程，使洞庭湖水污染加剧的状况得到有效遏制，水质逐步好转为Ⅳ类水。

（四）湖南在对接粤港澳大湾区产业转移中的主要做法与成效

粤港澳大湾区是我国开放程度最高、经济活力最强的区域之一，是建设世界级城市群、参与全球竞争的重要载体。湖南省是粤港澳大湾区的比邻区域，高度重视与粤港澳大湾区的合作。近年来，通过泛珠三角区域合作平台，每年与粤港澳等省区共同召开行政首长联席会议，议定年度合作重点工作；定期在粤港澳地区举办投资贸易洽谈活动，促进产业和项目合作。在基础设施、产业与投资、商务与贸易、旅游、农业、劳务、科教文化、信息化建设、环境保护、卫生防疫等领域，湖南与粤港澳等泛珠省区均建立了部门合作机制，定期协商沟通，加强合作交流。目前，香港已成为湖南第一大外资来源地、第一大出口市场和“走出去”湘企聚集度最高的地区之一；澳门已成为湖南重要的劳务输出和农产品出口目的地；广东已成为境内在湘投资项目最多、投资额度最大的省份。同时，湖南也是粤港澳地区重要劳务输出基地、休闲旅游基地、农副产品供应地和承接产业转移地，对接粤港澳大湾区具备良好的基础。

国家发展改革委印发的《湘南湘西承接产业转移示范区总体方案》也提出，加强各类要素对接，构建示范区与珠三角地区特别是粤港澳大湾区合理分工的产业体系。为贯彻落实《湘南湘西承接产业转移示范区总体方案》，各市州也相应地出台了具体的实施方案，尤其是加大对接粤港澳大湾区产业转移的研究和招商引资工作。从调研的岳阳、郴州、怀化等市州的情况来看，2017 年甚至更早就在承接产业转移方面做文章，着力改善营商环境，提高承接产业转移的竞争力。按照“马上办、网上办、就近办、一次办”要求，深入推进政务服务标准化、智能化、便民化，着力解决企业和民生问题，营商环境明显改善，2019

年，湖南启动开展“优化营商环境创新试点”申报，鼓励各地因地制宜、大胆探索，创造可在全省复制推广的优化营商环境经验。

三、存在的突出问题

（一）区域协调发展方面

长株潭城市群发展存在的问题：一是规划方面融合不深，三市大部分还是基于各自现有的经济社会发展规划、城乡规划、土地利用总体规划、生态环境保护规划，融合对接不够；二是交通方面微循环不畅，交通设施规划建设不同步、建设时序不协调，依然存在“断头路”“瓶颈路”，还未实现“无缝换乘”；三是产业方面融合协同不够，产业结构同质化高而关联性较低的问题未得到根本解决，资源要素难以最大化地发挥效率；四是公共服务方面共享不畅，三市在社会保障、养老等公共服务方面存在较大差异。

（二）城乡融合方面

主要存在五个方面的问题。

一是规划引领方面。主要表现在乡镇、乡村规划水平仍然不高，缺乏控制性详细规划和修建性详细规划对空间建设的落地指引，引领中长远发展的力度不强，“多规合一”工作缺乏有效的实施机制。

二是人口转移方面。农业转移人口进城落户的积极性不高。由于乡村振兴战略和居住证政策实施等，农业转移人口进城落户意愿不高，2018 年户籍人口城镇化率与常住人口城镇化率仍然相差 21% 左右。农业转移人口市民化成本分担压力大。参照长沙市测算的市民化成本 11.6 万元/人的标准，要达到 2020 年常住人口城镇化率 58% 的目标，湖南省 460 万农业转移人口市民化成本约为 1554 亿元，个人和地方政府需承担的资金压力较大。

三是公共服务方面。乡村教育资源薄弱，城区学位紧张。乡村学校教师数量缺乏、结构失衡；乡村小学特别是村级小学学校图书、教学仪器与器材短缺，无法满足需要。城乡医疗卫生资源分布不均。超过80%的床位等医疗资源集中在城区，特别是大型综合医院几乎都在城市，乡村医疗资源较少，卫生室、医务人员不足。农村留守儿童与人口老龄化趋势问题。部分劳务输出大县存在“空心村”，留守儿童人数较多，急需针对留守儿童推出监护、保障等相关机制。

四是基础设施方面。城乡路网结构不合理。市域公路和高速公路占据了道路建设总量的近90%，农村公路建设力度有限而且面临极重的道路提质改造工作。县域公共交通保障不足。县域的乡镇公交主要依赖于城乡客运，城镇公交系统发展不足，引起服务不到位，站点少、线路覆盖不全面，导致镇与镇、镇与村联系不足。农村基本配套设施尚待完善。县域天然气、供水、供电基础设施建设均比较滞后，部分边远乡镇、乡村供水、垃圾、排污设施严重不足。

五是产业发展方面。一方面农业产业化程度偏低。现有土地产权制度导致土地流转困难，农业生产规模化受阻，制约了农业规模化发展。农业专业化水平很低，公司化、产业化组织程度有限，农产品附加值不高，缺乏龙头企业和知名品牌的带动。另一方面县域产业园区特色不明显。部分园区仍停留在承接产业转移发展阶段，缺乏技术创新、产品创新的品牌产业，对支撑县域经济发展、带动人口就业、促进产城融合发展的企业不多。

（三）长江经济带发展方面

全流域的合作机制仍需完善。目前，长江经济带沿线省份已建立省际协商机制，但在有效引导流域内产业有序转移、生态联防联治、交通互联互通、新增生产力合理布局和一体化市场建设方面，统筹协调和推进的力度还不大，需要从国家层面进一步加大力度，切实发挥统筹协调和推进作用。

产业联动发展的路径需要明确。当前，沿江省市在产业发展上不仅不平衡，而且日趋雷同，特别是支柱产业，重复度较高，需要从国家层面顶层设计，实施差异化产业政策，研究制定产业发展引导目录，推动沿江产业合理布局、科学分工、有序转移。

扶持体系需进一步完善。推动长江经济带建设迫切需要国家扩大项目“笼子”，进一步强化在财政、金融、用地、税费、项目安排等方面的扶持措施，以确保长江经济带重大项目顺利推进。

（四）对接粤港澳大湾区建设方面

产业定位不够清晰。虽然湘南湘西示范区六市州都有各自的主导产业，但产业定位和发展规划还不够清晰，六市州存在产业雷同和无序竞争的现象。

产业配套较差。湘南湘西示范区部分市州的城市化水平不高，城市群的商业化和现代化不强，产业园区基础设施不健全、承载产业定位不准确、园区体制机制管理不畅通、生活配套设施不齐全、工业用地和熟练工人供给不充足等问题依然存在，水、电、气等生产要素成本较高，降低了项目转出地企业的关注度，增加了主动承接产业项目转移的难度。同时，制定实施的产业政策存在优惠难享用、操作难度大的问题。

营商成本较高。受地域环境影响，湘南湘西示范区物流运输成本总体较高，且欠缺全程物流服务体系，相应的物流技术装备和信息水平也较低。转移企业“融资难、融资贵”问题较为突出，资金难以满足企业生产和发展的需要。土地、环评等审批备案时间较长，影响了项目开工进度。

项目质量较低。湘南湘西示范区引进的大都是劳动密集型等产业，缺乏高附加值、高技术含量的技术密集型加工贸易项目；产业链不完整，大多数企业以代加工、代设计为主，处于产品价值链的低端，产品的增值率和企业的利润都较低，抗风险能力较差；集聚度不高，缺少成规模的大企业、大产业集群。

四、相关建议

（一）以构建区域协调新机制为动力，加快湖南承接粤港澳大湾区产业转移

第一，建议国家相关部门加快制定促进中部地区崛起的具体政策措施。近年来，国家相继实施“一带一路”建设、京津冀协同发展、长江经济带发展、粤港澳大湾区、长三角区域一体化等区域战略，持续加大对东北地区、西部地区的资金投入和政策扶持，取得了显著成效。相对而言，实施中部崛起战略以来，中部地区获得的可落地的具体措施较少。建议相关部门从财政、产业、金融、土地、人才、项目安排、改革试点等方面出台操作性强的具体扶持措施，统筹推进实施一批重大任务、重点工程和重大项目，加快中部地区崛起，促进“四大板块”协调发展。

第二，充分发挥促进中部地区崛起工作部际联席会议制度作用，加强对促进中部地区崛起规划实施的统筹协调。为切实实施好促进中部地区崛起规划，支持湖南等中部省份建设全国重要先进制造业中心、全国新型城镇化重点区、全国现代农业发展核心区、全国生态文明建设示范区和全方位开放重要支撑区，建议国家相关部门进一步加强对规划实施的统筹协调，共同协调解决中部地区发展过程中的重大问题，确保规划提出的各项目标任务落地见效。

第三，建立健全湖南省建立对接粤港澳大湾区长效工作机制。建议从规划对接、协同创新、互联互通、改革创新等方面，构建区域协调机制，出台相关配套政策措施，全面对接粤港澳大湾区产业转移，吸引更多的项目、资金、人才落户。一是加强规划对接，在编制粤港澳大湾区科技创新、基础设施、产业发展、生态环境保护等领域的专项规划中，统筹考虑湖南对接需求。二是加强湖南与粤港澳大湾区发展飞地经济，以湘南湘西承接产业转移示范区为平台，加快产业转移，探索利益共

享，共同建设梯度发展、分工合理、优势互补的产业协作体系。三是支持湖南建设粤港澳科技创新合作产业园，通过协同创新、互利合作，促进广深港澳科创走廊与湖南创新型省份建设良性互动。四是进一步畅通湖南与粤港澳大湾区的综合运输通道，规划建设永州至清远至广州铁路并纳入大湾区综合交通规划。

第四，积极有序发展飞地经济。充分发挥粤港澳大湾区辐射引领作用，促进泛珠三角区域要素流动和产业转移，形成梯度发展、分工合理、优势互补的产业协作体系。加强各类要素对接，构建与珠三角地区特别是粤港澳大湾区合理分工的产业体系。

第五，加强示范区一体化建设。目前湘南湘西六市作为承接业转移的示范区，相互之间缺乏有效合作，特别是湘南三市在一定程度上存在承接产业重复、配套性差以及无序竞争等问题。建议从省级层面进行统筹，继续加大对湘南承接产业转移示范区的支持力度，参照长株潭发展模式，推进湘南承接产业转移示范区体化建设，加快郴州、衡阳、永州实现交通互通、海关互联、电信同网、信息共享，促进三市加快形成新的区域增长极。

第六，支持园区发展，提升承接能力。支持各集中区承接产业平台和园区建设，支持园区基础设施建设和标准化厂房建设，对承接产业转移园区给予重点支持。鼓励园区招商引资，完善产业园区规划，建立健全产业园区主导产业指引目录，突出抓好路、水、电、通信、排污等基础设施建设，加强信息、物流仓储等公共服务平台建设，着力提高园区综合承载能力。

（二）以乡村旅游、特色小镇为重点，推进城乡融合发展

第一，建议国家相关部门加快出台落实《中共中央国务院关于建立健全城乡融合发展体制机制和政策体系的意见》的配套措施，建立推动城乡要素相对自由流动的体制机制。

第二，深化土地管理制度改革。规范城乡建设用地增减挂钩。盘活农用闲置、低效利用存量土地。完善农村“三块地”改革。逐步建立城乡统一的建设用地市场。对耕地等资源性资产确权到户，对非经营性资产建立集体统一经营的运行管护机制。

第三，加快培育建设特色产业小镇。特色产业小镇大多位于城郊地区，以生产、生活、生态“三生融合”的优势集聚企业、创业者和本地居民，实现公共服务共享和农村人口转移就业，是打通城乡融合“最后一公里”的有效抓手。大力实施特色产业小镇专项，建设一批有活力、有竞争力、有影响力的示范型特色产业小镇，带动培育一批有资源优势和发展潜力的特色产业小镇，每年安排专项资金支持特色小镇“两平台、三基础”项目建设。

第四，加大对革命老区的扶持力度。贯彻国家建立区域协调新机制的意见，确保革命老区与全国同步实现全面建成小康社会，制定支持革命老区发展的专门政策，加大财政转移支付力度，加快革命老区扶贫开发和脱贫攻坚，早日全面建成小康社会。

第五，充分发挥粤港澳大湾区对于湖南省乡村振兴的辐射带动作用。粤港澳大湾区先发优势对湖南发展具有强大的辐射带动作用，同时其蕴含的强大市场需求也为乡村振兴带来众多机遇。要更好地发挥湖南人口优势，全力打造面向粤港澳大湾区的人才资源供应基础，进一步加快职业技术院校发展，加强技能培训，强化与粤港澳大湾区的劳务合作，帮助更多的农村剩余劳动力特别是贫困户转移就业。充分发挥湖南农业优势，全力打造粤港澳大湾区的优质食材基地，主动适应粤港澳大湾区对农副产品的更高需求，加快推进农业供给侧结构性改革，稳定增加粤港澳地区的农产品市场份额，带动湖南省农业提质增效。

（三）共同设立国家级流域生态保护基金，推进长江环境协同治理

第一，通过设立国家级流域生态保护基金，有效统筹整合各项资金。并以此为切入点，建立省际跨流域生态补偿机制，统筹协调各个部门或区域间分工合作，共同推进长江环境协同治理。此外，为切实加强

洞庭湖生态环境保护，湖南省计划全面引导退出洞庭湖生态经济区纸浆造纸产能，调研期间洞庭湖区 94 家纸浆造纸企业生产线已全部关停，后续职工安置及企业转移等所需费用庞大，加之关停企业造成税收减少，市县政府普遍反映难以承受。应加快完善生态补偿机制，对洞庭湖区造纸等企业引导退出给予资金支持。

第二，加强流域统筹协调。长江经济带横跨东、中、西三大区域，融合发展、协调平衡的难度大。建议国家进一步加大统筹协调力度，健全推进、考核、督导机制，完善配套政策，着力构建区域要素自由流动、省际利益相对均衡、主导产业错位发展、流域通关一体联动、生态环保联防联治等协调机制，增强沿江省市互利合作、转型发展的动力。

第三，支持湖南加强生态文明建设。建议比照青海、福建等省份的做法，支持湖南建设国家级生态文明示范省，进一步扩大重点生态功能区转移支付补助范围，加大对湘江流域重金属污染治理和洞庭湖综合治理的支持力度，支持建设洞庭湖岳阳综合枢纽和松滋口建闸工程，改善湖区生态环境和流域水质。

第四，建立洞庭湖国家生态公园，完善相关顶层设计。由于东洞庭湖生态系统管理被行政机构的“条块化”职权分割，多头治理，职责交叉重复，责任不清，所以目前有效保护管理难以到位。尽快打破洞庭湖区域壁垒和部门壁垒，理顺洞庭湖管理体制，重新构建全新的生态保护管理体制，建议国家批准建立洞庭湖国家公园，全面统筹洞庭湖自然资源管理及利用，统一行使洞庭湖自然资源管理相对集中行政处罚权。此外，尽快修订《自然保护区条例》或出台自然保护区法，与其他法律相衔接，结合国家公园改革提升管理能力，针对不同类型保护区制定分类管理和考核办法，建立保护区负面清单，针对农业面源污染、畜禽养殖污染等问题制定尊重实际、可操作、可实施的具体规定，缓解目前保护区“普遍违法”的尴尬局面。

第五，建议将中西部农业农村污染防治作为中央和地方的共同事权。我国中西部地区经济发展水平较低，农村区域范围广，农村人口数量多，环境基础相对薄弱，起点相对较低，尤其目前正在推进的“厕所革命”，仅依靠地方难以全面做好农业农村污染防治工作，建议将中西部农业农村防治作为中央与地方的共同事权。

（四）以优化营商环境、加大城乡基础设施建设为着力点，促进生产要素自由流动

第一，建议国家加大长江经济带统筹协调力度。健全推进、考核、督导机制，完善配套政策，着力构建区域要素自由流动、省际利益相对均衡、主导产业错位发展、流域通关一体联动、生态环保联防联治等协调机制，增强沿江省市互利合作、转型发展的动力。

第二，加大对湖南省重大项目和改革试点的支持力度。针对湖南省传统支柱产业比重高、科技创新能力不强、转型发展任务艰巨、基础设施短板较多的现状，建议国家层面优化布局一批对湖南具有重大带动作用的产业项目，支持湖南建设一批支撑作用明显的基础设施工程，在5G商用试点、低空空域改革、服务业高质量发展示范区建设、国家物流枢纽等方面，优先在湖南布局。

第三，建议加快湘南湘西等欠发达地区基础设施建设。湘南湘西示范区物流成本总体较高，且欠缺全程物流服务体系，相应的物流技术和装备信息水平也较低，建议充分发挥政府在提供公共基础设施方面的主导作用，加快相关基础设施建设。进一步提高行政审批效率，积极鼓励各类商业银行下放信贷审批权限，对重点项目开设绿色通道，大力优化营商环境，降低营商成本，促进要素流动。

（五）以构建世界级工程机械和轨道交通产业集群为重点，带动中部城市群崛起

第一，在中部区域构建世界级工程机械和轨道交通产业集群。湖南省的轨道交通、工程机械、电子信息、新材料等产业比较优势明显，建

议有关部门在引导产业转移、新增生产力布局等方面给予重点支持，培育世界级先进水平的产业集群。发挥中部地区第二产业基础优势，把制造业在中部做大做强。突出“招大引强”，推动产业集聚集群发展。积极搭建平台，狠抓重大项目建设。积极引导支持湘南三市围绕特色产业和优势产业，持续开展产业链招商，不断补链强链延链，推进产业集聚集群发展。加大全省产业的统筹调度力度，在政策、项目、资金等方面引导产业转移集聚。

第二，支持湖南加快推进中部地区交通走廊建设。加快提升干支航道功能，将长江干线航道城陵矶至武汉段按6米以上水深整治，将湖南洞庭湖区、资水、澧水航道整治和湘桂运河工程纳入国家规划。加快铁路通道建设，规划建设湖南沿江铁路并与西北、东南对角连通。以对接粤港澳大湾区为重点，积极构建“对外大畅通、对内大循环”的综合交通体系，推进持示兴铁路、桂新高速公路、郴州北湖机场及通用航空建设等重大交通项目和电网项目建设。

调研报告二

湖北省区域协调发展调研报告

为深入了解中部地区在区域协调、产城融合、开放型经济等方面的现状、面临的挑战和困难，“我国区域协调发展与城乡融合研究”课题组于2019年5月27日至29日赴湖北省进行调研。课题组与湖北省发展改革委、商务厅、自然资源厅等部门和有关专家就中部崛起战略、长江经济带发展战略、武汉城市圈一体化发展等问题进行了座谈交流，实地了解了华中科技大学鄂州工业技术研究院、武汉长江新城和鄂州临空经济区建设情况，针对相关议题形成了我们的看法和建议。

一、湖北省经济社会发展概况

湖北省地处长江中游，位居华中腹地，地理位置承东启西、接南纳北、通江达海，是长江流域核心省份。拥有中国中部最大的综合交通通信枢纽，京九、京广、武广高铁、焦枝、枝柳铁路纵贯南北，武大、汉宜、汉丹、襄渝等铁路横穿东西，战略地位得天独厚。

湖北是我国粮食主产区之一，省内有江汉平原和鄂北岗地两大农业基地，素有“鱼米之乡”的美誉，粮、棉、油、淡水产品等在全国占有重要地位。此外，湖北也是我国重要的工业基地之一，自计划经济年代就是全国重要工业中心，目前已经形成了汽车、冶金、机械、电力、化工、电子信息、轻纺、建材等八大支柱产业，东风汽车公司、武汉钢铁集团等国有大型企业在国民经济中发挥着重要作用。

党的十八大以来，中部地区经济实现较快增长，经济增速与人均GDP增速高于东部与东北地区。2013—2018年，中部6省GDP之和增长了50.62%，略低于同期全国51.83%的增幅。从中部地区内部来看，湖北省在各省份中处于领跑位势。2013—2018年，湖北省经济总量增幅达到58.79%，高于其余5省，2018年对中部6省的经济贡献达到20.43%。从人均GDP来看，2018年湖北人均GDP达到66531元，超过了64644元的全国平均水平，是中部6省中唯一一个人均GDP超过全国平均水平的省份。从城乡居民收入水平来看，湖北省城镇居民人均可支配收入是农村居民的2.3倍，在中部地区属于较低的水平。

湖北的人均GDP水平较高，主要得益于其工业化和城镇化水平较高，2018年，湖北城镇化率达到了60.3%，是中部6省中唯一一个超过60%且超过全国平均水平的省份。全省工业生产保持稳定，支柱产业优势地位不断提高。2018年，全省规模以上工业增加值增长7.1%，高技术制造业增长13.2%，快于规模以上工业6.1个百分点，对规模以上工业增长的贡献率达16.0%。食品工业、汽车产业、石化产业等传统支柱产业在全国位势进一步提升。此外，湖北科教实力雄厚，科技与研发能力在全国名列前茅。全省拥有各类科学研究和开发机构1700多个，在光电子信息、新型材料、生物工程与新医药、航天、激光、数控技术及计算机软件开发等高新技术领域的科研水平和生产能力在全国具有领先优势。

总的来看，湖北省处于中部核心位置。近年来，湖北省以产城融合、大众创业万众创新等为经济发展新引擎，加快规划、基础设施、产业发展、公共服务、要素市场、环境保护一体化，打造具有国际竞争力的全国重要先进制造业中心、高技术产业基地和中部地区现代服务业中心，实现经济较快增长，成为引领中部地区高质量发展的重要推动力。

二、湖北省推动区域协调发展的做法和经验

（一）扎实推进中部崛起战略，经济社会发展取得明显成效

湖北省牢记2013年习近平总书记视察湖北时赋予的“建成支点、走在前列”光荣使命和“四个着力”重要要求，坚持高质量发展导向，扎实推进中部崛起战略，围绕从“三基地一枢纽”到“一中心四区”的战略定位，制定实施方案，精准发力、重点突破，全省经济社会发展取得明显成效。

经济发展提档进位。湖北省经济总量从2005年的6590亿元跃升到2018年的39367亿元，逼近4万亿元大关，由全国第12位提升到第7位，稳居全国第一方阵。GDP总量、财政总收入、人均可支配收入等主要经济指标连续多年位居中部前列，其中人均GDP、城镇化率等指标稳居中部第一。

产业结构不断优化。三次产业结构由2005年的16.5∶42.8∶40.7调整为2018年的9.0∶43.4∶47.7。城乡居民收入差距不断缩小。

创新驱动加快支撑。2005年以来，湖北省R&D经费支出比重持续上升，由1.3%提高到1.97%，年均增长率达到12.7%。

民生保障明显加强。2018年，城镇新增就业92万人，全省统一的城乡居民医保制度全面实施，五项保险参保人数超过1.1亿人次。企业退休人员基本养老金实现“14年连增”。350万农村人口饮用水安全问题得到有效解决，居民收入增长高于经济增速。

（二）实施“一芯驱动、两带支撑、三区协同”战略布局，区域发展协调性逐渐增强

2018年底，湖北省正式提出了“一芯驱动、两带支撑、三区协同”的高质量发展区域和产业发展战略布局，努力实现区域经济均衡、协调、健康、高质量发展。

“一芯驱动”：瞄准“国之重器”，以武汉国家中心城市为引领，推动制造业高质量发展。一是产业之“芯”，大力发展以集成电路为代表的高新技术产业、战略性新兴产业和高端成长型产业，培育国之重器的“芯”产业集群。二是区域之“心”，强化武汉“主中心”地位和襄阳、宜昌的省域副中心地位，加快形成中心带动、多极支撑的“心”引擎。三是动能之“新”，大力发展以知识、技术、信息、数据等新生产要素为支撑的新技术、新产业、新业态、新模式，加快形成高质量发展的新动能体系。

“两带支撑”：以长江经济带、汉江生态经济带为依托，瞄准长江经济带和“一带一路”建设两大国家战略的有效对接和产业转型升级。以沿线重要城镇为节点，打造长江绿色经济和创新驱动发展带、（武）汉随（州）襄（阳）十（堰）制造业高质量发展带。

“三区协同”：瞄准国家绿色发展、乡村振兴、资源枯竭型城市转型发展等重大战略，在“多极支撑”区域发展布局中形成产业联动优势。要按照区域统筹、产业集聚的思路，推动鄂西绿色发展示范区、江汉平原振兴发展示范区、鄂东转型发展示范区竞相发展，形成全省东、中、西三大片区高质量发展的战略纵深格局。

“一芯驱动、两带支撑、三区协同”区域和产业发展战略布局，聚焦重要动力源、遵循发展大逻辑、体现鲜明时代性，是对湖北省区域发展战略的继承、丰富和完善，是有效应对当前复杂经济形势、在不平衡不充分发展中寻求发展新动能的重大战略举措，对当前和今后一个时期湖北经济社会持续快速发展和增强区域发展协调性具有重要作用。

（三）长江中游城市群建设持续推进，共建共享水平明显提高

湖北省高度重视长江中游城市群规划落地实施工作，与湖南、江西签署了《长江中游城市群战略合作协议》。在战略格局上，将长江中游城市群建设纳入湖北省“一元多层次”战略体系，更加突出长江中游城市群建设的战略地位。规划获批以来，鄂湘赣三省交通、商务、旅

游、科技、教育、经信、水利、卫生等十多个部门相继召开联席会议，签署了近20个三省部门间的合作协议，推进长江中游城市群一体化建设。

基础设施加快推进。“长江航道645工程”成功纳入国家规划，京九客运专线（昌赣段）、武西高铁、郑万高铁、昌景黄铁路、蒙华铁路等一批重大铁路建设项目加快推进。三省交通部门启动了省际公路联网工程，建立了长江中游甩挂运输联盟、华中大道快运联盟和华中道路客运小件快运联盟。水利部门联合开展了荆江大堤、荆南四河、黄盖湖等跨界河湖流域治理和综合整治。

产业布局持续优化。成立了长江中游城市群科技成果转化促进联盟、长江中游城市群会展战略联盟，进一步加快四市产业协同发展。此外，四市联合开展区域旅游合作，启动了长江中游城市群旅游合作十大线路产品暨“旅行工匠”上线仪式。

生态文明有效改善。三省积极探索环境污染的市场化治理机制，在跨省主要污染物排污权交易制度和环境污染责任保险制度取得进展，建立了突发环境事件联处、打击非法采沙联勤等机制，联合开展了荆江大堤、黄盖湖等跨界河湖流域综合整治。与江西长江跨界断面进行沟通衔接，将姚港断面作为湖北和江西共同考核断面。在与湖南交界的监利何王庙故道建立江豚省级自然保护区，共同推动长江江豚迁地保护工作。

市场融通加速推进。长江中游城市群省会城市工商政务云平台正式投入运行，为加强省会四市市场监管提供了新的技术手段。成功实施武汉至长沙远程异地评标项目，保持了在公共资源交易合作方面全国领先的地位。

民生红利不断释放。四个省会城市在公积金、教育、医疗、人社、文体、社会治理等民生领域继续深化合作，成果丰硕。城市群内省会城市间初步实现住房公积金省际异地互认互贷、转移接续和异地医保即时结算。

（四）全面推动长江经济带建设，实现绿色转型发展

2018 年 4 月，习近平总书记考察长江、视察湖北，再一次提出“共抓大保护、不搞大开发”，正确把握“五大关系”，为湖北长江经济带发展指明方向。省委召开全会，提出坚持以习近平生态文明思想和关于推动长江经济带发展重要论述为统领，强调守好生态和发展两个底线，做好生态修复、环境保护、绿色发展三篇文章。省政府出台重点工作清单、长江大保护十大标志性战役、长江经济带绿色发展十大战略性举措，实行“挂图作战，跑表计时，现场督办，到点验收”。

无序开发得到全面整治。湖北省加大“六大专项整治”力度，2018 年度，全省共取缔各类码头 1211 个，腾退岸线 143 千米，复绿面积 566 平方米，建成运营砂石集并中心 43 个、泊位 87 个。清查饮用水水源地 101 个，完成问题整改 46 个。143 个入河排污口关停封堵或并入污水处理厂。386 个部、省挂牌督办固体废物问题已完成 383 个。完成港口岸线及非港口岸线资源的分类清查，建立长江 1944 千米和汉江 1872 千米岸线数据库。启动化工企业“关改搬转”，132 家省级开发区、工业园区完成规划换证，125 家实现集中式污水处理和自动在线监控。全省主要粮食作物统防统治覆盖率达到 42%，392 万亩湖泊水库全面退出人工养殖。完成造林绿化 2 万亩，国家湿地公园总数（66 个）居全国第 3 位。135 个城市（含县城）污水处理厂已全面实施提标改造工作。

绿色转型取得积极进展。长江经济带绿色发展十大战略性举措的 58 项重点事项全部启动，91 项重大项目开工建设 73 项。东湖高新区集聚“互联网 +”企业 1800 余家，软件和信息技术服务业实现主营业务收入 1537 亿元，同比增长 16%。湖北国际核心枢纽配套工程开工建设，武汉 1140 江海直达集装箱船实现首航，10 座长江大桥、沿江高速等项目加快实施。920 万平方米建筑获得绿色建筑评价标识，城市公园绿地 500 米服务半径覆盖率达到 85%。武汉市加快推进长江经济带绿色发展

示范实施方案已上报国家发展改革委。长江游轮母港等 13 个旅游重大项目开工建设，环境污染责任保险为 251 家企业提供 18 亿元风险保障。湖北碳配额二级市场成交量和交易额均占全国 1/3。102 家企业获国家级绿色饭店和绿色餐饮评定。

（五）深入推进县域经济高质量发展，夯实区域协调发展的底部支撑

湖北省高度重视县域经济发展，2018 年省委第十一届三次全会决定："推动县域经济转型升级。以更宽广的视野、创新的思路、开放的办法，全要素、全产业链、全地域谋划、布局和发展县域经济，努力挖掘县域经济发展新动能，培育发展新优势，打造县域经济升级版。" 2019 年初，印发了《湖北省县域经济发展三年工作计划（2018—2020 年）》，指导全省县域经济特色发展、绿色发展、高质量发展。建立 21 个高质量发展重点县省领导挂点联系机制，促进经济强县改革先试先行，成为引领县域经济高质量发展的"排头兵"。

县域经济综合实力提升。全省县域经济增长保持"中高速"，2018 年，县域 GDP 达到 23738 亿元，增长 7.8%。县域经济总量占全省比重为 60.3%，固定资产投资占比为 66.1%，地方一般预算收入占比稳定在 38.0% 左右，对全省经济发展的支撑作用增强。

城市圈一体化融合发展加快。武汉周边县（市）探索加快城镇化、基础设施、工业园区、产业市场、生态环保等与武汉市共享共建，孝汉、仙汉对接进程加快。武汉城市圈县域生产总值、投资占全省县域经济总量一半以上，仙桃、潜江、天门、汉川、应城等一批经济强县（市）环绕四周。鄂西生态文化旅游圈的县市，在保持生态资源、开发文化资源、创建旅游品牌、交通互联互通方面加快融合协调发展。

市县协同发展。城乡基础设施、公共服务、产业布局、生态保护等方面的对接加快。宜昌、襄阳两个"省域副中心"辐射带动一批经济强县（市）发展壮大；黄冈、咸宁、孝感、鄂州、随州、恩施等县域

经济占市（州）经济总量的95%以上。

贫困地区发展提速。随着交通等瓶颈的改善，山区县（市）积极探索优化、简化、固化“飞地经济”等投资和管理方式，提升“飞地经济”质量。纳入县域经济综合考核的34个贫困县（市、区），2018年地方一般预算收入增长10.1%，快于县域平均增速0.7个百分点。

三、存在的突出问题

（一）武汉“一城独大”现象突出

湖北省区域发展不协调，突出表现在武汉“一城独大”的现象较为严重，尽管湖北省长期的发展战略中注重“一主两副多极”，但实际的发展不尽如人意。2017年武汉经济规模占全省的比重达36.7%，2018年上升到37.7%，在GDP总量排名前十的省份中省会城市首度居第一位；地方一般公共预算收入、出口额、本外币贷款新增额占全省比重分别为46.2%、56.5%和69.3%；2018年GDP总量排位在湖北省之前的广东、江苏、山东、浙江、河南、四川六省省会城市中，仅有四川省会成都城市首位度与武汉大体相当，山东、江苏省会城市首位度分别只有10.3%和13.8%，广东、浙江、河南省会城市首位度在21%～24%。“一城独大”的格局没有改变，省内其他区域发展不足，已成为制约湖北省“争先进位”的重要因素。

（二）多极支撑明显不足

除武汉外，湖北省其他城市发展状况较差，城镇体系断档较为严重，不能对武汉形成有效支撑。国内发达省份除了有GDP达到万亿级以上的大城市带动以外，都有若干个GDP在五千亿级到万亿级城市的支撑（2017年江苏有7个，广东、山东、浙江各有3个），而湖北省这一区间的城市存在空白，最有潜力的城市宜昌、襄阳经济增速由领跑转为与全省大体相当，占全省比重逐渐下降，对全省的支撑作用下滑。湖北省其他 14 个市州经济层级差距更大，形成明显的断层，GDP 总量存在 2100 亿 ~4000 亿元的“空白区”。而在这个区间，2018 年广东有 8 个市，河南有 10 个市，江苏全部城市均在 2000 亿元以上。湖北省 GDP 总量低于 1500 亿元的有咸宁、随州、鄂州等 8 个市，占全省市数量近一半，其 GDP 总和为 6425.5 亿元，只占全省 GDP 的 16.3%，平均每个市州仅占 2 个百分点，多点支撑的经济格局尚未形成。

（三）县域经济发展不够充分

湖北省县域经济发展与先进省份相比有明显不足。与中部地区相比，湖北省县域经济优势不突出，具体表现在以下几个方面：

一是实力不强。2017 年江苏县均 GDP 为 917.4 亿元，浙江为 430.9 亿元，湖北省仅为 241.7 亿元。与中部省份相比：湖南长沙县、浏阳市、宁乡市以及河南新郑市的 GDP 均达到千亿级，湖北省 GDP 过千亿的县（市）为零、规模最大的仙桃市仅为 718.7 亿元。

二是贡献不够。从中部地区的县（市）GDP 占全省的比重来看，河南为 67.1%，湖南为 58.2%，江西为 55.9%，山西为 53.2%，安徽为 48.2%，而湖北省 64 个县（市）GDP 占全省比重仅为 42.4%。

三是强县不多。“全国百强县”中河南有 5 个，湖南有 4 个，安徽和湖北各有 3 个，江西有 2 个。湖北省位次最高的大冶市居第 77 位；湖南的长沙、浏阳、宁乡以及河南的新郑、江西的南昌均在前五十强，安徽的首强肥西县居第 55 位。

四是产业不优。以第二、第三产业占比为例，湖北大冶、仙桃、枣阳三个“百强县”平均为 87.1%，比中部其余 14 个“百强县”的平均水平 93.4% 低 6.3 个百分点。湖北县域第二、第三产业较弱是实力差距所在。

（四）开放型经济发展存在明显短板

受制于各地的发展条件、历史基础以及区域政策的实践，我国改革开放具有不均衡性，特别是对外开放各地差异较大。中部地区特殊的地理区位决定了其连南接北、承东启西的重要作用，但也决定了其在开放格局中“不东不西”的尴尬处境。开放度较低直接影响了中部地区利用外资的能力和水平，也影响了其“走出去”的规模层次。

四、相关建议

湖北省作为中部地区的重要力量，近年来经济发展质量效益显著提升，但如何继续保持发展后劲，最终实现中部崛起，尚需要更加深入的研究和实践。通过调研，我们认为，从国家层面应该统筹考虑中部地区的比较优势，从产业、区位、人才和生态等方面的优势出发，制定更加有针对性的中部崛起支持政策。中部地区各省间应加强统筹协调，根据自身产业基础、区位和资源条件等理性地进行产业规划，形成合力，避免单打独斗。

（一）国家层面加强对中部崛起战略的全面谋划，出台更精准的支持政策

国家应进一步细化区域战略，在明确区域新时代发展功能定位的基础上加大区域政策精准性和政策支持力度。对于中部地区应该明确其定位，支持其建成全国高端制造业基地；支持其在区域一体化发展方面进行改革，破除区域间壁垒，形成统一市场，共建研发平台和转化基地，为制造业转型升级和经济高质量发展提供有效支撑。在科技体制改革、军民融合创新机制、科技资源全方位开放机制等方面探索可复制推广的改革措施。

（二）提升区域产业集中度和竞争力

中部地区制造业发展基础较好，应充分发挥这一优势，在做强制造业集群，提升产业集中度上下功夫，通过有竞争优势的产业集群拉动区域经济持续健康发展。从湖北情况来看，根据资源禀赋条件和产业基础，着力提升区域产业集中度和产业竞争力。武汉东湖高新区正在建设

全国最大的激光产业基地和存储芯片生产基地，打造千亿元级北斗产业集群；武汉及周边地区在生物医药、航空航天等新兴产业上也有一定优势，可支持打造相应的产业集群，以此做大做强优势产业。做强武汉—随州—襄阳—十堰以汽车及零部件为主的机械工业走廊，做优鄂东地区冶金及有色金属新材料产业群，做大江汉平原、鄂东农产品加工产业群，打造襄阳、江汉和鄂东等纺织工业组团。国家可出台相关引导政策，帮助夯实中部地区制造业基础，特别是在“十四五”规划编制过程中，应通过规划引导中部省份之间形成横向错位发展、纵向分工协作的空间格局，避免同质化的恶性竞争，推动中部地区构建起优势互补、错位发展的现代产业体系。

（三）更好发挥中心城市和城市群的引领作用

武汉作为国家中心城市和中部地区唯一的副省级城市，无论是经济总量还是科教资源、高新技术企业质量等方面，都在中部地区处于领跑位置，是区域经济重要的增长极。但从武汉城市圈发展情况来看，武汉“一城独大”特点突出，相关资料显示，已有40多项国家战略与改革试点在武汉叠加，但这些改革实验似乎并未对周边地区产生有效的辐射带动作用。在“十三五”时期，武汉已经确立了建成全国经济中心、高水平科教创新中心、商贸物流中心和与国际交往中心这四大主要功能，应围绕四大功能定位进行产业布局的调整，充分发挥国家中心城市的人才、科技资源的比较优势，为整个都市圈发展提供智力和先进技术支撑，而非追求自身大而全的产业规模和布局。城市群和都市圈是区域经济发展的增长极，但要使之更好地发挥作用，尚需要探索利益共享的合作机制，推动跨区域城市间产业分工、公共服务、污染防治等的协调推进。

（四）打造内陆开放高地

中部地区应发挥承东启西的区位优势，打造内陆开放高地，把扩大对外开放作为加快发展的有力抓手，推动优质产能和装备走向世界，推动一些品牌和技术走出去。对湖北省来说，应依托鄂州国际航空港，打通“一带一路”沿线主要城市空中通道，创新中欧班列集货运营模式，完善“一站式”大通关服务体系，推动与“一带一路”沿线国家主要口岸的互联互通。武汉具有良好的区位优势，应将其建设成中部地区国际化门户城市。

调研报告三

推进长三角区域一体化发展调研报告

自2018年以来，尤其是长三角一体化发展上升为国家战略以来，长三角区域合作步入全面提速的新阶段，呈现出多领域、多主体、多层次全面深入推进的良好势头。

一、主要做法

长三角一体化工作重点聚焦六个方面，以项目化推进一体化。

（一）创新做实区域合作机制

按照党的十九大关于建立更加有效的区域协调发展新机制的要求，长三角在已形成决策层、协调层和执行层区域合作“三级运作”机制的基础上，进一步深化完善常态长效机制。2018年1月，三省一市抽调人员组建了长三角区域合作办公室，在上海实现联合集中办公。为进一步推进国家战略落实落地，在国家推动长三角一体化发展领导小组的统一领导下，进一步优化完善“上下联动、三级运作、统分结合、各负其责”的区域合作机制，进一步强化分工合作，发挥好长三角区域合作办公室的枢纽平台作用。三省一市也分别成立了本省市推动长三角一体化发展领导小组及办公室。为汇聚各方智慧，助力长三角实现更高质量一体化发展，还成立了长三角一体化发展专家咨询委员会。此外，三省一市人大、政协也加强合作，建立了长三角地区人大常委会主任座谈会制度，签署了人大工作协作机制、地方立法工作协同等协议，通过了《关于支持和保障长三角地区更高质量一体化发展的决定》，目前正在围绕促进大型科学仪器共享、长三角生态绿色示范区建设法治保障等问题开展立法研究；政协建立了长三角地区政协主席联席会议制度，签署了《关于建立长三角地区政协联动机制的协议》，通过联合调研走访、联动民主监督，不断提高服务长三角地区一体化发展的质量和水平。

（二）加强协同创新产业体系建设

优化重大创新平台布局，积极创建量子信息科学国家实验室，成立了上海量子科学研究中心，江苏、安徽共建的未来网络试验设施已正式开工建设。加快协同创新网络建设，长三角科技资源共享服务平台正式开通，目前已整合了区域内 1825 家法人单位的 28634 台（套）大型科学仪器设施，总价值超过 327 亿元。推动区域产业联动发展，发布了《长三角氢走廊建设发展规划》。区域智能网联汽车道路测试互认加快推进，总投资 100 亿美元的华虹无锡集成电路研发和制造基地（一期）项目 12 英寸生产线于 2019 年 9 月 17 日顺利建成投产，药明康德新药研发生产项目落户泰州。加强金融创新合作，截至 2019 年 10 月 7 日，共有 160 家企业申报科创板，其中三省一市共计 64 家，占比 40%。长三角一体化 ETF 产品募集资金近 70 亿元，已完成发行。

（三）加强基础设施互联互通

加快交通基础设施建设，第一批推进了 17 个省际“断头路”项目，区域内将全面取消高速公路省界收费站。协同推进能源、信息等基础设施建设，南通、上海崇明 500 千伏联网工程江苏段已开工，上海段力争年底前开工，工业互联网标识解析国家顶级节点（上海）正式投入使用，长三角工业互联网创新应用体验中心也已在上海启动建设。

（四）加强生态环境共保联治

在大气污染防治上，长三角轻型机动车于2019年7月1日开始实施国六排放标准，港口排放控制区提前全面使用0.5%以下低硫油。在水污染治理上，太湖流域水环境综合治理信息共享建设深入推进，太浦河水资源保护省际协作机制—水质预警联动方案有效实施，区域国考断面水质三类及以上占比超过80%。

（五）加强公共服务便利共享

跨省异地就医门诊费用直接结算，已实现三省市级统筹区和上海主要医疗机构联网全覆盖，区域内全部41个城市实现医保“一卡通”，三省一市医疗机构覆盖已达3500余家。截至2019年10月6日，长三角门诊直接结算总量累计超31万人次。推进轨道交通扫码便捷通行，上海、杭州、宁波、合肥、温州、苏州、南京、无锡等区域内已开通轨道交通的8个城市实现全覆盖。推动高校合作发展，复旦大学、上海交通大学、南京大学、浙江大学、中国科学技术大学发起成立研究型大学联盟，已围绕智库论坛、大学教学实践基地、知识产权协同转化等方面分别牵头开展了一系列合作。

（六）加强推进更高水平协同开放

共推一体化市场体系建设，成功开展联合执法行动，共同查处了涉嫌侵犯BOSCH（博世）注册商标电池产品案，明确统一启用“310”号段的长三角标准一体化编号，启动实施旅游、养老、快消品、智慧药房等领域6个区域协同标准试点项目。为了协同提升对外开放水平，沪苏浙共同签署了长三角自贸试验区联动发展战略合作框架协议，将共同打造制度创新高地，推进产业发展，开展科技创新，促进金融服务一体化，加强对外投资合作。

二、面临的问题

为实现更高质量一体化发展，更好引领长江经济带发展，更好服务国家发展大局，需积极研究和破解长三角一体化纵深推进中面临的难题。具体来看，主要有以下六方面的问题。

（一）市场一体化建设方面

对照统一开放、竞争有序的现代市场体系要求，长三角区域市场一体化建设还存在一些瓶颈和短板。一是区域市场壁垒、地方封锁保护等现象仍然存在，如“首台（套）”重大技术装备在跨地区销售中，不能享受相应的资金、政策、保险等支持。二是区域市场监管共治有待进一步加强。主要表现：区域市场监管标准、处罚标准不统一，各地自由裁量权不一，在一定程度上会影响市场监管部门执法的公信力；跨省市执法联动力度不足，尤其是保健市场整治、传销监管等重点问题联合执法合作仍待加强，以有效处置跨区域违法事件；存在信息不对称问题，如在服务中小微企业过程中，银企信息不对称问题突出，是中小微企业融资难的症结所在，同时也不利于防范金融风险。

（二）产业分工合作方面

一是跨区域的高效协同机制有待完善。跨区域深层次的产业联动机制还需进一步深化，产业关联度不高，区域合理分工、优势互补的产业格局尚未充分形成，产业创新力和全球竞争力有待提升。二是跨区域利益共享机制有待探索。“飞地经济”、共建园区在经济指标统计、农用地占补平衡以及税收分成等利益关系方面尚缺乏一套行之有效的制度性安排，地方政府之间自行研究探索难度大、周期长，推进速度和效果不尽如人意。三是跨区域重大项目的投融资机制有待创新。公共性、基础性、通用性的跨区域产业项目尚缺乏有效投融资机制保障，建设运营机制有待创新完善。

（三）长三角协同创新方面

一是跨行政区划的创新治理体系尚待健全。三省一市科技部门工作联动较为紧密，但受地区行政区划壁垒影响，三省一市各单位、各部门主要是想分头推进、单点支持长三角一体化工作，信息分散、资源分散，在跨区域创新战略联动、创新规划协同、创新资源配置等方面缺乏有效的统筹协调机制，有利于更高质量一体化发展的政策体系尚未建立。二是区域创新生态体系功能框架尚待健全。上海张江、安徽合肥综合性国家科学中心的前沿引领能力尚待提升，重大科学设施、张江实验室、之江实验室、江苏产研院、上海功能型平台等区域内重大创新平台、功能单元和研发组织尚未形成从科学研究、技术研发到产业转化等梯次衔接的共建共享机制。此外，由于缺乏长三角科技资源创新地图、综合性的科学数据中心以及与此相配套的服务标准与利益分配机制，平台的服务能力和运营效率有待提高，难以提升平台服务能级。三是聚焦关键核心技术合力攻关机制有待强化。对于“卡脖子”的重大科研任务和关键性技术，缺乏长期、稳定的联合攻关组织形式，在新一代信息技术、高端装备制造、生物医药等战略性产业领域，缺乏系统性布局和战略性谋划。

（四）长三角公共服务一体化方面

一是信息共享程度低。养老资格认证涉及三省一市公安部门的户籍信息、民政部门的殡葬火化信息、法院的判刑宣告死亡人员信息、医疗卫生部门的医院死亡信息等多方面信息，但目前这些信息共享手段还比较落后，部分省份未完成本省份内各类数据归集，省份之间交换平台尚未建立。二是检验结果互认难度大，如卫生健康领域，目前长三角地区医疗机构间尚缺乏医学影像检查、医学检验结果互认机制，导致患者就医体验差。

（五）长三角生态环境协同治理方面

一是水源地的风险防控问题。受制于区域发展和利益平衡等，长三角区饮用水水源地与沿江重化工布局、排污口设置以及水运航道犬牙交错。如太浦河，就存在上游可能从自身角度只需要作为农业用水、一般景观或泄洪通道功能管理，下游可能连着水源地的不协调情况。二是流域水质同步改善问题。随着长三角城市群快速发展，上下游水质的联动影响更为明显，水质不稳定，达标率偏低。一条江河上下游水体功能保护的目标、标准、管理的协调性不够，多元生态补偿机制还在探索中。相对大气联防联控工作，流域和重点跨界水体上下游协同治理有待深化。三是固体领域协作仍在起步阶段。前期在规范危险废物跨省转移、特殊时段处理能力调度、违法转移执法协作等方面开展了一些协作，但还没有形成较为完善的工作机制，特别是在全领域固体废物跨省联动监管等方面有待突破。四是区域立法仍有制度障碍。根据《立法法》有关规定，省级立法权限仅限于本行政区域。一体化示范区地跨三个行政区，任何一地作为立法主体均无法覆盖一体化示范区范围，而多地联合立法从立法、发布到执行都还存在法律障碍。

（六）上海在长三角一体化发展中的地位和作用方面

一是进口博览会目前由商务部负责，上海市及长三角区域的作用尚未发挥出来。二是科创板虽然实行的是注册制，但随着申报企业数量的增加，本质上实行的仍是审批制，企业通过科创板上市的速度很慢，这会导致风险投资回报得不到保障，投资者就会缺乏投资积极性。三是临港新片区和生态绿色一体化示范区的作用还有待观察，特别是临港新片区核心应该是解决“境内关外”问题，如果仍存在海关监管，就不是真正的“境内关外”，海关在新片区可否只承担统计职责，真正实现“境内关外”，提高开放水平，还未有定论。

三、有关政策建议

实施长三角一体化发展国家战略，需要长三角地区各省份先行先试，探索新的方法、路径。

（一）关于规则标准

协调统一的规则标准是促进区域间要素自由流动、推动区域统一大市场建设的重要支撑。建议在信用、金融、信息、产品质量、公共服务、食品安全、智能网联汽车产业等领域加强法律法规和标准规范的协同。比如，在信用合作领域，综合区域各方信用立法和信用工作实践，建议国家层面加快信用立法，加强针对信用联合奖惩实施环节、措施和路径等共性问题的研究制定，明确失信惩戒措施关联原则、具体范围，以及信用修复的流程、方式和各方主体权利责任，统一公共信用评价原则、标准。在金融防风险领域，相关市场监管、地方金融监管等行政部门在查处取缔非法金融活动的过程中，面临行政执法主体不适合的情况，建议全国人大能够统筹协调相关金融立法、行政法规以及部门规章。在食品安全领域，由于目前国家层面如商务部、农业农村部、国家市场监管总局对于食品安全信息追溯工作有不同的技术标准和信息系统要求，省级层面推进信息共享存在一定的难度，建议在国家层面对食品安全信息追溯管理进行立法，对食品安全追溯的系统建设、标准规范、管理要求等提出统一要求。在智能网联汽车领域，建议支持长三角率先开展高速公路的智能网联汽车测试应用，修订完善《道路交通安全法实施条例》（第八十二条）、《公路法》（第五十一条）等现有法律法规（目前禁止车企在高速公路上进行自动驾驶汽车的测试），制定智能网联汽车专用号牌发放及管理规定，明确自动驾驶系统责任判定规则，允许在高速公路路段进行道路测试。

（二）关于政策工具

创新的政策工具是推动跨区域协调、促进一体化发展的重要手段，建议参照京津冀协同发展、粤港澳大湾区建设等国家战略，对长三角地区一体化发展给予相关政策支持。如在金融政策方面，目前国家发展改革委、财政部、工业和信息化部牵头发起的京津冀产业协同发展投资基金已经成立，可在设立长三角一体化发展投资基金的审批、资金募集等方面也给予相应支持。在土地政策方面，建议对高质量一体化发展重点试点区域、省际“断头路”等跨区域重大基础设施项目、太湖流域水环境治理等跨流域生态环境整治项目建设加大支持力度，在土地指标上予以统筹。在生态环境方面，按照《关于建立更加有效的区域协调发展新机制的意见》中关于完善多元化横向生态补偿机制的要求，支持长三角跨区域生态补偿机制建立，促进跨区域、跨流域的生态环境整治；同时，沪苏浙正研究启动新一轮太湖治理工程，其中涉及的清淤、堆岛事项受到现有法律法规限制（《太湖流域管理条例》明确规定“在太湖、太浦河、新孟河、望虞河岸线内兴建建设项目，不得缩小水域面积，不得降低行洪和调蓄能力”，《中华人民共和国水法》《中华人民共和国防洪法》也明确禁止“围湖造地”），需要国家修法支持。在招才引智方面，建议进一步放开政策，允许在国（境）外高水平大学取得本科及以上学位的毕业生可以直接在上海就业，并逐步将范围扩大到长三角地区。鼓励上海等地区的高成本园区与其他区域的低成本园区建立合作机制，推动一体化发展，实现人力资源双向流动，形成反向“飞地经济”。

（三）关于改革创新

长三角是国家全面深化改革的试验田，三省一市承担着许多国家重点改革的试点任务，并形成了不少制度创新成果，这些制度创新成果可优先在长三角范围内复制推广，增强长三角制度创新优势。如在自贸试验区建设方面，建议推动自贸试验区改革试点经验在长三角地区加快复制推广，支持上海自贸试验区扩大 FT 账户和“单一窗口”服务范围拓展至长三角，支持浙江自贸试验区加大油品加工、经营、出口开放力度。在共享机制方面，国家层面加强对开展以税收和经济统计为突破口的跨省市利益共享机制研究，探索建立有利于产业跨省市重大项目迁移的分税和统计机制等，加强区域税收优惠政策的规范管理。建议在高端人才引进、产业资源配套等方面给予支持，推动长三角地区关键核心技术攻关与“知识外溢”，打造创新策源地。在“单一窗口”方面，有关部门可支持长三角各地“单一窗口”互联互通，支持企业通过异地“单一窗口”办理业务，打通各地“单一窗口”之间的数据通道，真正实现数据信息共享，为长三角企业提供更高质量服务。在市场统一开放方面，支持建立完善跨区域执法协查机制，建立异地执法委托协办制度，建立区域立法立规和行政处罚自由裁量沟通协调机制。联合开展反垄断和反不正当竞争执法，依法制止行业垄断和地区封锁，促进商品要素自由流动。建立网络市场监管协作机制，协同破解网络市场监管难题。

（四）关于一体化示范区

建议中央和国家有关部委加大对一体化示范区政策的支持力度。如支持一体化示范区开展土地综合整治，在总量不减、质量提升、结构优化的前提下完善空间布局。支持开展基本农田规划调整试点和探索耕地占补平衡指标跨省市交易。先行启动区发展涉及的建设用地规模、耕地保有量和永久基本农田保护空间指标，以及先行启动区及外围基础设施建设项目耕地占补平衡指标，争取国家支持，进行单列。区域一体化的本质是解决要素流动问题，目的是实现资源要素无障碍自由流动。要素流动的主体是企业，特别是流动需求最多、流动要求最高的跨国公司。因此，借助长三角一体化发展示范区建设的有利时机，推进跨国公司总部小镇试点，使之成为新时期长三角更高质量一体化发展的重要突破点。

（五）关于科创板

科创板注册制瞄准推进高层次改革，要吸取中小板、创业板到新三板等证券市场板块创新经验教训，授予证交所注册制运行及监管政策制定与调节的合理权限。科创板是科技与金融的结合，通过科创板加强上海作为科技创新中心的地位。科创板要成为“独角兽”企业的成长市场、发现市场，要借此凝聚一批创新企业，同时借科创板建设集聚一批科技金融投资、基金公司，鼓励上海把科技金融产业链做完整、做卓越。待时机成熟时，上海科创板可以面向全球的创新企业、创新资源、创新金融开放，成为国际科创板。

（六）关于港口一体化

在长三角一体化国家任务落实过程中，长三角港口一体化是前期基础条件最好、各方利益汇合最大、最能直接体现国家战略的一体化示范工程，除了可以打造出更具竞争力、世界最大的港口群外，还可以通过江海联运协同发展推动“一带一路”和长江经济带贯通，可以实现沪苏浙自贸区联动建设，可以通过海洋石化产业的协同发展优化长江经济带化工产业布局，可以通过大小洋山及沪浙海上大通道的合作开发推动海洋经济的发展。当前长三角各地港口扩张的同时，港口之间的竞争现象也日益加剧，而且港口间合理的利益分配机制并未真正形成，各地政府部门围绕 GDP 与税收统计以及地方行政管辖权等问题意见不统一，港口群的基础设施体系效率有待提高，现有的自贸区离真正意义上的自由贸易港还有相当大的距离，尚未形成区域内自贸区之间的协同发展。在长三角一体化发展中，应打破行政区划限制，促进跨省市港口战略合作加快落地，鼓励港口间互相参股、利益共享，实现区域港口统筹布局和业务协同，推动上海建成更具影响力的国际航运中心，极大发挥长三角港口作为世界级港口群在“一带一路”建设和长江经济带战略中的桥头堡、枢纽、支撑和资源优化配置的显著作用。

调研报告四

江苏省区域协调发展调研报告

2019年10月21—23日，课题组围绕江苏省在推动长三角一体化发展的情况、缩小区域发展差距、产业转移等方面开展了调研，实地调研了昆山经济园区、宿迁、南京江宁临空经济区，在江苏省发展改革委、各经济园区开展了座谈调研。

一、江苏省推动长三角一体化发展的情况

（一）江苏推动长三角一体化发展工作基本情况

推动长江三角洲区域一体化发展，是习近平总书记亲自谋划、亲自部署、亲自推动的重大战略。2018年11月5日，习近平总书记在首届中国国际进口博览会上宣布，支持长江三角洲区域一体化发展并上升为国家战略。2019年5月，中央政治局会议审议了《长江三角洲区域一体化发展规划纲要》（以下简称《规划纲要》），长三角区域一体化发展进入新的历史阶段。江苏始终是长三角区域一体化发展的积极响应者、有力推动者和坚定执行者。在长三角三省一市中，江苏面积（10.72万平方千米）占比29.8%，2018年底常住人口（8051万人）占比35.7%，GDP（9.26万亿元）占比43.8%。按照《规划纲要》明确的

全域、中心区、示范区3个层次，江苏有南京、无锡、常州、苏州、南通、扬州、镇江、盐城、泰州9市列入中心区，苏州吴江区纳入生态绿色一体化发展示范区，吴江区黎里镇为示范区先行启动区。

2019年以来，江苏省委、省政府深入学习贯彻习近平总书记关于推动长三角一体化发展的系列重要指示精神，深度融入长三角区域一体化发展。依托习近平总书记赋予江苏作为“一带一路”交会点的战略定位以及独特的长江经济带江海联动特殊区位，进行一体化谋划、系统性研究，充分发挥经济体量大、产业基础雄厚、区域创新能力强、营商环境好的优势，全面对接国家规划、主动服务国家战略，加快把国家战略转化为江苏发展机遇。

一是抢抓战略机遇，全力争取国家规划政策支持。自国家发展改革委启动《规划纲要》编制工作起，江苏省始终紧密跟进、主动对接，既加强沟通汇报，及时掌握国家文件的起草情况，又深入调查研究，全面收集、梳理各地迫切需要解决的发展难题和具有带动性、影响力的重大事项，先后三批次呈文上报，反映江苏省扛起责任的使命担当和全面融入一体化的重大诉求，并选派一名正处级干部加入国家发展改革委的文件起草组，做到了全程参与、无缝对接。经过全省上下的共同努力，江苏省的重大诉求在《规划纲要》中得到充分采纳和体现，《规划纲要》明确由江苏承担的任务事项涉及8个方面共138项，为江苏省在落实国家战略中争创发展机遇创造了条件、提供了支撑。

二是加强整体谋划，扎实推进江苏省实施方案编制工作。在加强与国家层面汇报对接的同时，对《规划纲要》明确的重点任务事项，进行逐条梳理和研究，找准江苏贯彻落实的结合点。《规划纲要》印发实施后，立即成立工作专班，严格对标对照，着重深化转化，高标准开展江苏实施方案研究编制工作。2019年6月以来，先后召开省有关部门、地市专题会和专家学者座谈会等，广泛征求意见和建议，形成了《<长江三角洲区域一体化发展规划纲要>江苏实施方案》（以下简称

《实施方案》)，明确了江苏省需要落实的重点任务、重点事项、重点政策共60条，经省政府常务会议、省委常委会、省委十三届六次全会审议通过后正式印发实施，明确了江苏省贯彻落实国家战略的任务书和路线图。

三是突出工作重点，系统谋划战略落实的方向路径。深入学习贯彻国家推动长三角区域一体化发展领导小组第一次全体会议精神，在江苏省委十三届六次全会上进行专门部署并形成决议，明确提出了推进产业创新、基础设施、区域市场、绿色发展、公共服务、省内全域“六个一体化”的工作要求。研究制定了江苏省《重点工作任务、重大平台项目和重要改革举措清单》，共列出80项重点事项，逐项落实牵头部门和配合单位，制定施工图和时间表。同时，对照《长三角区域一体化发展三年行动计划》、《长三角区域一体化发展2019年度工作计划》和《2019年长三角区域一体化发展重点合作事项清单》，研究制定年度工作计划和重点合作事项分解表，做到一级抓一级、层层抓落实，为全面贯彻实施国家战略提供了有力保障。

四是注重示范引路，协同推进长三角生态绿色一体化发展示范区规划建设。对照《规划纲要》中提出的以上海青浦区、江苏吴江区、浙江嘉善县为长三角生态绿色一体化发展示范区的部署要求，主动加强与上海、浙江沟通对接，共同研究编制示范区总体方案，选派正处级干部参加长三角区域合作办公室工作，挑选骨干力量参与总体方案编制专班，组织省有关部门、苏州市及吴江区，认真研究提出修改意见和建议。目前，示范区总体方案已形成送审稿，已按程序报请国家推动长三角区域一体化发展领导小组办公会议讨论审议；与上海、浙江的工作协同机制进一步健全完善，示范区组织架构设置及规划建设等各项工作均有序推进。同时，江苏的吴江、上海青浦和浙江嘉善等地的跨省公交线路已初具规模，本月三地在吴江签订了信用联合备忘录。

（二）江苏推动长三角一体化发展取得了积极成效

2019 年以来，面对内外部环境的新变化、新形势，江苏省按照“格局要大、胸怀要宽、节奏要快”的要求，坚决完成国家交办的事，主动做好共同的事，抓紧办好自己的事，聚焦重点领域实质性突破，取得了新的成效。

一是区域联动合作迈出新步伐。加强南京都市圈与合肥都市圈“双圈互动”，推进产业、生态经济等省际区域协作，打造先进制造业转型转移与跨区域发展的功能性合作平台、长三角省际毗邻地区绿色发展示范区和苏皖跨界城乡融合发展试验区。依托苏浙皖交界地区的溧阳市、宜兴市、郎溪县、广德县、长兴县、安吉县和上海白茅岭农场，协同推进长三角产业合作发展区建设。积极推动苏皖合作示范区、中新苏滁高新技术开发区等省际合作产业园提升建设水平。加快徐州淮海经济区中心城市建设，增强对周边区域的辐射带动能力，推动实现区域发展能级提升。

二是产业创新合作收获新成果。合力推进建设国家重大科研设施，上海华虹无锡集成电路研发和制造基地（一期）12 英寸生产线顺利建成投产，未来网络试验设施正式开工建设，“高效低碳燃气轮机试验装置”完成初步设计编制和上报工作，“纳米真空互联材料制备及分析测试平台可行性研究报告”获国家正式批复，网络通信与安全紫金山实验室全面启动建设。联合开展关键共性技术攻关，启动实施了 22 项关键核心技术攻关项目和 9 项重大科技成果转化项目。大力推动科技资源开放共享，长三角科技资源共享服务平台开通试运行，国家超算无锡中心等已建重大科研设施面向三省一市开放共享。大力推进技术成果跨区域转移转化，正式上线运行昆山—上海科技创新券综合服务平台，2019 年以来江苏省共输出技术合同 1765 项，成交额达 64.07 亿元。

三是基础设施互联互通取得新进展。加快推进列入国家规划的重大项目建设，江苏沿江城市群城际铁路建设规划获国家批复，沪通长江大桥全桥合龙，南沿江铁路、宁淮铁路顺利开工建设，沪通铁路一期、溧阳至宁德高速公路等项目建设加快推进，北沿江铁路（合肥至上海段）、长湖申线航道等项目前期工作积极推进，江苏与沪浙皖之间有11条省际“断头路”正在加快打通。加强交通运输协同共管，三省一市交通运输部门签订促进区域交通运输一体化发展备忘录。积极开展省际毗邻地区公交客运衔接线路试点，累计开通34条毗邻公交线路。协同推进能源基础设施建设，中俄东线天然气管道江苏段获得核准，淮南—南京—上海1000千伏特高压交流输电工程越江管廊贯通。加大重大水利工程建设，淮河入海水道二期工程等跨区域重大水利工程加快推进。

四是生态环保联防共治得到新加强。坚持生态保护优先，推动环境协同治理。深入开展水环境治理，认真落实“水十条”各项任务，超额完成国家下达的COD、氨氮减排任务，率先将总磷、总氮纳入减排范围，江苏省14个良好湖（库）全部完成生态环境保护方案编制工作。扎实推进太湖流域治理，制定《太湖流域水环境综合治理信息共享方案》。加强联合环境科研，组建成立了长三角区域生态环境联合研究中心江苏分中心。

五是对外开放合作实现新突破。召开江苏省对外开放大会，出台开放型经济高质量发展26条举措，上半年外贸进出口总额增长1.3%。开放载体平台建设取得重大突破，中国（江苏）自由贸易试验区成功获批并挂牌运行，中国（江苏）国际贸易“单一窗口”实现了12大基本功能。市场多元化步伐加快，对欧盟、东盟、日本进出口分别增长8.6%、12.9%和3.8%，欧盟超过美国成为江苏省第一大外贸伙伴。外资招引力度持续加大，江苏省委主要领导率团访问日、韩，促成21个合作项目总投资85亿美元。“走出去”步伐加快，上半年对“一带一路”沿线国家投资额同比增长79.3%。

六是公共服务共享水平有了新提升。深化医疗领域合作，新增4市与上海门诊互联互通，6月江苏省实现所有统筹区与上海门诊直接结算。加强教育合作，三省一市联合成立长三角地区职业院校创新创业实践联盟。积极推进政务服务“一网通办”，完成试点工作阶段性任务，在长三角“一网通办”专栏中接入个人服务事项 8 个、企业服务事项 30 个。

（三）推动长三角一体化发展中存在的矛盾和问题

当前，推动长三角一体化发展已由顶层设计转向全面施工阶段，总体来看，在经济发展、产业结构、科技创新、政策协同等方面，仍然存在一些亟待解决的矛盾和问题。

一是地区间差距较为明显，上海龙头作用发挥得还不够充分。从人均 GDP 来看，2018 年，上海市人均 GDP 超过 13 万元、江苏省超过 11 万元、浙江省接近 10 万元，但安徽省不足 5 万元，经济规模差距明显。从经济联系强度来看，江苏、浙江、安徽对上海的经济联系强度均不足，上海的极化效应仍然比较明显，作为“龙头”的扩散效应还未得到充分体现。

二是产业结构趋同化明显，尚未充分发挥优势互补、整体联动效应。三省一市产业布局虽各有优势，存在一定互补性，但优势产业重合度依然较高，从制造行业区位商指数来看，浙江省几乎所有区位商大于 1 的制造业行业均与江苏省重合，江苏省几乎所有区位商大于 1 的高端制造业行业均与上海市重合。

三是协同创新的体制机制有待完善，创新链与产业链融合度需要进一步提升。客观上还存在条块分割、资源分散的状况，科技资源还未能实现高效配置和开放共享，人才、技术、成果、资本等要素流动渠道还不够顺畅，产业链上核心技术和制高点企业相对缺少，市场化引导的产业分工协作机制尚未建立健全，实现产业基础高级化、产业链现代化还需要更多的努力。

四是制度掣肘依然存在，政策协同仍需进一步加大力度。各地立法还未真正走出地域限制，地方立法资源还未能做到共享共参，一体化发展还相对欠缺统一适用的法律规范，区域间司法协作联动服务保障机制还不够完善和有效，跨区域协调机制的建设仍然面临政策配套、立法等保障机制不完善、利益协调机制不健全等现实挑战。

（四）推动长三角更高质量一体化发展的四点建议

长三角一体化发展国家战略的实施，赋予了长三角地区更重要的历史使命、更深刻的战略内涵和更广阔的实践舞台。建议围绕“一极三区一高地”的战略定位，进一步树立“一体化”意识和“一盘棋”思想，紧扣“一体化”和“高质量”两个关键，在以下四个方面着力，推动长三角更高质量一体化发展。

一是着力促进沪苏浙皖各展所长。在更高质量一体化发展阶段，建议进一步加强上海与长三角其他省份间的合作与协同，扩大对内开放，加快创建系统性、制度化的对内开放体系和平台载体，集中发展现代服务经济，不断增强参与国际竞争的实力；推动江苏和浙江加快建设世界级先进制造业集群，形成合理的空间布局和产业链配套；加快安徽经济追赶步伐，避免高端要素被虹吸的边缘化风险，努力形成长三角地区分工合理、优势互补、各具特色的空间布局。

二是着力打造区域统一市场。致力于让“有形之手”更有为、“无形之手”更有效，积极推动经济建设型政府向公共服务型政府加快转变，深化市场准入、户籍制度、金融体制、投融资体制等改革，充分发挥市场在要素配置中的决定性作用。逐步修正和废除与一体化发展相冲突的地区性政策和法规，协调好各地产业政策和经济发展战略，发挥好市场主体作用，加快构建统一竞争规则，努力形成一个政策无差异的一体化发展的良好环境。

三是着力构建区域协同产业创新网络。以构建区域技术转移体系、创新资源共建、共享、共用为抓手，依托行业领军企业，建立一批跨地区、跨行业的前沿科技创新研究机构，发挥领军企业在协调政产学研用、各地区制造业创新中心建设中的作用，加强区域协同创新网络建设，促进沪苏浙皖合理分布于价值链的不同环节，努力将长三角建成具有全球影响的科技创新高地和产业高地。

四是着力形成区域政策协同机制。着眼于服务国家发展大局，立足长三角整体发展和长远利益，坚持“一盘棋”谋划，深入推进各类规划充分对接，加快建立共同事务处理机制，建立健全公共服务共建共享机制，努力形成共同行为准则，有效缓解地区间的利益矛盾，维护地区间利益均衡。

二、创新南北园区合作共建，促进江苏区域协调发展

江苏对苏北发展始终高度重视，10 年来，南北挂钩共建苏北开发区的政策创新与具体实践，成为江苏促进区域协调发展的一项重大创新举措和亮点品牌。

2001 年，江苏省成立苏北发展协调小组，负责协调和解决加快苏北发展中的重大问题，确定南北各市对口挂钩合作关系，引导开展“四项转移”。

2006 年，在此基础上，决定南北挂钩共建苏北开发区，加快推进苏北新型工业化进程。

南北合作共建开发区的主要目的，是打通省内南北连接的通道，将苏南、上海等地先进的开发园区建设管理理念、良好的产业基础、优秀的人才团队、灵活的投融资模式与当地的资源、劳动力和政策优势对接互补，培育新的经济增长点，为区域协调发展注入新动能。

南北共建园区建设的基本思路，是按照政府做引导、市场为纽带、企业唱主角的园区建设发展理念，由苏北、苏中地区在本地省级以上开发区中，划出一定面积的土地作为“区中园”，与苏南地区和上海各级政府、开发区和企业合作建设共建园区，推动南北产业合作。

目前，经省政府同意、省相关部门批准的省内南北共建园区共 45 家。截至 2016 年底，共建园区累计入园企业超千家，项目注册资本超

千亿元，实际利用外资超过40亿美元，带动就业人口55万人。园区主要经济指标年增长率大体保持15%以上，年均新增高新技术企业100多家，约60%的园区土地投资强度达到280万元/亩以上，超出当地开发区平均水平。共建园区逐渐成长为省内区域合作的关键纽带、南北产业转移的重要平台、苏北经济社会发展的新动能。

其中，调研组实地考察了南北共建园区——苏州宿迁工业园区。从2001年算起，苏州和宿迁两市挂钩合作已近20年，双方采取了一系列重大举措加快南北共同发展，其间主要经历了三个发展阶段。第一阶段：2001—2005年，以扶贫为主的“南北挂钩”阶段，主要是接受苏州市在产业转移、劳务社会事业合作、干部培训等方面的帮扶。第二阶段：2006—2010年，以园区建设为特征的“南北共建”阶段，改“输血”式帮扶为“造血”式帮扶。第三阶段：2011年至今，遵循产业转移规律，以项目为推手、利益为纽带、融合共进的“合作共赢”阶段。在共建园区的带动下，大量苏州项目向宿迁转移。目前，江苏南北园区共建模式主要有三种：一是封闭式运作模式，如苏州宿迁工业园区就是采用这种模式，共建双方参照中国与新加坡合作共建苏州工业园区的管理办法，实行封闭式独立运作，市、县（区）政府对园区进行充分授权，援建方对园区的规划、基础设施配套、招商引资、商业开发等全权负责、自主运营、独立管理。二是合作式运作模式，如吴江（泗阳）工业园以“园中园”形式推进共建园区发展，援建方主要负责为园区引进项目，参与共建园区的规划、项目招商、项目选址，完成年度进区项目指标和投资强度；承接方负责共建园区内的土地供应、基础设施配套、落户企业的服务和管理。三是开放式运作模式，如昆山（沭阳）工业园，援建方利用自有资金建设标准厂房，出租（售）给进区企业，并利用自身招商渠道，帮助承接方招引项目，承接方负责园区内规划、基础设施建设等其他全部事项。

南北共建园区是江苏省推进跨江联动战略、整合南北优势资源、缩小南北发展差距的重要举措，在推动共建园区建设发展的过程中也逐渐形成了具有江苏特色的做法和经验。

一是与时俱进，不断加强政策支持。江苏省委、省政府不断出台新的政策，为南北共建园区定调把向，提供有力支持。省发展改革委会同省商务厅等部门做好园区日常管理、审核批复和年度考核工作，省财政给予以奖代补资金和园区考核奖励，省各有关部门也对园区给予大力支持。

二是同向发力，不断深化南北合作。江苏省南北合作共建开发区是在南北结对挂钩帮扶政策的基础上发展起来的，挂钩双方在园区共建、产业转移、劳务合作、干部交流、人才培训等多个方面合作交流。十年来，苏南累计派出 300 多名经验丰富的管理干部到共建园区任职，出资金、引项目、传经验，有力促进了共建园区的发展。

三是创新引领，不断完善合作机制。江苏省共建园区始终坚持机制创新，形成了灵活多样的合作机制。省内南北挂钩合作的共建园区，普遍形成领导小组决策、管委会管理、开发公司运营的三级管理架构，建立了授权充分、独立运行的管理机制。多种合作共建模式是南北共建的有益探索，能起到相互借鉴、补充、促进的作用。

四是以考促建，不断完善评价体系。为更好地引导和促进南北共建园区加快发展、提升水平，江苏省 2010 年出台《共建园区建设发展情况考核评价办法》，并根据新情况在 2016 年进行了修订，着力以评促建、以评促改，对共建园区加快发展、提升水平起到了良好的推动作用。

三、江苏省产业转移情况

近年来，江苏省按照中央关于做好新形势下区域产业协作工作的决策部署，积极引导加工贸易产业向中西部、东北地区转移，通过项目合作、园区共建、资源共享、利益共赢等方式，完善合作机制，搭建产业合作平台，为向中西部、东北地区产业转移创造条件，不断优化区域间产业布局。

（一）江苏省制造业对外转移的基本情况

江苏省制造业外迁主要集中在无锡、苏州等苏南地区，苏中、苏北制造业外迁情况较少。苏州：江苏中利集团以市场和原材料为导向，在辽宁铁岭、内蒙古包头、新疆吐鲁番、宁夏石嘴山等地投资项目。常熟景丽针织服饰有限责任公司于2015年设立新疆景丽针织服饰有限责任公司。苏州市拉波尼服饰有限公司于2016年设立新疆拉波尼服饰有限公司，2017年设立珲春拉波尼服饰有限公司。无锡：2016—2018年丝博会期间，无锡市企业分别与新疆、青海、陕西等地企业进行洽谈并累计签约43个项目，总投资额达62.5亿元，项目主要涉及新兴产业、新能源、农业种养殖、基础设施建设和商品贸易等，对促进中西部地区经济社会发展、带动就业具有重要意义。徐州：汇聚了中能硅业、协鑫硅材料等两大全球产能最大的世界级龙头企业，以及鑫宇、中宇等一批中型企业。多晶硅生产作为典型的高耗能环节，占到企业综合成本1/3以上。近年来，向新疆、内蒙古等低电价西部地区转移已成为高耗能企业的主流选择，如协鑫集团在新疆新建了年产5万吨的多晶硅生产基地已投运。

（二）主要探索

1. 建立有效工作机制

省工信厅主动与省商务厅、国资委、工商联、省对口帮扶支援前方指挥部和工作队、省有关行业协会及企业等密切配合，形成全社会共同参与的全省产业对口帮扶支援合作工作联系机制，为江苏产业对口帮扶支援合作项目早落地、早建成，发挥出好效益，提供了极有利的条件。

2. 搭建可靠工作平台

贯彻落实《江苏省产业援疆专项引导资金支持纺织服装等劳动密集企业赴疆建设发展的实施意见》，与对口合作省份建立稳定的工作平台。签署了《西藏自治区工业和信息化厅—江苏省经济和信息化委员会—拉萨市人民政府关于推进工业和信息化健康发展合作协议》《江苏省经济和信息化委员会关于对口支援拉萨市工业和信息化工作协议》《苏青产业对口支援和扶贫协作协议》《江苏省经济和信息化委员会、陕西省工业和信息化厅苏陕产业扶贫协作战略协议》《江苏省经信委、辽宁省工信委产业对口合作协议》等，下发了《关于做好江苏产业援疆有关工作的通知》《关于印发江苏省东西部产业扶贫协作实施方案的通知》。上述实施意见和实施方案的出台，以及合作协议的签订为江苏开展产业对口帮扶支援合作提供了有力保障。

3. 形成创新工作方法

建立了《江苏省产业对口帮扶支援合作项目库》。每年从中筛选一批重点推进项目积极推动实施。创建了江苏省产业对口帮扶支援合作“三符合”原则，即坚持产业对口帮扶支援合作项目符合当地的产业发展需要，符合当地的环保安全要求，符合投资企业的可持续发展。创建了江苏省产业对口帮扶支援合作项目，按照地区、行业、企业、项目及产品配套五个方面“点招”的办法，确保了产业对口帮扶支援合作精准有效。

（三）问题与建议

按照省委省政府的统一部署，充分利用受援地的政策、资源、要素和特色产业优势，结合江苏产业转型升级的需要，积极有效推进江苏的产业对口帮扶支援合作工作，实现产业合作共赢。但同时，在推动产业援助过程中也存在一些地区产业承接能力跟不上，单纯的政府主导、企业积极性不够，亟待建立利益共享机制等多方面的问题。主要建议如下：

1. 着力提高承接地区产业承载能力

着力提高承接地区产业承载能力涉及两个方面，一是根据当地经济发展和生态环境的实际情况适度新建产业载体，二是城市更新问题。城市更新包括三项政策需求：一是产城融合，“退二进三”，有利于吸纳人才。由于知识经济占比提高，受人才转移“黏性”阻力影响，部分产业转移趋缓。二是“退二优二”问题，也就是土地二级市场交易问题。如何调动市场主体的积极性，在土地市场多方博弈中，建立适合国情省情的政策机制尤其重要。发达地区国土开发强度较强，特别需要相关的政策支持。后发地区盘活土地资源也有利于控制新城开发造成的债务问题，国家刚刚出台政策，尚需观察落地成效。三是低效土地开发问题，国家已有相关政策。

2. 丰富产业转移的市场化渠道

一是增加国内企业的产业链控制能力。二是着力提升行业集中度。三是加快推动产业链的整合。江苏省江阴市（县级市）有上市公司45家，平均市值66亿元，仅为A股上市公司平均市值的一半（121亿元）左右。国内各行业也普遍存在较大的行业兼并整合空间。并且，目前产业以创新驱动为主，科技创新要以中大型企业为主（中小企业不排除商业模式等创新），需要各行业各产业都有具备创新能力的领军企业，要在产业转移中支持企业实施整合。

3. 发挥政策引导作用

一是对欠发达地区，其内生动力的生成需要财政转移支付。在东部沿海发达地区也有欠发达板块，希望能较多获得中央财政支持。二是政府对营商环境的改善是政策不能懈怠的责任。建立全国统一的大市场，区域竞争除了经济地理因素，还要靠政府服务取胜。